Matt Kahn

LIEBE - *was immer auch geschieht!*

Matt Kahn

LIEBE

WAS IMMER AUCH GESCHIEHT!

EchnAton Verlag

Wichtiger Hinweis

Die im Buch veröffentlichten Empfehlungen wurden vom Verfasser und vom Verlag sorgfältig erarbeitet und geprüft. Eine Garantie kann dennoch nicht übernommen werden. Ebenso ist die Haftung des Verfassers bzw. des Verlages und seiner Beauftragten für Personen-, Sach- und Vermögensschäden ausgeschlossen.

Bei möglichen unterschiedlichen Schreibweisen wurde die von der Duden-Redaktion empfohlene Schreibvariante verwendet.

Titel der Originalausgabe:
Whatever Arises Love That
A Love Revolution that begins with you

Originally published in 2016 by
Sounds True USA

Aus dem Englischen von Susanne Westphal-Gärtner
2. Auflage Juli 2020

Gesamtherstellung: Diana Schulz
Coverfoto: dreamstime © Titoonz
Druck und Bindung: CPI books GmbH, Leck
ISBN: 978-3-937883-95-3

www.echnaton-verlag.de

In einer Welt voll endloser Fragen
ist Liebe die einzige Antwort.

Inhalt

Einleitung

Ich habe die Ehre, dich auf ein lebensveränderndes Abenteuer zusammen mit mir einzuladen. Aus diesem Grund sind wir zusammengeführt worden. Vielleicht kennst auch du das Gefühl, es müsse mehr im Leben geben, als das, was wir mit unseren Augen sehen können.

Den größten Teil meines bisherigen Lebens hat das Universum durch mich gewirkt, um diesem Planeten und nun auch dir anzubieten, eine vollkommen neue Wirklichkeit zu erforschen. Als ich mit meiner jetzigen Arbeit begann, bezeichnete ich mich anfänglich als Kanal (engl. Channel), da ich die Fähigkeit besaß, eine größere Wahrheit durch mich hindurch sprechen zu lassen. Sobald diese größere Wahrheit jedoch nicht nur in ausgewählten Situationen durch eine Person spricht, sondern bewusst in ihrem Körper lebt, passiert etwas Außergewöhnliches: Etwas erlangt eine Präsenz in dieser Welt – und zwar zum Wohle aller Herzen.

All das, was mir aufgetragen wurde, möchte ich nun mit dir teilen. So kann in all deinen Begegnungen eine Wahrheit zum Ausdruck kommen, die eine tiefere Qualität hat als das gewöhnliche Auf und Ab unseres alltäglichen Lebens. Das Wirken als spiritueller Lehrer mit hoch entwickelten intuitiven und emphatischen Fähigkeiten ermöglicht es mir, dir eine sogenannte Übertragung einer höheren Präsenz anzubieten.

Dies wiederum erlaubt es dir, auf energetischer Ebene eine Transformation zu erfahren, und zwar bereits beim Lesen der Worte, die mir eingegeben wurden. Wenn du ein Buch liest, das eine heilsame Energie kodiert in sich trägt, die sich auf dich übertragen kann, dann geht es nicht darum, jedes Kapitel nach Fakten und Schlussfolgerungen zu durchforsten. Betrachte es eher wie eine Art Rundgang durch den Prozess der Entfaltung deines höchsten Potenzials.

Während du Seite für Seite in diesem Buch umblätterst, können schlafende Fähigkeiten in dir geweckt werden und zeitlose Erinnerungen aufsteigen. Dabei spielen die von mir benutzten Worte eine wichtige Rolle. Die wirkliche Bedeutung der Geschichte, die ich erzähle, liegt jedoch in den Erfahrungen, die sich im Zuge der Übertragung ständig weiter ausbreiten und in dir lebendig werden. Diese Worte haben mich auserwählt, ein Geheimnis zu erzählen, das sich in den letzten achtunddreißig Jahren in meinem Leben beständig weiterentwickelt und -entfaltet hat. Dies geschah, indem ich der universellen Weisheit erlaubte, durch mich hindurchzufließen und meinen Körper gänzlich zu bewohnen. Der Grund, warum ich dieses Geheimnis nun mit dir teile, liegt wahrscheinlich darin, dass ich dich tiefer in eine Wirklichkeit hineinführen möchte, die seit Anbeginn der Schöpfung versucht, dich nach innen zu rufen.

Vielleicht enthalten diese Worte auch eine Aufforderung von höchster Stelle an dich, jeden Aspekt deines Lebens zu transformieren, um als Lichtbringer eines neuen spirituellen Paradigmas in Erscheinung zu treten. Vielleicht ist es dir bereits bewusst, vielleicht auch nicht, aber du bist zur aufregendsten Zeit der menschlichen Evolution auf diesem Planeten. Schon allein dadurch, dass du in dieser beglückenden, aber auch intensiven Zeit energetischer Ausdehnung auf der Erde lebst, trägst du dazu bei, das Bewusstsein unseres Planeten anzuheben. Und dies ist ein Geschenk für alle Wesen, die auf ihm leben.

Vielleicht weißt du auf einer unbewussten Ebene schon, dass du aus einem ganz bestimmten Grund hier bist. Um nach Führung, Klarheit und Orientierung zu suchen, damit du den inneren Frieden, die Entspannung und Lebensfreude findest, die du dir immer schon erhofft hast. Menschen, die diesen spirituellen Ruf in sich verspüren, werden oft als energetisch sensible Seelen bezeichnet. Dabei bezieht sich das Wort Seele auf dich als einzigartigen Ausdruck der Energie der Quelle, die eine bestimmte menschliche Form auf diesem Planeten angenommen hat. Als energetisch sensible Seele bezeichne ich jemanden, der sich an seinen himmlischen Ursprung erinnern kann. Für diese Menschen zelebriert das Leben einen radikalen Prozess des spirituellen Erwachens – auch Erleuchtung genannt.

In der Vergangenheit wurde ein erleuchteter Mensch oft als Prophet oder Wegbereiter einer sich entwickelnden Menschheit verehrt. Heute leben wir jedoch nicht mehr auf einem Planeten mit nur einer Handvoll Erleuchteter. Stattdessen haben wir beschlossen, uns in einer Zeit zu inkarnieren, in der der ganze Planet sich in einem Prozess des Erwachens befindet, um die Prophezeiungen aller erleuchteten Wesen zu erfüllen, die schon vor uns hier waren. Während man die Ausdehnung von Bewusstsein in einem Individuum als Erleuchtung bezeichnet, so versteht man die spirituelle Evolution einer ganzen Zivilisation oder eines Planeten als Aufstieg. In der Zeit des Aufstiegs bist du vielleicht dazu aufgefordert, die tiefere Weisheit deines eigenen Lebens zu erforschen. Es kann aber auch sein, dass du so sensibel auf die Energie des Planeten und die Gefühle deiner Mitmenschen reagierst, dass du nicht mehr weißt, wie du aus einem derartigen Bewusstseinszustand heraus handeln kannst.

Vielleicht möchtest du gern ein Leben jenseits der gängigen Konventionen führen. Oder du sehnst dich danach, deine ureigene Rolle im Prozess des Erwachens der ganzen Menschheit zu spielen. Vielleicht aber möchtest du auch deine energetische Sensibilität in ein Leben voller Hoffnung, Glück und Freiheit einbringen. Ich wurde jedenfalls hierher gebracht, um dich bei der Erfüllung all dieser Wünsche zu unterstützen. Dazu führe ich dich in die Ekstase deines göttlichen Herzraums.

Da die höchste Wahrheit der Existenz auf dem Herzen basiert, sind die Lehren, die aus mir in die Welt kommen, immer mit der Schwingung der Liebe erfüllt. Für eine energetisch sensible Seele, die vielleicht noch nicht verstanden hat, wie tief sie bereits in ihrer spirituellen Erfahrung verankert ist, besteht der direkteste und kraftvollste Weg darin, das eigene Herz zu öffnen – weiter als jemals zuvor. Deshalb bezeichne ich die sich unendlich ausbreitende Energie, die gerade in so vielen Wesen erwacht, als herzbasiertes Bewusstsein – oder mit anderen Worten die Kraft der gelebten Liebe.

Zum Wohle deiner spirituellen Reise wurden in diesem Buch unendliche Qualitäten von Harmonie, Leichtigkeit und Anmut kodiert, um jede Faser deines Seins zu heilen, und zwar so sehr, wie du es der Liebe erlaubst, deine Welt zu erfüllen. Beim Lesen dieses Buches wirst du erfahren, wie genau du es der Liebe ermöglichen kannst, in dir zu erwachen. Während dir die Umsetzung deiner so sehnsüchtig erwarteten

Lebensaufgabe enthüllt wird, werde ich gleichzeitig die wundersamen Abenteuer mit dir teilen, die mich zu dir gebracht haben. Denn wenn ich dir erzähle, was in meinem Leben passiert ist, kannst du dir daraus vielleicht noch mehr Trost, Klarheit und Weitblick für deinen eigenen künftigen Weg ziehen.

Es war für mich sehr verwirrend, als energetisch sensibles und hoch intuitives Kind aufzuwachsen. Denn es fiel mir recht schwer, zwischen meinen eigenen Gefühlen und den Erfahrungen der anderen zu unterscheiden. Ich konnte mich einfach erst wohl in meiner Haut fühlen, wenn es allen anderen um mich herum in ihrem Körper besser ging. Das begann damit, dass ich meine Freunde auf dem Spielplatz bei Problemen beriet, und es setzte sich in meiner Familie fort, in der ich regelmäßig der Friedensstifter war. Es war mir schlicht und ergreifend unmöglich, Erfahrungen zu machen, die unabhängig von den Reaktionen meiner Mitmenschen gewesen wären. Ja es war geradezu so, als ob mein eigenes Glück immer so lange in der Schwebe hing, bis ich anderen schließlich zur Erfüllung ihrer Wünsche verholfen hatte.

Um die Dinge noch verwirrender zu machen, hatte ich sehr deutlichen Kontakt mit Wesen aus höheren Dimensionen und sah Energien, die andere Menschen nicht sehen konnten. Von unzähligen Begegnungen mit Jesus, ohne irgendwelche religiösen oder historischen Hintergrundinformationen zu seiner Person zu bekommen, bis hin zu Gesprächen mit verstorbenen Verwandten, sah ich mich mit Erfahrungen konfrontiert, die ich weder verstehen noch leugnen konnte. Wenn ein Mensch eine gewisse energetische Sensibilität und intuitive Fähigkeiten entwickelt, aber noch nicht reif dafür ist, können diese Gaben oft als Minderwertigkeitsgefühle empfunden werden. Immer wieder beschäftigte mich ein und dieselbe Frage: Warum können die anderen das nicht auch sehen, was mir so normal erscheint? Ich erinnere mich, wie ich einmal dem Universum zurief: »Wenn ich schon Dimensionen der Realität wahrnehmen kann, die die anderen nicht wahrnehmen, dann sollen diese Fähigkeiten wenigstens dazu dienen, anderen zu helfen, diese Gaben auch in sich selbst zu entdecken«.

Den größten Teil meiner Jugend verbrachte ich also zwischen zwei Welten. Da war mein Leben als Teenager aus einem sehr liberalen jüdischen Elternhaus und ein anderes Leben, in dem ich mit Engeln und aufgestiegenen Meistern kommunizierte, die mich regelmäßig in meinem Schlafzimmer besuchten. Jeder dieser Besuche war wie eine luzide, telepathische Verbindung, in der ich die Gespräche wie in einem lebhaften Tagtraum sehen, hören und fühlen konnte – und zwar so real wie bei einer persönlichen Begegnung.

Obwohl ich Lehrer und spirituelle Führer wie Jesus, Melchizedek, Erzengel Michael, Quan Jin und St. Germain traf, interessierte es mich nicht, mehr über ihre Geschichte zu erfahren. Stattdessen war ich fasziniert von den Informationen, die sie mir anboten, und fand Trost in der Energie, die sie verkörperten. Alle geistigen Führer hatten eine ganz einzigartige Frequenz, ähnlich einer bestimmten Farbe des Regenbogens. Dabei verströmten sie eine Energie so voller Weisheit und Liebe, und ich wusste instinktiv, dass sie hier waren, um mir zu helfen.

In all diesen Begegnungen wurden meine intuitiven Fähigkeiten gesteigert und weiter verfeinert, während ich gleichzeitig die Tiefen eines unendlichen Universums erforschte. Und obwohl meine Eltern immer viel Verständnis und Unterstützung für meine Erfahrungen gezeigt hatten, behielt ich diese Begegnungen überwiegend für mich. Wenn ich meine Erlebnisse aber doch mal mit anderen geteilt hatte, fühlte ich mich danach immer so, als ob ich auf einem falschen Planeten leben würde.

Meine Verbindung zu den Erzengeln und aufgestiegenen Meistern intensivierte sich zu dem Zeitpunkt immer mehr, als mir im jungen Erwachsenenalter aufgetragen wurde, spontane und intuitive Botschaften an mir völlig fremde Menschen weiterzugeben. Von den präzisen Anweisungen der Engel, die ich an mir unbekannte Kunden im Supermarkt weitergab, bis hin zu den zutiefst heilsamen Botschaften aus anderen Dimensionen, die ich den Menschen in einer Buchhandlung überbrachte – irgendwie wurde ich darin geführt, genau diejenigen Worte auszusprechen, die den Menschen das Leben wundersam erleichterten. Dabei verstand ich überhaupt nicht, wie all das geschehen konnte und noch dazu auf so perfekte Art und Weise. Da jede dieser Erfahrungen jedoch von einem so unleugbaren Gefühl von Liebe begleitet war, beschloss ich einfach instinktiv zu vertrauen und den höheren Kräften zu erlauben, durch mich zu wirken.

Meine Bereitschaft zu vertrauen führte unweigerlich zu einer noch viel tieferen, lebensverändernden Begegnung mit Erzengeln und aufgestiegenen Meistern, die mich seit jeher geführt hatten. Sie offenbarten sich mir als Botschafter des Göttlichen, die gleichzeitig verschiedene Aspekte meines zukünftigen Selbst darstellten. Als ich Erzengel, aufgestiegene Meister und mich selbst schließlich als gleichwertigen Ausdruck der einen ewigen Wahrheit erkannte, vollzog sich in mir ein spontanes Erwachen. Seitdem erfuhr ich in meinem Leben unzählige Erleuchtungserfahrungen und Einweihungen, die mich auf meine zeitlose Begegnung mit dir vorbereitet haben.

Zur Feier einer spirituellen Entwicklung, die mich dazu brachte, mich zur Verfügung zu stellen, damit dein Potenzial aufblühen kann, möchte ich einige meiner tiefsten Erfahrungen und Einsichten in diesem Buch ganz offen mit dir teilen. Ich werde geführt, um als eine Art Brücke zwischen den höheren Dimensionen und dem Pfad des Erwachens zu dienen. So kann ich dir auf revolutionäre Weise zeigen, wie du spirituell wachsen kannst, um deine unerschöpfliche Quelle innerer Weisheit zum Ausdruck zu bringen, und zwar mit der Freude deines offenen Herzens.

In diesem Buch wirst du mich oft und auf unterschiedliche Weise über dein Herz sprechen hören. An manchen Stellen spreche ich von deiner wahren inneren Natur, deinem inneren Kind oder deiner größten Verwundbarkeit. Dabei geht es mir immer darum, deine Aufmerksamkeit auf die beseelte Intelligenz zu lenken, die den Kern deines Wesens ausmacht. Am Anfang erinnert dich das vielleicht an die innere Stimme deiner Kindheit mit all ihren ungelösten Erinnerungen, die mehr Geduld, Güte und Fürsorge gebraucht hätten und noch heute brauchen. Wenn du diesen Weg jedoch weitergehst und dich bei jedem Schritt durch die Kraft der Liebe unterstützen lässt, wird sich diese Stimme deiner Kindheit mit deinem erwachsenen Geist verbinden und dich in deiner spirituellen Unabhängigkeit bestärken. Dies wird dich zu tiefgreifenden Veränderungen in deinem Leben inspirieren.

Eventuell findest du in meiner Lebensgeschichte ein Stückweit auch deine eigenen Erfahrungen wieder. Vielleicht lässt sie aber auch nur die Umrisse einer völlig neuen Wirklichkeit entstehen, die bereits auf dich wartet. Mögen dir die folgenden Seiten als virtuelle Landkarte dienen, die es dir ermöglicht, deine größten spirituellen Blockaden aufzulösen.

Eine so tiefe und umfassende spirituelle Reise kann das Leben manchmal völlig durcheinander bringen – oder aber dafür sorgen, dass die Dinge sich plötzlich bestmöglich ordnen. Vielleicht erlebst du aber auch in einem Moment das eine und im nächsten dann wieder das andere.

Auf welch einzigartige Weise dein Weg sich auch entfalten mag, die Weisheit des Universums wird dich aus dem Schattenreich deiner Minderwertigkeitsgefühle zurückholen, so dass du dein Licht mit unbegrenzter Kraft und zum Wohle aller erstrahlen lassen kannst. Es ist mir eine Ehre, dich bei deinem Prozess zu unterstützen, indem ich dich bei jeder Erkenntnis und emotionalen Loslösung begleite, egal wie bereitwillig oder auch vorsichtig dein Herz sich dabei öffnen möchte.

Du wirst hier viele interaktive Lernmöglichkeiten finden, die dir dabei helfen, die Energie zu verankern und zu integrieren, die du bekommen wirst. Kraftvolle und heilsame Mantren, die das Universum erschaffen hat, um dir zu deinem Erfolg zu verhelfen, werden dich dabei unterstützen, in neue Grenzbereiche auf deiner inneren Entdeckungsreise vorzustoßen. Du brauchst jede Strophe einfach nur mehrfach zu wiederholen. Jedes Mantra laut zu rezitieren, befähigt dich, deine ewige Natur klarer wahrzunehmen, dich auf deine intuitive Führung einzustimmen und der Weisheit deines Körpers zu vertrauen. Wieder führt uns die Liebe über unzählige Existenzen hinweg in einem Abenteuer zusammen, und ich schöpfe intuitiv aus den Erkenntnissen vieler vergangener Leben, um dir den umfassendsten spirituellen Erkenntnisweg anzubieten. Mit jedem neuen Schritt vorwärts wirst du dich tiefer mit der Weisheit der fünf glückverheißenden Worte verbinden: *Liebe – was immer auch geschieht!*

Indem du das liebst, was in deinem Leben geschieht, befreist du aus dem Herzen heraus das tiefste Verständnis, das dem Universum innewohnt. Wenn dein Herz sich öffnet, wirst du erkennen können, dass alle Umstände deines Lebens bis ins kleinste Detail nur als Hilfe für deine spirituelle Entwicklung erschaffen wurden. Ob du dir dessen bewusst bist oder nicht, alle Inszenierungen deines Lebens, alle Begegnungen und alle Auswirkungen, wurden vom Universum erschaffen, damit du dich bis an die Grenze deines Potenzials erweitern und die Wahrheit deiner göttlichen Natur verwirklichen kannst.

Sobald die Liebe dich führt, entdeckst du eine tiefere spirituelle Wirklichkeit in dir, die in einer Welt der Vielfalt menschliche Form angenommen hat. Vielleicht hast du im Lauf deines Lebens bereits erkannt, dass deinen Erfahrungen oft viel tiefgreifendere Ursachen zugrunde liegen, als es bei oberflächlicher Betrachtung den Anschein hat – auch wenn dir diese Ursachen nicht unbedingt bewusst sind. Die gute Nachricht ist, sobald du dich von der Liebe erfüllen und sie durch dich sprechen lässt, wird es unwichtig, diese Ursachen zu verstehen. Du brauchst nur dein Herz zu öffnen. Mit jedem dieser Schritte auf ein neues spirituelles Paradigma zu kannst du ein neues Bewusstsein feiern, das auf dem Herzen basiert. So gestaltest du den heiligen Raum für den Aufstieg der Erde und das Erwachen der Menschheit mit.

Ob du nun deine Erfahrungen auf einer tieferen Ebene umarmen und integrieren möchtest oder dein Leben auch einfach nur in angenehmeren Umständen genießen magst:

Die Fähigkeit, bedingungslose Liebe zu kultivieren, stellt jedenfalls eine wesentliche Stufe auf dem Weg zur Erfüllung deiner höheren Aufgabe dar.

Ob du einen Seelenpartner manifestieren, deinen Körper heilen, Freiheit von Leiden finden oder Erfolge gänzlich in deine Persönlichkeit integrieren möchtest, sobald du die Liebe in dein Leben einlädst, werden sich alle großen spirituellen Ziele in deinem Leben ganz einfach verwirklichen.

Die Erfüllung deines höchsten Potenzials ist fast schon greifbar. Es zeigt sich in der Schönheit der menschlichen Form, die deine Seele angenommen hat. Es ist zugleich die lang erwartete Erfüllung deines göttlichen Schicksals. Und für das spirituelle Wachstum aller Wesen, die unseren wunderbaren Planeten bewohnen, ist es die Revolution durch Liebe, die bei dir selbst beginnt.

Alles Gute für die Reise, die vor dir liegt. Und dies ist erst der Anfang.

Kapitel 1
Deine Revolution durch Liebe beginnt

Eine neue Ära der Spiritualität ist angebrochen. In dieser Zeit werden deine energetische Sensibilität gewürdigt und alle emotionalen Belastungen aufgelöst. Dies geschieht, indem deine tiefste emotionale Verletzlichkeit wie ein Kind dazu eingeladen wird, aus seinem Versteck herauszukommen und zu spielen. Es ist ein Prozess unendlicher Freude und unbegrenzter Selbsterkenntnis, der von deinem Herzen ausgeht. Er wurzelt in der Schönheit des Mitgefühls und gründet in der Verkörperung deiner höchsten Weisheit.

Welche Probleme du auch immer auflösen möchtest – mit dieser neuen Spiritualität liegt dein persönliches Ziel nicht mehr darin, dein Bewusstsein durch Kraft, Willen oder große Anstrengung auszudehnen. Stattdessen ist es ein Abenteuer, das dich geradewegs in die Tiefen deiner Persönlichkeit führt, hin zu der Unterstützung, die du seit jeher verdient hast. Mit jedem Schritt auf deiner vom Herzen ausgehenden Entdeckungsreise wird dir die beste Lösung für jedes Problem zugleich auch den größtmöglichen Auslöser zeigen, um zu deiner tiefsten persönlichen Wahrheit zu erwachen. Sobald du diese Einladung annimmst, wirst du eine führende Rolle in der Entwicklung der Menschheit spielen. Denn dann wirst du verstehen, dass Liebe die einzig mögliche Antwort in einem Universum unendlicher Fragen ist.

Sich nach innen zu wenden, bedeutet für dich als energetisch sensible Seele nicht zwangsläufig, immer bewusster zu werden. Vielmehr kannst du lernen, wie du dich noch mehr öffnest, und anerkennen, wie bewusst du bereits bist.

Die meisten Menschen haben bereits ein stark ausgeprägtes Bewusstsein. Zugleich befinden sie sich aber in einem Zustand von Hyperaktivität, der sie leicht dazu bringt, sich von ihren Gefühlen überwältigen zu lassen. Vielleicht fällt es dir schwer, deine eigenen Erfahrungen von denen anderer Menschen zu unterscheiden. Dann erfährst du dein Leben möglicherweise als schmerzhaft und dich überfordernd. Dies ist aber nur so lange so, bis du gelernt hast, deine angeborene Empathie in hochentwickelte und breit gefächerte intuitive Fähigkeiten zu verwandeln.

Wenn du eine energetisch sensible Seele bist, kann sich eine zeitgemäße spirituelle Entwicklung in dir als ein Lebensgefühl ›beständigen Befürchtens‹ bis hin zu einem Zustand ›beständigen Fühlens‹ äußern. Das Universum hat dir zu deiner Unterstützung verschiedene göttlich inspirierte Handlungsanweisungen zur Verfügung gestellt, damit du den Mut findest, dich eventuell überfordernde Erfahrungen aus der Vergangenheit anzuschauen. In fünf knappen Worten enthüllen sie dir ein offenes Herz als deinen einzigen Zufluchtsort.

Die fünf Worte lauten *Liebe – was immer auch geschieht!* Wenn du lernst, alles was in deinem Leben geschieht, zu lieben, verwandelt sich die menschliche Tendenz, mit den unvermeidlichen Auswirkungen des eigenen Lebens zu hadern, in die Bereitschaft, den ständigen Wandel der Umstände liebevoll anzunehmen. In diesem Prozess wirst du von der überwältigenden Schwere der materiellen Welt erlöst und kehrst zur ekstatischen Freude deines unschuldigen Wesens zurück. Im Einklang mit den neuen spirituellen Gesetzmäßigkeiten kannst du nicht warten, bis sich dein Herz der Liebe öffnet. Egal wie verschlossen du dich gerade fühlst oder wie distanziert du auch erscheinen magst, deine Bereitschaft zu lieben ist es, die dich daran erinnert, wie beschützt du schon immer gewesen bist.

Wenn du dich von der Liebe führen lässt, setzt du die höchste Form von Heilung frei, die alle Bereiche deines Lebens verändert. Während Heilung geschieht, erfüllst du den Sinn deiner spirituellen Reise, indem du ein Bewusstsein zum Wohle aller in die Welt bringst, das vom Herzen ausgeht. Daher habe ich für dieses neue spirituelle Paradigma die Bezeichnung ›eine Revolution durch Liebe, die bei dir selbst beginnt‹ gewählt. Während die Liebe alle Bereiche deines Selbst revolutioniert, wirst du feststellen, dass es sich nicht nur um deinen individuellen Entwicklungsweg handelt, sondern um das Erwachen aller – um das spirituelle Wachstum eines jeden einzelnen Menschen.

Indem du das liebst, was gerade in deinem Leben geschieht, verwandeln sich die Fallstricke energetischer Sensibilität in die Gnade einer gelebten Spiritualität. Je mehr du dich in diesem herzbasierten Bewusstsein verankerst, umso mehr Samen dieses Bewusstseins werden in allen Himmelsrichtungen gesät. Wie schnell dies geschieht, hängt davon ab, wie leicht du deinem unschuldigen innerem Kind deine Zuneigung schenken kannst.

Ob du hier bist, um Heilungsblockaden aufzulösen, aufrichtige Freude und Erfüllung zu finden oder Frieden mit deiner Vergangenheit zu schließen: Jetzt ist der richtige Moment, um dein Licht so hell strahlen zu lassen wie nie zuvor. Jetzt kannst du ausprobieren, wie weit du deine Engelsflügel gemäß deiner wahren Bestimmung ausbreiten kannst.

Im Auftrag des Universums lade ich dich ein, nach Hause zu kommen. In einen Raum, den du niemals verlassen hast, damit dir das ewige Königreich gezeigt wird, das schon immer in dir war. Während diese neue Wirklichkeit von dir Besitz ergreift, tönt eine ewige Wahrheit durch alle Dimensionen, um dich sanft zu erinnern.

In jedem Atemzug, den du nimmst, ist Liebe immer gegenwärtig.

In jeder Begegnung zwischen Menschen, ist Liebe immer gegenwärtig.

In allem, was gerade zusammengeführt oder getrennt wird, ist Liebe immer gegenwärtig.

Im Moment deines größten Erfolges und sogar in der finstersten Stunde deiner Ungewissheit ist Liebe immer gegenwärtig.

Nach jeder großen Tragödie, aber auch während deiner größten Erfolge, ist Liebe immer gegenwärtig.

Wenn das Leben fließt und voller Inspiration und Harmonie ist und sogar wenn es frustrierend, schmerzhaft und unbequem ist, ist Liebe immer gegenwärtig.

Wenn du dich allein oder nicht unterstützt fühlst, ist Liebe immer gegenwärtig.

In allem, was du bereits verstanden hast und sogar in dem, was du noch begreifen darfst, ist Liebe immer gegenwärtig.

Trotz deiner Gedanken und ganz unabhängig von deinen Entscheidungen oder Gefühlen ist Liebe immer gegenwärtig.

Was dir auch angetan wurde oder was du meinst, anderen angetan zu haben, die Liebe ist immer gegenwärtig.

In dem Maße, wie sich dir Liebe mitteilt, entspannt das Licht deines höchsten Potenzials den überaktiven Geist und trägt Schichten emotionaler Ablagerungen ab. Um deine wahre Aufgabe hier auf Erden zu feiern, stand dir dieser natürliche Prozess immer schon zur Verfügung.

Da deine Aufgabe gottgegeben ist, hilft sie dir, dein eigenes Herz als Zentrum des Universums zu begreifen. Mit jeder Situation, die aus tiefstem Herzen angenommenen wird, werden alle Lebewesen gesegnet und erhoben und können so zur Schönheit ihrer ursprünglichen Form zurückkehren. Dies ist die Bedeutung von: »Deine Revolution durch Liebe beginnt bei dir.«

Es ist die Gelegenheit, den Wandel in allen anzuregen, indem du die Unschuld deiner innersten Natur so innig annimmst wie nie zuvor. Indem du von Herzen annimmst, was dir geschieht, überschreitest du eine lebensverändernde Schwelle in der aufregendsten Zeit der Geschichte dieser Erde. Während mehr Lebewesen als jemals zuvor zur Wahrheit ihrer ewigen Natur erwachen, hilfst du dem spirituellen Wachstum und der energetischen Ausbreitung einer ganzen Zivilisation schon allein dadurch, dass du lernst, mit offenem Herzen zu leben.

Ob du für einen so wichtigen Schritt bereit bist, kannst du manchmal an einer intensiven Sehnsucht danach erkennen, das kollektive Unbewusste der Menschheit zu harmonisieren, indem du dich selbst heilst. Vielleicht äußert sich diese Sehnsucht wie ein wiederkehrender Drang nach persönlicher Erfüllung, wahrer Freiheit und dauerhaftem Frieden, ohne deine Realität diesen Wünschen immer wieder neu anpassen zu müssen. Wie auch immer sich diese Sehnsucht für dich bemerkbar macht, diese Worte bestätigen nur, dass du die Einladung, zur Liebe zurückzukehren, bereits angenommen hast.

Im Laufe dieser vom Herzen ausgehenden Revolution wirst du bemerken, dass dein wahres Wesen unter allen Schichten nur aus Liebe besteht und dass Liebe alles ist, was du im Leben erfahren willst. Die Bereitschaft, diese Wahrheit anzuerkennen und den Wandel der Menschheit zu unterstützen, stellt eine unverzichtbare Wachstumsphase dar, die ich ›die ewige Kultivierung‹ nenne. In dieser wichtigen Phase erweitert sich dein Körper zu einem bewussten Gefäß des Erwachens und versorgt dein innerstes Wesen mit dem Zuspruch, der Sanftheit und Fürsorge, nach denen es sich immer gesehnt hat.

Ich habe die Ehre, dich auf sehr praktische und durchführbare Weise dabei zu unterstützen, dein Herz zu öffnen, alle

Sorgen daraus zu entlassen, alle Begrenzungen aufzulösen und gleichzeitig die Schwingung dieses Planeten anzuheben. Es ist das Geschenk deiner Verwandlung – für dich und damit für alle.

Liebe als die höchste ausgleichende Kraft

Je tiefer sich der Prozess der Selbstannahme in dir entfaltet, desto mehr wirst du dir vielleicht bewusst, dass dein Herz oftmals als letztes die Unterstützung und Liebe bekommen hat, die du anderen gegeben hast. Je mehr dein Herz sich nun öffnet, desto leichter wirst du Gelegenheiten wahrnehmen lernen, in denen du dir dieselbe Freundlichkeit und Fürsorge geben kannst, die andere Menschen von dir so oft empfangen durften. Jedes Mal, wenn du dich selbst innerlich liebevoll umarmst, gibst du anderen ein Beispiel dafür, wie kraftvoll, zentriert, begeistert und glücklich du in deinem Kern bist.

Indem du mit ganzem Herzen annimmst, was dir geschieht, hörst du auf, die unumgänglichen Herausforderungen deines Lebens zu leugnen, zu vermeiden oder gar zu bekämpfen. Stattdessen entwickelst du tiefes Vertrauen zu dir selbst. Damit du deine Fortschritte würdigen kannst, lade ich dich dazu ein, dir nun einen Moment Zeit zu nehmen und die Erfahrung einer neuen Wirklichkeit in dir willkommen zu heißen.

Die folgenden Worte kannst du entweder laut aussprechen oder still für dich durchlesen – bitte wiederhole das folgende heilsame Mantra:

Wenn ich traurig bin, verdiene ich mehr Liebe, und nicht weniger. Wenn ich wütend bin, verdiene ich mehr Liebe, und nicht weniger. Wenn ich frustriert bin, verdiene ich mehr Liebe, und nicht weniger. Wenn ich verletzt bin, mich schäme, mich todunglücklich oder schuldig fühle, verdiene ich mehr Liebe, und nicht weniger.

Auch wenn ich mich für meine Taten schäme, verdiene ich mehr Liebe, und nicht weniger. Auch wenn ich stolz auf mich bin, verdiene ich mehr Liebe, und nicht weniger. Egal wie ich mich fühle, immer verdiene ich mehr Liebe, und nicht weniger.

Unabhängig davon, was ich denke, verdiene ich mehr Liebe, und nicht weniger. Welche Vergangenheit ich auch überstanden habe, ich verdiene mehr Liebe, und nicht weniger. Was die Zukunft auch bringt, ich verdiene mehr Liebe, und nicht weniger.

An meinem allerschlimmsten Tag verdiene ich mehr Liebe, und nicht weniger. Wenn das Leben auch grausam und verwirrend erscheint, ich verdiene mehr Liebe, und nicht weniger.

Immer wenn keiner da ist, der mir geben kann, was ich brauche, verdiene ich mehr Liebe, und nicht weniger. Mich daran erinnernd, wie ich der Welt am besten dienen kann, verdiene ich mehr Liebe, und nicht weniger.

Unabhängig davon, was ich akzeptieren kann, wem ich nicht vergeben kann oder was ich aus irgendeinem Grund nicht annehmen kann, immer verdiene ich mehr Liebe, und nicht weniger.

Um dich mit deinem inneren Kind in Freude verbinden zu können, verlangt Liebe nicht von dir, das Nichthinnehmbare hinzunehmen. Sie sagt nur: »Nimm' die Gefühle deines eigenen Herzens an, und ich werde an deiner Stelle hinnehmen.« Sie bittet dich nicht, das Unverzeihliche zu verzeihen, sondern sagt nur: »Nimm' die Gefühle deines eigenen Herzens an, und ich werde an deiner Stelle verzeihen.« Sie bittet dich auch nicht, das zu lieben, was du nicht lieben kannst, sondern sagt nur: »Nimm' die Gefühle deines eigenen Herzens an, und ich werde an deiner Stelle lieben.«

Wie auch immer deine gegenwärtigen Umstände aussehen mögen, Liebe garantiert dir stets, dass Dinge durch dich gelöst werden, aber nicht von dir. Indem du dein inneres Kind so liebevoll annimmst wie niemand zuvor, findest du den Elternteil, den du nie kennnengelernt hast, den allerbesten Freund, von dem du nicht einmal wusstest, dass du ihn hattest, und den Geliebten, der immer schon da war – als Ausdruck der Wahrheit, die du bist.

Indem du dein Herz zum Gegenstand deiner Zuneigung machst, lädst du auch die wahre Essenz anderer Menschen dazu ein, hinter der ihnen zugeschriebenen Persönlichkeit wahrgenommen zu werden. Lässt du dich von der Liebe leiten, kannst du die Besonderheit aller Menschen gleichermaßen wertschätzen, ohne dich durch schmerzhafte Konflikte von ihnen zu trennen.

Es kann sein, dass du akzeptieren musst, dass andere dich wahrscheinlich niemals so lieben können, wie du immer geliebt werden wolltest. Trotzdem musst du nicht auf die Güte, Unterstützung und Zuwendung verzichten, die deine Revolution durch Liebe in die Welt bringt.

Ob du gerade eine große Enttäuschung erlebt hast oder dich am Rande der Verzweiflung befindest, die Tiefe der Aufmerksamkeit, die du dir selbst entgegenbringst, ermöglicht es deinen Gefühlen, nicht länger unbewusster Ausdruck eines leidvollen Lebens zu bleiben. Solange du gut in deinem Herzen verankert bist, kann jede emotionale Reaktion als ein perfekt inszenierter Ausdruck von Bewusstsein gesehen werden, der alte Gesetzmäßigkeiten ausräumt und Raum für die Entfaltung neuer Möglichkeiten schafft. Wie schnell diese Veränderung eintritt, hängt in der Regel davon ab, wie einfach es für dich ist, jedes Gefühl wertzuschätzen und ihm die Erlaubnis zu geben, da zu sein.

Ob du dich Gefühlen, die tiefste Veränderungen in dir anregen, eher schneller oder langsamer öffnest – es ist wichtig, diesen Prozess nicht zu beschleunigen. So solltest du dir dafür ausreichend Zeit nehmen und jeden Moment würdigen. Bleib immer in dem Bewusstsein, dass du für diesen Weg mehr Unterstützung, Güte und Ermutigung verdienst, und nicht weniger.

Wie furchteinflößend, überwältigend oder unangenehm deine Erfahrungen auch erscheinen mögen, du kannst das alltägliche Auf und Ab jederzeit in ein zutiefst erfüllendes, spirituelles Abenteuer verwandeln, indem du zur Ursache deiner eigenen Erfüllung wirst.

Die Möglichkeit, die die Liebe dir bietet, ist konfessionsübergreifend und stimmt mit jeder Rolle überein, die du gerade in deinem Leben innehast. Sie ermöglicht es dir, dich mit dem Göttlichen in dir zu verbinden, indem du dich an die fünf Worte erinnerst, die für dich gedacht sind: *Liebe – was immer auch geschieht!*

Deine Bereitschaft, alles in deinem Leben immer mehr anzunehmen, versetzt dich in die Lage, die tieferen spirituellen Gründe zu verstehen, warum bestimmte Lebensumstände entstehen. Das Universum erschafft jeden Moment deines Lebens, um dir größtmögliches Wachstum anzubieten, und das hat rein gar nichts mit Aberglauben zu tun. Wenn du unangenehme Gefühle verspürst, ist dies nur ein weiteres Zeichen dafür, wie schnell du dich gerade entwickelst.

Wir, also du und ich, sind zusammen gebracht worden, um das Abenteuer deiner Entwicklung so lohnend und angenehm wie möglich zu gestalten. Ich darf dich daran erinnern, wie aufregend Veränderung sich anfühlen kann, sobald du dir erlaubst, dein Herz zu öffnen. Solange du dich von Liebe leiten lässt, kannst du jedes Gefühl und all deine Lebensumstände als eine Aktivierung von erweitertem Bewusstsein feiern.

Sobald du mit dem plötzlichen Unbehagen oder schwelendem Schmerz Frieden schließt, persönlich frustriert zu sein, eröffnet sich dir eine umfassendere Sichtweise. Du kannst dein Leben dann mit den Augen des Universums betrachten, anstatt dich als Mensch so zu fühlen, als würdest du in unangenehmen Emotionen versacken. Welche heftigen Reaktionen auch immer in dir ausgelöst werden, jede deiner Gemütsbewegungen stellt eine Säuberung auf Zellebene von Ablagerungen aus uralten Erfahrungen dar. Solange dein Herz offen ist, wirst du wahrnehmen, dass alles, was du fühlst, Ausdruck eines Heilungsprozesses in deinem Inneren ist. Umgekehrt wirst du bei verschlossenem Herzen alle Gefühle, die du wahrnimmst, als Barrieren auf dem Weg zu deiner höchsten Erfüllung empfinden.

Wie du lernst zu lieben, was dir geschieht

Bei diesem Prozess ist es wichtig, dich daran zu erinnern, dass ein Gefühl sich nur so lange wie eine Blockade anfühlt, wie du dich weigerst, es wahrzunehmen. Sobald du es bereitwillig wahrnimmst, löst deine Bereitschaft, jeden Moment als Möglichkeit der Heilung zu nutzen, einen Reinigungsprozess in dir aus. Schicht um Schicht können so Erinnerungen losgelassen werden, die in deinen Zellen gespeichert sind, um Raum für ein Bewusstsein zu schaffen, das auf dem Herzen beruht.

Viele Menschen haben sich daran gewöhnt, unangenehme Gefühle zu bewerten, die immer zum ungünstigsten Zeitpunkt an die Oberfläche zu drängen scheinen. Je öfter diese Gefühle ausgelöst werden, desto selbstverständlicher wird es, jede Welle emotionaler Reaktion als ein anhaltendes Problem zu deuten, das gelöst werden müsse.

Du kannst zwischen unzähligen Heilmethoden und spirituellen Wegen wählen und dabei hoffen, dass irgendetwas die verwirrende, schmerzhafte und unbequeme Natur dieser Gefühle in dir auslöscht. Eine spirituelle Praxis oder eine Heilweise kann dir dabei auch durchaus momentane Erleichterung verschaffen, indem sie deinen Blickwinkel oder dein Befinden verändert. Allerdings werden deine Gefühle so lange wiederkehren, bis du jede deiner Reaktionen als

Beweis für einen tieferen Prozess anerkennst, der bereits in vollem Gange ist.

Viele Menschen fühlen sich entmutigt und frustriert, sobald eine Heilmethode oder ein spiritueller Ansatz ihnen nicht den versprochenen Erfolg bescheren. Aus Sicht des Universums ist es jedoch ganz eindeutig und der Beweis zweifellos erbracht, dass tiefe Heilungsprozesse längst in ihnen begonnen haben. Deine höchste Weisheit lädt dich dazu ein, jede deiner Reaktionen als einen Moment spiritueller Aktivierung wertzuschätzen. Indem du jedes Gefühl annimmst, werden emotionale Ablagerungen aus deinem Energiefeld entlassen. Da jedes Individuum ein Ausdruck des Universums ist, unterstützt die Reinigung des Energiefeldes eines Menschen zugleich den Heilungsprozess aller anderen.

Deshalb ist auch der einzig wirklich wichtige Weg, um deinen göttlichen Plan zu erfüllen, der, dass du alles annimmst, was dir geschieht. Jedes Mal, wenn du deine Gefühle liebevoll annimmst, kannst du spontane Heilungsimpulse empfangen, die deine Wirklichkeit verändern und zeitgleich die Entwicklung aller Wesen unterstützt.

Wie Kinder an den Hosenbeinen ihrer Eltern ziehen, um ihre Aufmerksamkeit zu erhalten, so möchte jede emotionale Reaktion dich lediglich an den perfekten Moment erinnern, um aktiv an deinem Heilungsprozess teilzunehmen. Indem du die tiefe Heilung anerkennst, die immer dann eintritt, wenn jede deiner Emotionen offen gefühlt werden darf, hast du bereits den ersten aufregenden Schritt dahin getan, zu lieben, was immer dir geschieht. Je konstanter du diesen Weg gehst, desto einfach wird es für dich, mit den perfekt inszenierten Auslösern Frieden zu schließen, die dein Leben so oft außer Kontrolle erscheinen lassen. Je leichter du jedes Gefühl annehmen kannst – wie störend oder unangenehm es sich auch bemerkbar machen mag –, desto einfacher kannst du in Übereinstimmung mit deinem Herzen leben, ganz egal, wie deine Lebensumstände gerade auch sein mögen.

Obwohl viele Menschen Liebe als einen hohen Wert anerkennen und ihr sogar die höchste Schwingung im Universum zugestehen, gibt es doch nur wenige die wissen, wie sie lieben können, wenn ihre Mitmenschen sie dazu nicht über ihre Handlungen inspirieren. Es ist leicht, Liebe zu erwidern, wenn du gerade Komplimente von deinem Partner bekommen hast. Auch die Unschuld von Tieren und Kindern finden wir ganz selbstverständlich liebenswert. Trotzdem erscheint es vielen Menschen schwer, Liebe zu leben, obwohl sie das wichtigste Heilmittel ist, nach dem ihr Herz so dringend verlangt. Dies liegt daran, dass sie nicht wissen, wie sie Liebe aus sich selbst heraus erzeugen können, ohne dafür eine Gegenleistung zu erwarten.

Hast du deinen Gefühlen erst einmal erlaubt, auf einer tieferen Ebene wahrgenommen zu werden, solltest du als nächstes lernen, deinen Körper zu entspannen. Auch wenn es dir anfangs schwerfällt, dich zu entspannen, weil du auf Wellen von Emotionen reagierst, die deinen Körper überfluten, so kannst du doch beobachten, was passiert, wenn du um diese Emotion herum entspannst. Eine einfache Art, deinen Körper zu entspannen, besteht darin, den Atemrhythmus zu verlangsamen. Viele Menschen versuchen zwar ihren Atem zu vertiefen, fahren ihre Energie dann jedoch über zu schnelles Einatmen wieder hoch. Die Lösung liegt in langsamen, behutsamen Atemzügen, die den Körper daran erinnern, dass es ungefährlich ist, etwas in sich aufzunehmen und wahrzunehmen, was nur zur eigenen Veränderung beitragen kann.

Sobald du die Intensität einer starken Emotion mit langsamen Atemzügen angenommen und aufgenommen hast, solltest du die gefühlte Emotion im Körper lokalisieren. Oft wollen Menschen an dieser Stelle am liebsten jedes Gefühl benennen, im Versuch, eine Rückverbindung zu einem auslösenden Erlebnis oder einem Kindheitstrauma herzustellen. Dies führt jedoch eher dazu, die eigenen Erinnerungen zu psychoanalysieren. Dies kann zwar eine positive Neuinterpretation bewirken – niemals jedoch eine Heilung auf Zellebene.

Nur die Liebe allein kann dir die Sicherheit geben, das, was du fühlst, auch anschauen zu können. Daher besteht die tiefste Ebene der Heilung darin, jedes Gefühl willkommen zu heißen, ohne es zu analysieren, zu durchdenken oder als Erfahrung weiterverarbeiten zu müssen. Indem du dem Teil deines Körpers deine Aufmerksamkeit schenkst, in dem du stärkere Emotionen oder physische Schmerzen wahrnehmen kannst, löst du Schicht um Schicht zellgebundene Erinnerung auf und hilfst deinem Körper zu heilen.

Anstatt über deine Gefühle nachzudenken oder dich darauf zu konzentrieren, wer für die Umstände deines Lebens verantwortlich gemacht werden kann, könntest du dich auch dafür entscheiden, den Körperteil wahrzunehmen, in dem diese Emotionen fühlbar sind. Wenn du diesen Bereich deines Körpers wahrnehmen kannst, sei es nun irgendwo im Kopf-, Magen-, Brustbereich oder auch in anderen Organen, richte deine Aufmerksamkeit darauf. Wenn du dir nicht sicher bist, wo du etwas fühlst, wähle einfach dein Herz als zentralen Punkt deiner Aufmerksamkeit.

Schau, was sich für dich am besten anfühlt, und beobachte, was passiert, wenn du deiner Aufmerksamkeit erlaubst, im

Zentrum jedes Gefühls zu verweilen, indem du langsam in dieses Gefühl hineinatmest. Merkst du, dass deine Emotionen sich umso schneller auflösen, je genauer du sie erforschst und dich mit ihnen vertraut machst?

Der nächste Schritt in deinem Heilungsprozess besteht nun darin, dich an die Absicht des Universums zu erinnern und diese zu bejahen. Egal, wie häufig du eine emotionale Reaktion be- oder sogar verurteilst, deine höchste Aufgabe besteht darin, jede Emotion als Gelegenheit wertzuschätzen, zur Liebe zurückzukehren und damit Heilung, Erleuchtung und Transformation für alle zu bewirken. Um die nur schwer erträgliche menschliche Konditionierung in eine spontane Gelegenheit zur Heilung zu verwandeln, wiederhole bitte das folgende segensreiche Mantra:

Ich akzeptiere, dass dieses Gefühl nur hier ist, um liebevoll angenommen zu werden – so liebevoll wie niemals zuvor.

Sobald du verinnerlicht hast, dass das Universums lediglich alle Reaktionen, Ereignisse, Resultate oder Umstände herbeiruft, die dir zur größtmöglichen spirituellen Erkenntnis verhelfen, wirst du die Intensität deiner Gefühle dimmen können und zugleich von jeder emotionalen Ablösung profitieren.

Dein heftiger Widerstand gegen unangenehme Gefühle und Hindernisse kann sich auflösen, wenn du all deine Erfahrungen als Beitrag zur Weiterentwicklung der Menschheit begreifst und die Ereignisse in deinem Leben als übereinstimmend mit deiner spirituellen Entwicklung erkennst. Dies kann dir dabei helfen, auch unüberwindbar erscheinende Herausforderungen als Tore zu einem neuen spirituellen Bewusstsein wertzuschätzen. Jedes Leid löst sich auf, wenn du liebevoll annimmst, was in deinem Leben geschieht.

Sobald du dich daran erinnerst, dass ein weises und liebendes Universum dein Leben mit dem Ziel inszeniert hat, dein höchstes Potenzial durch deinen Körper auszudrücken, kannst du dich selbst in besonders wichtigen Momenten deines Lebens besser unterstützen.

Die einfachste Art besteht zum Beispiel darin, dich bequem hinzusetzen und deine Augen zu schließen, während deine Hände auf dem Körperteil ruhen, in dem du ein unangenehmes Gefühl verspürst. Lenke nun behutsam deine Aufmerksamkeit mit deinem Atem in das Zentrum des jeweiligen Gefühls und wiederhole das folgende heilsame Mantra laut oder leise ganz einfach für dich:

Ich liebe dich.

Sag dir immer wieder mit sanfter, unterstützender und behutsamer Stimme: »Ich liebe dich.«, ganz so, als ob du ein Kind in den Schlaf wiegen wolltest. Je leichter und spielerischer du jedem »Ich liebe dich« zu sein erlaubst, desto mehr wird sich dein Herz öffnen.

Versuche dir, dieses Mantra für mindestens zwei Minuten am Stück zu sagen. Auch wenn deine Reaktion darauf nach den ersten paar Malen schwächer werden sollte, biete dir weiterhin Liebe an und erinnere dein inneres Kind an folgende Wahrheit:

Auch wenn Heilung geschieht und sogar wenn emotionale Belastungen aufgelöst wurden, verdienst du mehr Liebe, und nicht weniger.

Dieser Satz erinnert dein unschuldiges inneres Wesen an deine Rolle als weiser und liebender Beschützer. Je mehr Aufmerksamkeit du dem schenkst, was gerade geschieht, desto eher lernt dein inneres Kind, dass es nicht ständig in irgendwelchen Krisen oder emotionaler Gefahr sein muss, um die Unterstützung zu erhalten, die du ihm von nun an bereitwillig gibst.

Sollte die emotionale Reaktion wiederkommen, wiederhole den Prozess erneut für zwei Minuten.

Ob du regelmäßig große Wellen von Emotion durchlebst oder die langen Pausen zwischen jeder Reaktion feierst – es geht nicht darum, einen Raum zu finden, in dem keine Emotionen aufkommen. Tatsächlich handelt es sich vielmehr darum, der Gnade der Liebe zu erlauben, die Art zu verändern, wie du auf die fortlaufenden Erfahrungen deines Lebens reagierst.

Wenn du deinen Herzraum erst einmal sicher bewohnst, werden menschliche Reaktionen eine hauptsächlich spirituelle Bedeutung für dich haben, sowohl für deinen eigenen Entwicklungsprozess als auch für die Entwicklung der Menschheit als Ganzes. Mit jedem »Ich liebe dich« bietet dir der göttliche Wille in seiner Perfektion Gelegenheiten zur Beschleunigung deiner Heilung. Alles entsteht durch deine Bereitschaft, dein eigenes Herz zu umarmen, als wäre es ein Kind, das Schmerzen hat. Ob das Kind in deinem Herzen ängstlich, aufgeregt, traurig, trauernd, schuldig, eifersüchtig, ärgerlich, hasserfüllt oder verletzt ist, sobald du den Impuls festigst, als erste Reaktion zur Liebe zurückzukehren, wird dir jedes Gefühl zur Einladung, dein Leben noch mehr in Harmonie mit deiner Spiritualität zu bringen.

Vielleicht erinnert dich jedes Gefühl an eine Zeit deines Lebens, in der du die Aufmerksamkeit und Unterstützung, die du so dringend gebraucht hättest, nicht bekommen hast. Mit jedem »Ich liebe dich« kannst du dem Teil in dir, der sich an die Vergangenheit erinnert und deine Sicht auf die Dinge bestimmt, all die Güte, Unterstützung, Anerkennung und Fürsorge geben, die den Einfluss menschlicher Konditionierung auflösen kann. Indem du deine Gefühle mit herzbasierter Achtsamkeit annimmst, trägst du mit dazu bei, Bewertungsmuster im kollektiven Unbewussten der Menschheit aufzulösen. Vielleicht kann dir das dazu verhelfen, sogenannte negative Erfahrungen als interessante Erweiterungen innerhalb der menschlichen Evolution zu betrachten. Selbst, wenn du mit einem für dich unerträglichen Gefühl konfrontiert bist, das du glaubst niemals annehmen zu können, ist es eine Gelegenheit, den Teil in dir zu lieben, der noch nicht Verantwortung für die eigenen Erfahrungen übernehmen kann.

Ähnlich wie in einer Prozession, bei der bedürftige Anteile erwarten, kosmischer Absolution zu erhalten, spült jeder Augenblick der Heilung Emotionsschichten an die Oberfläche, die von dir angenommen werden möchten. Jede Schicht steht für eine Situation aus der Vergangenheit, in der deine Gefühle oder Erfahrungen mit ›schlecht‹ bewertet wurden anstatt mit ›gut‹.

Vielleicht geht es darum, einen schmerzhaften Teil zu lieben oder einen verängstigten Anteil zu ehren oder den

Anteil anzuerkennen, der sich weigert, unangenehme Gefühle wahrzunehmen. Wenn du das annimmst, was dir geschieht, wird es dir helfen, größere kosmische Zusammenhänge auch in den unauffälligsten oder ruhigsten Phasen deines Lebens zu entdecken. Auch wenn es manchmal schwer vorstellbar ist, präsentiert sich die Wirklichkeit anders als sie eigentlich ist. Dies dient als Einladung für dich, dich mit dem göttlichen Willen in Einklang zu bringen. Tatsächlich gibt es keinen anderen Grund, aus dem ein Ding in den Fokus deiner Aufmerksamkeit rückt, egal wohin der Finger der Anklage auch zeigen mag.

Jeder Schritt auf dem Weg dieses herzbasierten Verständnisses ermöglicht es dir immer mehr, deine Verwirrung zu klären und deutlich zu erkennen, was der tiefere Grund dafür ist, dass bestimmte Dinge plötzlich einen dominanten Platz in deinem Leben einnehmen. Jede starke emotionale Reaktion lädt dich ein, all das in dir willkommen zu heißen, was noch von anderen gesehen, wertgeschätzt oder geehrt werden möchte. Und das ist etwas, das über die altbekannte Vorstellung weit hinausreicht, dass deine Gedanken deine Realität formen oder dass es Bestrafung für karmische Vergehen geben würde.

So kannst du jeden Konflikt auf sehr ehrliche und intime Weise lösen, der in deinem Zellgedächtnis abgespeichert und in Form deines Umfelds in dein Leben projiziert wurde. Vertraue der Kraft der Liebe, dass alles für dich zum Besten arrangiert wird – auch wenn es dir manchmal sehr banal und dann wieder fast unmöglich erscheint.

Du verdienst Liebe

Mit der Zeit wirst du deinen Gefühlen gegenüber so aufmerksam werden, wie nie zuvor in deinem Leben. Dann ist es ganz normal, wenn du dich fragst, ob du es überhaupt verdient hast, dir selbst so viel Zeit und Aufmerksamkeit zu widmen.

Vielleicht kannst du die Liebe manchmal einfach nicht spüren, oder es fühlt sich nicht stimmig an, so oft »Ich liebe dich« zu dir selbst zu sagen. Vielleicht bist du auch einfach daran gewöhnt, lobende Worte nur als Zeichen der Zustimmung zu hören, wenn du etwas gut gemacht hast. Es ist ganz normal, solcherlei Ermutigung nicht so leicht annehmen zu können, wenn man sie bisher nur als eine Art Belohnung für erwünschtes Verhalten bekommen hat. Genauso verständlich ist es Liebe abzuwehren, wenn sie doch immer mit der Erinnerung an Menschen verbunden ist, die dich in der Vergangenheit verletzt haben.

Auch wenn gerade die Menschen, die dich betrogen, verletzt, missbraucht oder verlassen haben, die Worte »Ich liebe dich« zu dir gesagt haben, wirst du dein inneres Kind doch annehmen müssen. So kannst du lernen, dass liebevolle Aufmerksamkeit nicht mit Schmerzen, Manipulation oder Zurückweisung verbunden sein muss.

Trotz größtem Respekt für jede Tragödie und die unerträglichen Umstände, unter denen manche Menschen leben, sollten wir uns doch bewusst sein, dass jeder mit der Kraft zu Überleben ausgestattet ist. Möge jeder Schritt dich aus der Asche deiner schmerzvollen Vergangenheit und hin zum Frieden mit der Liebe führen – auch wenn du nicht bereit bist, denen zu vergeben, die dich verletzt haben.

Ganz gleich, ob du verletzt, untröstlich oder voller Hoffnung bist, Selbstliebe kann sich als Erfahrung derartig neu für dich anfühlen, dass dein Unterbewusstsein keine vertrauten Orientierungspunkte dafür findet. Dein Unterbewusstsein funktioniert nach zwei grundlegenden Bewertungskategorien: Etwas wird als ›vertraut‹ oder als ›fremd‹ empfunden.

Wenn du in deiner frühen Kindheit nur selten die Erfahrung von Selbstliebe gemacht hast, werden diese neuen, auf dem Herzen basierenden Erfahrungen für dich als Kategorie ›fremd‹ eingeordnet. Sobald du nun beginnst dein Herz zu lieben, kannst du jedes Gefühl der Unstimmigkeit oder Dissonanz einfach als spezielle Art deines Unterbewusstseins interpretieren, Folgendes auszudrücken: »Du hast das noch nie zuvor getan.« Vielleicht hast du dir bisher noch nie wirklich Zeit genommen, dich regelmäßig wertzuschätzen. Mit dieser auf Liebe basierenden Revolution, durch diesen Prozess, in dem du dich gerade befindest, kannst du verändern, wie dein Unterbewusstsein darauf reagiert, im Mittelpunkt deiner eigenen Aufmerksamkeit zu stehen.

Jedes Mal, wenn du deinem Herzen Liebe schickst, wird dies von deinem Unterbewusstsein nun als ›vertraut‹ eingeordnet werden. Sobald du bereit bist, dich selbst so wertzuschätzen, wie du es nie zuvor in deinem Leben getan hast, wird schon ein einziges »Ich liebe dich« als neues Gefühlsmuster in dir verzeichnet. Sobald »Ich liebe dich« zu einem der häufigsten Sätze wird, die du dir sagst oder mit denen du andere segnest, programmiert sich dein Unterbewusstsein um und erkennt Liebe von nun an als eine vertraute Erfahrung.

Mit der Zeit wird das, was zuvor noch als ›fremd‹ eingeordnet wurde, in die Kategorie ›vertraut‹ verschoben. Mit diesem inneren Wandel erlaubt dein Unterbewusstsein deinem Körper, mit der Schwingung der Liebe mitzuschwingen, und zwar als Ausdruck einer körperlichen Erfahrung von Wahrheit und Stimmigkeit. Je mehr dein Unterbewusstsein sich mit der Liebe vertraut macht, desto mehr kannst du Qualitäten wie Bestätigung, Sicherheit und Schutz in dir selbst wahrnehmen, von denen du bisher vielleicht dachtest, sie nur von anderen bekommen zu können.

Jedes Mal, wenn du liebst, was geschieht, reinigst du deinen Körper nicht nur von emotionalen Ablagerungen auf Zellebene, sondern harmonisierst auch Urteile und Bewertungen deines Unterbewusstseins. Je mehr Bewertungen in diesem Prozess gelöst werden, desto mehr gelingt es deinem Herzen, offen zu bleiben.

Wie gesagt: Allein durch die Wiederholung des Satzes »Ich liebe dich« wirst du zur Quelle deiner eigenen Erfüllung und programmierst dabei beharrlich, geduldig und mit großer Gelassenheit dein Unterbewusstsein um.

Je mehr du dich auf die Schwingung der Liebe begibst, desto mehr wird sie zu einer immer stimmigeren und vertrauteren Erfahrung für dich. Dabei gewinnst du auch die Sicherheit, dich dem Lauf deines Lebens zu öffnen. Damit wirst du auch fähig sein, anderen Menschen Liebe zu geben und das großartige Geschenk der Transformation zu überreichen. Je mehr du dein inneres Kind schließlich annehmen kannst, desto mehr kannst du auch andere davon profitieren lassen, nämlich durch Komplimente, liebevolle Handlungen, intensiveren Blickkontakt oder auch einfach durch ein Lächeln.

Sobald du erkannt hast, dass dein offenes Herz zu den größten Wohltaten gehört, die du in das Leben einbringen kannst, wirst du dein Leben entsprechend gestalten. Du wirst dann die Kraft der Liebe auch dazu einladen, die Entwicklung unseres Planeten zu bestimmen. Zudem kannst du mit dieser Sicht auf die Dinge erkennen, dass wahre Heilung dann eintritt, wenn du dich und andere besser behandelst, als du selbst in der Vergangenheit behandelt worden bist.

Wie du das Unterbewusstsein umprogrammieren kannst

Einer der wichtigsten Schritte auf dem Weg, zu lieben was dir geschieht, besteht darin zu lernen, wie du dein Unterbewusstsein umprogrammieren kannst. Indem du »Ich liebe dich« zu einem dir vertrauten Satz werden lässt, den du dir selbst regelmäßig schenkst, gewöhnt sich dein Unterbewusstsein daran, Liebe nicht länger mit einem Angriff feindlicher Truppen zu verwechseln.

Allein dadurch, dass du dein Herz immer wieder liebevoll wertschätzt, gibst du deinem Körper die dringend benötigte Erlaubnis, die höchste Schwingung dieser Welt zu erfahren. Diese Schwingung entsteht nur durch Liebe. Je mehr dein Körper sich auf diese Harmonie ausrichtet, desto mehr Zugang gewinnst du zu deiner angeborenen Fähigkeit, alle alten Erinnerungen zu verändern, die zu einer mit Leid verknüpften Wahrnehmung oder misstrauischen Haltung gegenüber Liebe geführt haben. Gleichzeitig informiert dieses Resonanzsystem auch dein Immunsystem darüber, wie es sich verhalten soll. Denn der Körper hat die Tendenz, als belebter Ausdruck vorherrschender Glaubenssätze deines Unterbewusstseins zu funktionieren.

Die Liebe ist eine Kraft, die alle Hindernisse überwinden kann, indem sie alle Aspekte deines Seins mit ihrer lichtvollen Schwingung durchdringt und erleuchtet. Sobald du dir zutraust, das innere Licht in dir zu verstärken, unterstützt du bereits den Prozess des Erwachens auf unserer Erde. Wenn du dich selbst emotional unterstützt, erlaubst du damit auch dem inneren Kind im Herzen anderer, sämtliche Kämpfe aufzugeben, jede Wunde zu heilen und alle Urteile loszulassen.

In jeder spirituellen Richtung gibt es die natürliche Tendenz, sich selbst schneller entwickeln zu wollen, als das innere Kind es bewältigen könnte. Dies erschafft jedoch noch mehr Unfrieden und führt dazu, dass die Herzen sich eher verschließen als sich zu öffnen. Damit die Blüte deines Herzens sich entfalten kann, braucht das Herz die Erlaubnis, dies so schnell oder langsam zu tun wie es dem eigenen Rhythmus entspricht. Sollte diese Vorstellung ein Gefühl von Panik oder Ungeduld in dir auslösen, so kann dies wieder eine Gelegenheit sein, den Anteil in dir besonders zu lieben, der diese Gefühle hat. Was immer in Bezug auf diese Erfahrung auch geschieht (eventuell gibt es auch gar keine Reaktion in dir), es wird dir deutlich zeigen, worauf du deine Liebe richten darfst.

Das zu lieben, was auch immer in deinem Leben passiert, wird so zu einer der verblüffendsten, einfachsten spirituellen Übungen, die wir auf der Erde erleben können. Denn selbst, wenn daraufhin möglicherweise ›etwas nicht passiert‹, dann handelt es sich auch damit bereits um einen Hinweis, nämlich den, dass ein auf dein Leben genau abgestimmter Heilungsimpuls bereits auf dem Weg zu dir ist.

Vielleicht fühlt sich die Antwort auf dein »Ich liebe dich« nun auch so an, als ob es in dir jemanden gäbe, ›der sich fühlt wie ein Verlierer‹ oder ›der nie etwas richtig macht‹ oder ›der nie die Kontrolle hat‹ oder sogar ›der nie das bekommt, was er eigentlich braucht‹. Immer aber fordert dich solch ein Feedback dazu auf, dieses Gefühl in deinem Körper zu erforschen.

Kannst du diesen inneren Anteilen mit sanfter, unterstützender Stimme so viel Liebe geben, wie sie nie zuvor erhalten haben? Und wenn nicht, kannst du dies dann als Gelegenheit annehmen, denjenigen Anteil in dir liebevoll anzunehmen, der das nicht kann?

Dein inneres Kind öffnet sich dir genau so schnell, wie es deiner jeweiligen Entwicklungsphase entspricht. Aber es gibt noch einen anderen Weg, um deinem inneren Kind die Erlaubnis zu geben, sich zum Ausdruck zu bringen. Um deinem Herzen die Zustimmung, Unterstützung und den Zuspruch zu geben, die es braucht, damit es sich zeigen kann, kannst du auch das folgende heilsame Mantra wiederholen:

> *Ich weiß nicht, wie ich die Traurigkeit lieben kann, die ich fühle. Ich weiß nicht, wie ich die Angst lieben kann, die ich spüre. Ich weiß nicht, wie ich die Eifersucht lieben kann, die ich wahrnehme. Ich weiß nicht, wie ich den Schmerz lieben kann, den ich erleide. Ich weiß nicht, wie ich die Urteile lieben kann, die ich fälle. Ich weiß nicht, wie ich die Kämpfe lieben kann, die ich gerade ausfechte.*

> *Ich weiß nicht, wie ich die Vergangenheit lieben kann, an die ich mich erinnere. Ich weiß nicht, wie ich die Menschen lieben kann, die mich verletzt haben. Ich weiß nicht, wie ich all diejenigen lieben kann, die mich ignoriert haben.*

Ich weiß nicht, wie ich diejenigen lieben kann, die mich bestraft haben. Ich weiß nicht, wie ich diejenigen lieben kann, die mich missbraucht haben. Ich weiß nicht, wie ich den Widerstand lieben kann, den ich fühle. Ich weiß nicht, wie ich den Zweifel lieben kann, in dem ich mich befinde. Ich weiß nicht, wie ich die Dunkelheit in mir lieben kann. Ich weiß nicht, wie ich die Dinge lieben kann, die ich an mir hasse.

Ich weiß nicht, wie ich das lieben kann, was im Leben liebenswert ist. Ich weiß nicht, wie ich das lieben kann, was ich vielleicht niemals lieben können möchte. Ich weiß nicht, wie ich jemanden lieben kann, der sich nicht zu bewegen scheint. Ich weiß nicht, wie ich jemanden lieben kann, der nicht verzeihen will. Ich weiß nicht, wie ich jemanden lieben kann, der nicht wachsen will. Ich weiß nicht, wie ich jemanden lieben kann, der immer glaubt, Recht zu haben. Ich weiß nicht, wie ich jemanden lieben kann, der sich immer als Opfer sieht. Ich weiß nicht, wie ich jemanden lieben kann, der denkt, er könne auf Kosten anderer leben. Ich weiß nicht, wie ich jemanden lieben kann, der dauernd bedürftig ist.

Ich weiß nicht, wie ich jemanden lieben kann, der immer verzweifelt, einsam und niemals erfüllt ist. Ich weiß nicht, wie ich jemanden lieben kann, der nie zufrieden ist und immer nach mehr verlangt. Ich weiß nicht, wie ich jemanden lieben kann, der immer Angst hat, nicht genug zu bekommen. Ich weiß nicht, wie ich jemanden lieben kann, der immer denkt, dass er sich alles verdienen muss. Ich weiß nicht, wie ich jemanden lieben kann, der immer gleich aufgeben will. Ich weiß nicht, wie ich diejenigen lieben kann, die mich verraten haben. Ich weiß nicht, wie ich denjenigen lieben kann, der immer verraten worden ist.

Ich weiß nicht, wie ich jemanden lieben kann, der sich immer klein macht. Ich weiß nicht, wie ich jemanden lieben kann, der das Glück sucht, nur um dann alles abzuwehren, was ihm geschenkt wird.

Ich weiß nicht, wie ich all das lieben kann, was ich bin. Indem ich akzeptiere, dass ich nicht weiß, wie ich lieben kann, lasse ich jeden Konflikt, jede Last und all mein Leid los und trete in den Herzraum der Hingabe ein.

Bitte nimm dir einen Moment Zeit, um der Wirkung dieses heilsamen Mantras auf dich nachzuspüren. Vielleicht scheint es gegen dein Gefühl zu gehen, dir die Tiefe dessen einzugestehen, was du nicht weißt oder von dem du nicht weißt, wie du es tun kannst.

Trotzdem kann es sein, dass du in deinem Körper als Reaktion auf jedes Bekenntnis deutlich mehr Raum, Entspannung und Erleichterung wahrnimmst und fühlst. Sobald du akzeptierst, was du nicht weißt, wird dein inneres Universum für dich aktiv, das alles weiß und tut. Als Antwort auf solch ein Mantra löst das Universum all das durch dich auf, was allein der Segen deiner Ehrlichkeit freisetzen kann.

Mit jeder Reaktion, jedem Bekenntnis und jedem »Ich liebe dich« befreist du dich von einer schmerzlichen Vergangenheit und reinigst dich zugleich von unbewussten Bewertungen. So erlaubst du der Liebe, in deine Welt zu kommen.

Auch wenn du dich nicht fähig fühlst, bestimmte Gefühle anzuschauen oder aus irgendeinem Grund »Ich liebe dich« zu sagen, wird sich dein Heilungsprozess weiter verstärken, solange du bekennst, dass du nicht weißt, wie es geht. Es ist nie verkehrt, nicht zu wissen, wie du etwas tun kannst, wenn du nicht weißt wie es geht. Die Lösung besteht darin dir dies einzugestehen, um Schritt für Schritt alle Härte und Unversöhnlichkeit deines Lebens abzumildern.

Wie du dein unschuldiges Wesen wertschätzen kannst

Vielleicht fühlst du an diesem Punkt bereits, wie tief es sich auf dein Leben auswirkt, wenn du zur Quelle deiner eigenen, liebevollen Aufmerksamkeit wirst. Kannst du bereits wahrnehmen, wie viel leichter du dich fühlen wirst, wenn du dich in aller Ehrlichkeit auf einer noch viel tieferen Ebene annehmen kannst?

Dabei ist es ganz egal, was du für Erfahrungen gemacht hast. Alles kann als ein dynamisches Zeichen dafür dienen, wie schnell sich das Leben zum Positiven entwickelt, sobald du dich wieder mit der Schönheit deines unschuldigen Wesens verbunden hast. Vielleicht kannst du die Verletzlichkeit deines inneren Kindes manchmal besonders gut wahrnehmen, zum Beispiel nach einer Enttäuschung, vor unlösbar erscheinenden Aufgaben oder Veränderungen oder in den

Wirrungen unumgänglicher Schmerzen. Da alles vom Universum zu deinem Besten arrangiert ist, liegt der Sinn deiner Konfrontation mit diesen Gefühlen niemals in einer Bestrafung oder Kränkung. Du wirst sehr bald erkennen, dass alle emotionalen Wellen deiner Lebensumstände genau darauf abgestimmt wurden, dich in eine tiefere Verbindung mit den Gefühlen deines inneren Kindes zu bringen. Oft brauchen wir unangenehme Situationen, um die eigene Verletzlichkeit wieder klar wahrnehmen zu können.

Solange du dir deiner Verletzlichkeit nur in schwierigen Situationen bewusst wirst, ist es ganz natürlich, dass du eine Aversion gegen schwierige Gefühle entwickelst. Vielleicht warst du früher schon mal offener gegenüber deinen Gefühlen und bist dann von Erwachsenen bewertet, lächerlich gemacht, zurückgewiesen oder sogar bestraft worden, weil sie deine Bedürfnisse nicht erfüllen oder deine Gefühle nicht verändern konnten und von ihrer eigenen Unfähigkeit frustriert waren.

Vielleicht kennst du das Gefühl: »Wenn ich damals bloß meine Gefühle für mich behalten hätte, wäre heute alles anders.« Natürlich sind jede Beziehung, jeder Kontakt mit anderen und jede Begegnung aber auch die Verluste in deinem Leben nur Ausdruck und Beschleuniger des göttlichen Willens in Aktion. Auch wenn das Ergebnis deiner Erfahrungen vielleicht nicht immer deinen Wünschen entsprach, so wirst du rückblickend erkennen können, dass sich jede Situation auf bestmögliche Art für alle Beteiligten entwickelt hat.

Bis dahin kommt es vorerst darauf an, dich deinem weisen und unschuldigen Herzen und seiner Empfindsamkeit zu widmen. Vielleicht kannst du es dir als das Kind vorstellen, das du früher gewesen bist, oder als das Kind, das du niemals sein durftest. Ganz egal, ob deine Empfindsamkeit als inneres Kind erscheint oder als ungebrochene Lebendigkeit in dir, sie benötigt immer deine liebevolle Aufmerksamkeit. Diese Aufmerksamkeit dient als Hilfe für den Prozess, dir das Höchstmögliche zu erschließen, das schon immer für dich vorgesehen war.

Sobald du mit unbequemen Gefühlen Frieden schließt, hast du es nicht mehr nötig, in deinem Leben mit aller Kraft bestimmte Gefühle fühlen zu wollen, obwohl es dir primär darum geht, noch mehr Schmerz und Verzweiflung zu vermeiden. Es ist nur zu verständlich, Schmerz und Verzweiflung vermeiden zu wollen, manchmal so sehr, dass du diese Gefühle bereits regelmäßig voraussetzt. All das ist nicht falsch. Wenn du dies bemerkst, kannst du schließlich auch Widerstand oder Vermeidungsverhalten als die nächsten liebesbedürftigen Anteile in dir erkennen. In diesem Prozess kannst du dir einfach Folgendes zugestehen:

> *»Es ist in Ordnung, dass ich diese Gefühle nicht mag, aber trotzdem sind sie da und ich kann mit ihnen Frieden schließen. Ich akzeptiere, dass der Anteil, der sich so unangenehm anfühlt, wie ein Kind ist, das sich nie so verhält, wie ich es gerne hätte. Egal wie dieses Kind sich fühlt, es verdient genauso bedingungslose Liebe wie alle anderen Anteile in mir.«*

Es kann aber auch sein, dass du deine Gefühle noch nicht annehmen kannst oder denjenigen Anteil nicht wertschätzen kannst, der das unangenehme Gefühl nicht akzeptieren will. Und doch wird jeder verletzliche Moment in dir eine Bewegung hin zu mehr Ehrlichkeit auslösen und sich als der Schlüssel zur Freiheit erweisen, der schon immer für dich bereit lag. Diese tiefere Ebene der Ehrlichkeit erlaubt dir, deine Aufmerksamkeit auf das Eingeständnis zu lenken, nicht zu wissen, wie du bestimmte Dinge tun kannst, und zu bekennen, dass es immer jemanden gibt, den du gerade nicht lieben kannst.

Sobald du dich durch Wahrheit befreist und ein Moment der Ehrlichkeit dem nächsten folgt, wird ein Gefühl von innerem Raum oder Erleichterung in deinem Körper spürbar. Dies bereitet dich darauf vor, der Liebe ganz neu und aufmerksam gegenüber zu stehen. Dabei ist unwichtig, wie gut es dir deiner Meinung nach gelingt, dich selbst zu unterstützen. Liebe ist eine überwältigende Funktion göttlicher Kraft, die allein dadurch kultiviert wird, indem du sie immer öfter in dein Leben einlädst.

Im Rahmen der neuen spirituellen Gesetzmäßigkeiten kommst du nicht darum herum, mit deinen Gefühlen Frieden zu schließen. Denn so durchbrichst du einen Kreislauf, in dem du ständig auf der Suche nach bestimmten Gefühlen bist und währenddessen versuchst, ihr Gegenteil zu vermeiden. Wenn du aus der Welt der Polarität erwachst, wirst du dich nicht länger als hilfloser Spielball der Wechselfälle deines Lebens fühlen. Das bedeutet auch, dass auf große Erfolge keine überraschenden Niederlagen mehr folgen müssen. Denn wenn du Frieden mit beiden Seiten schließt, nutzt du jede Situation gleichermaßen, um das zu lieben, was dir geschieht. In diesem Raum neu gewonnener Freiheit haben Ausbrüche von Freude denselben Wert wie übermächtige Gefühle von Verzweiflung. Auch wenn diese Gefühle sich vollkommen anders anfühlen, sollten sie als der Liebe würdig angenommen werden, die nur aus deinem Herzen kommen kann.

Vielleicht fällt es dir anfangs noch schwer, angenehme und unangenehme Gefühle gleichermaßen in deinem Leben willkommen zu heißen. Und doch ist es erstaunlich, wie leicht sich deine Einstellung den Umständen gegenüber verändern kann, sobald dein Herz sich sicher genug fühlt, um sich zu öffnen. Mit Liebe als deine Ratgeberin bist du immer aufgefordert, mit schmerzhaften Gefühlen Frieden zu schließen, ihren heilsamen Sinn zu erkennen und unangenehme Gefühle nicht einfach als schlecht abzuwerten. Sobald ein Gefühl als ›schlecht‹ bewertet wird, impliziert dies normalerweise auch, dass »es jetzt gerade ein ungünstiger Augenblick ist, um sich ›gut‹ zu fühlen«.

Wenn es dir in deinem Leben gut gehen kann, unabhängig von Ergebnissen oder Umständen, wird jede Errungenschaft und jeder Verlust in deinem Leben nur einem Ziel dienen – dich auf die nächste Bewusstseinsstufe zu heben. Vielleicht siehst du dich selbst als jemanden, der zahllose Verluste hinnehmen musste, und so wurdest du an dein inneres Kind erinnert, das von Herzen geliebt werden will. Damit du dies alles besser wahrnehmen kannst, hat das Universum dein Leben so gestaltet, dass deine Aufmerksamkeit sich auf die Verletzlichkeit in dir richtet, die andere früher vielleicht nicht beachtet, ignoriert, abgelehnt oder ausgenutzt haben.

In deiner Vergangenheit mag es immer wieder Momente gegeben haben, in denen du dir gewünscht hättest, dass die Menschen um dich herum dich so lieben würden, wie du immer geliebt werden wolltest. Vielleicht haben sie dich auf die für sie damals mögliche Weise auch tatsächlich tief geliebt. Und gleichzeitig waren sie aber unter Umständen nicht in der Lage, dich so tief anzunehmen und zu beschützen, wie du es gebraucht hättest. Jede Erinnerung an diese scheinbar lieblose Zeit deines Lebens ist in deinen Zellen gespeichert. Sobald Emotionen an die Oberfläche drängen, werden die Erinnerungen, die bereit sind, aufgelöst zu werden, dir aufzeigen, wie es sich damals angefühlt hat, als du vor allem Liebe gebraucht hättest.

Eine Möglichkeit, diesem Ruf deines unschuldigen inneren Wesens zu folgen, besteht nun darin, das zu umarmen, was in deinem Leben jetzt gerade geschieht. Auf diese Weise schätzt du dein inneres Kind wert, so wie dies noch nie jemand anders zuvor getan hat. Spontane Erinnerungen aus deinen Zellen aufsteigen zu lassen, hilft dir dabei, dich an den perfekten Moment im Hier und Jetzt zu erinnern. Genau jetzt kannst du dir selbst der beste Elternteil sein, den dein inneres Kind je erlebt hat. Zugleich trägst du damit dazu bei, dass mehr Raum geschaffen wird, in dem sich ein neues, herzbasiertes Bewusstsein entfalten kann. Letztlich nutzt du einfach jede Reaktion und jedes Gefühl von Schmerz, Unbehagen, Frustration, Angst oder Unfrieden, um in die Vergangenheit zurückzugehen und dich in jeder Phase deiner Vergangenheit zu lieben.

Diese Erfahrung hilft dir zu verstehen, dass es einen tieferen Sinn gibt für die natürliche Tendenz, sich an seine Vergangenheit gebunden zu fühlen. Obwohl viele spirituell Suchende intensiv daran arbeiten, sich von ihren Bindungen an vergangene Erfahrungen zu befreien, können diese erst dann gelöst werden, wenn der Anteil, der die Vergangenheit festhält, zutiefst angenommen und geliebt wird. Dies hilft dir auch zu verstehen, dass die Erinnerungen, die sich im Laufe deines Lebens in deinen Zellen angesammelt haben, dein wahres ›Karma‹ darstellen. Viele Menschen verstehen Karma im Sinne von »Man erntet, was man säht«, und benutzen dieses Sprichwort eher als Drohung.

Tatsächlich bilden deine Kindheitserinnerungen die Bühne, auf der du jedes unterdrückte Gefühl und jede verdrängte Erinnerung als einen Katalysator für dein spirituelles Wachstum erfahren kannst. Sobald du deine Gefühle und Erinnerungen auf diese Weise betrachtest, lernst du, dir selbst in ganz neuem Ausmaß bedingungslose Liebe zu schenken. Gleichzeitig befreist du einen ganzen Planeten, indem du das Leiden eines einzelnen Menschen in ein Geschenk zur Rettung aller verwandelst.

In den Zellenverbänden deines Körpers wirkt jede deiner Reaktionen wie ein auf sich selbst verweisendes System. Jedes Gefühl funktioniert dabei wie ein Magnet, der alle zellulären Erinnerungen mit ähnlichen Gefühlen anzieht, so dass du nicht mehr jede einzelne Erinnerung anschauen oder ständig in deiner Vergangenheit graben musst. Zum Beispiel kann das innere Kind dir in einem Moment tiefer Traurigkeit mitteilen: »Ich hole nun all die vernetzten Erinnerungen an Situationen in dir hervor, in denen ich mich traurig, ungeliebt oder nicht in der Weise unterstützt gefühlt habe, wie ich es gebraucht hätte. Ich bitte dich um deine Unterstützung dabei, diese Erinnerungen loslassen zu können, indem du mich so liebst wie ich noch niemals zuvor geliebt worden bin«.

Jedes Mal, wenn du Gefühle aus tiefstem Herzen annimmst, gibst du deinem Körper die Erlaubnis, die zellulären Ablagerungen loszulassen, die zur Heilung bereit sind, ohne dich auf die auslösenden Umstände zu konzentrieren. Immer wenn Gefühle auftauchen, werden diese bereits aus deinem Energiefeld ausgeleitet. Wenn du nun deine Aufmerksamkeit ganz einfach auf den Körperteil richtest, in dem du ein Unbehagen wahrnehmen kannst, langsam in das Zentrum dieses Unbehagens hineinatmest und dabei deinem inneren Kind sanfte liebevolle Aufmerksamkeit schenkst, kannst du diese Reinigung von zellulären Ablagerungen sogar noch beschleunigen.

Wann immer du dir die Zeit nimmst, dich mit deinem inneren Kind zu verbinden, durch starke Emotionen ausgelöst oder warum auch immer, wirst du dir einer inneren verletzlichen Mitte bewusst werden. Diese hat nur den Zweck, dich noch aufmerksamer, liebevoller, behutsamer und bedachter werden zu lassen. Das Universum selbst verkleidet sich als die Person, die du dir selbst als Form gewählt hast, aber auch als das innere Kind in deinem Herzen, das darauf wartet, von dir unterstützt und angenommen zu werden. Es ist ein Rollenspiel des göttlichen Willens, das die Liebe dazu inspiriert, in der Schönheit der physischen Form lebendig zu werden. Vergiss nicht, dass jeder menschliche Entwicklungsschritt ein Fest der spirituellen Evolution des Universums ist. Eines Universums, dass sich seiner allumfassenden Unschuld bewusst ist.

Obwohl das Universum sich sowohl als das Kind in deinem Herzen als auch als das Elternteil dieses inneren Kindes verkleidet, liegt das höchste Ziel des göttlichen Willens für dieses Kind darin, dass es als der Meister in Erscheinung tritt, der du bereits bist. Hier auf diesem Planeten durchläufst du den evolutionären Prozess, ein lebendiger spiritueller Meister zu werden, so wie ein Same sich zu einer gänzlich erblühten Pflanze entwickelt. Da ein Same, bevor er gepflanzt wird und die Erlaubnis bekommt, seine Wurzeln zu entwickeln, immer schon als lebendiges Potenzial einer Pflanze existiert, kann er nicht zu einer Wahrheit werden, sondern er war sie schon immer.

In dieser Vereinigung kosmischer Unschuld bist du bereits ein spiritueller Meister, der sich inkarniert hat, um ganz bewusst das absolute Potenzial seiner wahren inneren Natur auszubilden. Damit du den Meister in dir wecken kannst, musst du zulassen, dass die Liebe zu deiner natürlichsten Reaktion wird. Wenn Selbstliebe nicht deine erste, spontane Reaktion auf etwas ist, dann sieh dies als Gelegenheit, den bedürftigen Anteil in dir, der schon Schlange steht, so zu unterstützen, zu lieben und von Herzen anzunehmen, wie noch nie zuvor.

Kapitel 2
Den inneren Meister offenbaren

So lange ich mich erinnern kann, bin ich immer ein sogenannter Empath gewesen. Also jemand, der Emotionen wahrnehmen kann, die andere haben. Obwohl ich seit meiner frühen Kindheit große empathische Fähigkeiten hatte, waren diese nicht wirklich bewusst entwickelt und fokussiert. Daher war ich sehr offen und fühlte ständig sowohl die Energien der Welt als auch ungelöste Blockaden in den Körpern meiner Mitmenschen. Immer wieder erlag ich dabei dem unschuldigen Irrtum, dass das, was ich in einer anderen Person fühlte, ihrer Meinung über mich entsprach. Dieses Missverständnis führte dazu, dass ich den größten Teil meiner Kindheit damit beschäftigt war, andere Menschen aufzuheitern. Über lange Jahre hinweg dachte ich immer, dass andere mich lieben würden, wenn ich ihnen dabei half, ihre Gefühle zu verändern. Zwar war ich bereits recht beliebt, aber ich konnte es nicht so recht annehmen.

Viele Menschen um mich herum versicherten mir ihre Anerkennung und bestätigten mich, und doch konnte ich nicht wirklich akzeptieren, dass ich von anderen gemocht wurde. Dies rührte von dem großen Durcheinander verschiedenster Gefühle die ich oft in anderen Menschen wahrnahm und die im glatten Widerspruch zu dem standen, was sie sagten. Ich erinnere mich, dass ich mit Kindern und Erwachsenen zusammen war, die mich die ganze Zeit anlächelten – und trotzdem fühlte ich so viel Ärger und Traurigkeit in ihnen. Dies führte dazu, dass ich mich oft fragte: »Bin ich der Grund für ihre Traurigkeit? Sind sie wütend auf mich? Was habe ich getan, dass sie so verärgert sind?«

»Bist du wütend auf mich?«, wurde die zentrale Frage meiner Kindheit, die ich anderen permanent stellte. Erst viele Jahre später lernte ich, dass ich intuitiv die Schichten emotionaler Ablagerungen im Energiefeld anderer Menschen wahrnehmen konnte. Wie so viele energetisch sensible Kinder, verbrachte ich die meiste Zeit meiner Kindheit in einem Kreislauf energetischer Co-Abhängigkeit. Ich fühlte die Erfahrungen der anderen und konnte mich körperlich nicht eher entspannen, bis es den Menschen um mich herum besser ging. Diese Art zu leben erschöpfte mich sehr, und dennoch schien ich ein Kind zu sein, das einen Auftrag hatte. Aus irgendeinem Grund fühlte es sich wichtiger als alles andere im Leben an, Menschen dabei zu helfen, dass es ihnen besser ging, und die Geheimnisse des Universums zu ergründen.

Obwohl ich in einer sehr liebevollen Familie aufwuchs und in vielerlei Hinsicht eine wunderbare Kindheit hatte, war ich doch eher ein Erwachsener im Körper eines Kindes. Die stürmische Energie anderer Kinder war für mich nur schwer auszuhalten, und so ging ich lieber erst dann auf den Spielplatz, wenn ich dort alleine sein konnte. Sobald eine Gruppe wilder Kinder sich auf die Schaukeln stürzte, nahm ich dies als Zeichen, mich zurückzuziehen. Rückblickend erkannte ich später, dass ich Angst vor der Energie hatte, die ich in diesen Kindern wahrnahm, und mich von der Grobheit ihres Spiels eingeschüchtert fühlte. Meine Art von Vergnügen war viel passiver. Ich liebte es, mich in der Welt meiner inneren Bilder zu verlieren und mit Erwachsenen zu sprechen.

Wann immer Erwachsene über den tieferen Sinn des Lebens redeten, fühlte ich, wie sich die Energie im Raum veränderte und ausdehnte. Ich verstand nicht, was da gerade vor sich ging, mochte aber die Art, wie es sich anfühlte. Situationen, in denen sich diese energetischen Veränderungen vollzogen, übten eine starke Anziehungskraft auf mich aus. Diese energetische Ausdehnung schien es mir zu ermöglichen, mich auf eine Art zu entspannen, wie ich es sonst in meinem Leben nur selten erlebte.

Wann immer ich diese Tiefe der Entspannung erleben konnte, fühlte ich mich weniger von den Gefühlen anderer überwältigt und weniger verantwortlich dafür, sie aufzuheitern.

Ein empathischer Irrtum

Diese spontanen energetischen Ausdehnungen gehörten zu den ersten von vielen unerklärlichen und geheimnisvollen Erfahrungen, die ich später erleben durfte. Wie so viele natürlich intuitiv begabte Kinder war ich offen und empfänglich für höhere Dimensionen des Universums, die für mich ganz normal waren, eben so, wie das Leben nun einmal ist. Erst als ich mit anderen darüber zu sprechen begann, musste ich zu meinem Erstaunen feststellen, wie einzigartig sie für andere wohl waren. Dies erstaunte und verwirrte mich über alle Maßen. Wie war es möglich, dass kein anderer das fühlen und sehen konnte, was ich in aller Deutlichkeit fühlte und sah?

Ich teile diese Erfahrungen mit dir, weil auch du sehr empathisch bist und dich auf einer ähnlichen Reise durchs Leben befindest wie ich. Der Versuch, in einer Welt zurechtzukommen, in der du von den emotionalen Belastungen deiner Mitmenschen immer wieder überwältigt wirst und die Muster dich irritieren, die andere in sich lösen, kann durchaus schmerzhaft, überfordernd und auch verwirrend sein.

Als emphatische Wesen spüren wir häufig emotionale Blockaden in den Herzen unserer Freunde und Verwandten und nehmen sie irrtümlicherweise als Zeichen für deren Lieblosigkeit uns gegenüber. Dies kann in uns das Gefühl auslösen, wir wären ihrer Liebe nicht würdig oder wir müssten uns noch mehr anstrengen, um uns ihre Anerkennung zu verdienen. Unbewusst geben wir uns also die Schuld für die Erfahrungen anderer Menschen.

Oft ist es vielleicht so, dass wir denken: »Es geht mir nicht so gut, wie ich eigentlich möchte, und deshalb werde ich alles mir Mögliche tun, um die Menschen um mich herum zu entlasten. Dann wird sie nichts mehr davon abhalten, mich so zu lieben, wie ich geliebt werden möchte.«

Wann immer wir uns durch das Leid anderer emotional belastet oder durch das, was sie uns nicht geben können, eingeschränkt fühlen, ist dies nur eine Erinnerung daran, dass wir mehr Liebe verdienen, und nicht weniger.

Den Garten betreten

Während energetische Co-Abhängigkeit mein Leben beherrschte, gab es auch wiederkehrende mystische Erfahrungen, die meine Kindheit recht schnell in ein Geheimnis verwandelten, das ich unbedingt lüften wollte. Ich erinnere mich, dass ich mit einer Gruppe von Erwachsenen zusammen war und plötzlich etwas sagte, das die anderen verblüffte und zum Schweigen brachte. Während sie überaus erstaunt zu sein schienen über die Weisheit, die so mühelos aus mir herausfloss, begriff ich überhaupt nicht, was ich da gerade sagte. Auf die Frage, woher ich wüsste, was ich da gerade gesagt hatte, entgegnete ich: »Es ist, als ob mir jemand in das Ohr meines innersten Wesens flüstert«. Während die Erwachsenen bei dieser Antwort eines Siebenjährigen aufhorchten, hatte ich keine Ahnung, warum sie so überrascht waren. Noch weniger verstand ich die Bedeutung dessen, was ich da gerade gesagt hatte. Dies war die erste von vielen Erfahrungen, die noch folgen sollten, in denen ich Dinge sagte, die andere in Erstaunen versetzten, ohne selbst den Schimmer einer Ahnung davon zu haben, worüber ich eigentlich gerade sprach. Wie so viele von Natur aus intuitive Kinder war ich noch nicht reif genug, um das Rätsel der menschlichen Natur zu verstehen oder die Tiefe der Erkenntnis wertzuschätzen, die aus meinem jugendlichen Selbst sprach.

Zu diesem Zeitpunkt war ich vor allem an Themen interessiert, die eine energetische Veränderung in mir bewirkten. Ich erinnere mich, dass ich zufällig auf Bücher zu Themen wie UFOs oder außersinnliche Wahrnehmung stieß. Die Energie in mir veränderte sich bereits beim Durchblättern der Seiten, und folglich war ich sofort fasziniert von jedem Thema aus dem Bereich paranormaler Erscheinungen. Aus irgendwelchen Gründen erschienen mir Ideen wie Objekte mit Geisteskraft zu bewegen, fliegen zu können oder durch die Zeit zu reisen seltsam vertraut. Während viele Kinder sich eher dafür interessierten, große Sportler im Fußball oder im Basketball zu werden, trainierte ich ganz andere Dinge. In meinem Training ging es darum, Zugang zur unbegrenzten Kraft des Geistes zu erhalten.

Ich erinnere mich, wie fasziniert ich vom Mysterium hochentwickelter übernatürlicher Kräfte war. Es ging mir nicht darum, mit aller Kraft zu beweisen, dass diese Fähigkeiten wirklich existierten. Tief in meinem Herzen wusste ich bereits, wie real sie waren. Es beruhigte mich einfach, diese Erfahrung selbst zu machen und ihre energetische Ausdehnung fühlen zu können.

Je mehr ich jedoch mit den Zweifeln und der Skepsis vieler Menschen diesen Themen gegenüber konfrontiert wurde, desto stärker wurde allerdings mein Gefühl, irgendwie auf einem falschen Planeten zu leben.

Einige meiner tiefgreifendsten mystischen Erfahrungen erlebte ich im Alter von zehn Jahren. Ich erinnere mich an eine kleine Mauer aus Backsteinen, die das Haus meines Freundes vom Grundstück des Nachbarn trennte. Während ich die Mauer ablief, erregte irgendetwas meine Aufmerksamkeit und ließ mich in der Bewegung erstarren. In meinem Geist hörte ich eine Stimme sagen: »Ich bin nicht die Mauer. Ich bin nicht dieser Körper. Ich bin der Raum dazwischen.« Da ich so jung war, hatte ich keine Ahnung, was das bedeuten könnte. Es fühlte sich so an, als ob ich die Bedeutung irgendwann in der Zukunft verstehen würde. Aber zum gegenwärtigen Zeitpunkt hatte ich weder die Reife noch das Bewusstsein für die Weisheit, die mir mitgegeben worden war.

Kurz nach dieser Eingebung machte ich eine meiner lebensveränderndsten Erfahrungen in einem Zustand, den ich für einen Traum hielt. Es begann damit, dass ich mich urplötzlich in dem schönsten Garten befand, den ich je gesehen hatte. Die Farben waren unglaublich intensiv. Verschiedene Lichttönungen schienen in alle Richtungen abzustrahlen. Alles fühlte sich absolut unwirklich an und so voller

Liebe für mich, wie ich es nie zuvor erlebt hatte. Dies war umso bemerkenswerter, als ich mich an Liebe aus meinen frühen Lebensjahren gar nicht so klar erinnern konnte.

Bisher hatte ich die Erleichterung und den Frieden nach einer energetischen Ausdehnung wahrgenommen, aber noch nie hatte ich Liebe gefühlt oder ihre Abwesenheit bewusst erlebt. Soweit ich mich zurückerinnern konnte, war das vorherrschende Gefühl in meinem Leben eher das von Weite gewesen. Es fühlte sich an wie eine Leere, die nicht mit irgendetwas gefüllt war, in der aber auch nichts fehlte. Nun aber, während ich mich in diesem Garten umblickte, fühlte ich mich plötzlich wie zuhause. Ich hatte das ganz klare Gefühl, sicher zu sein und gehalten zu werden.

Vor mir konnte ich ein Feld von hüfthohen Blumen sehen. Als ich begann, mich durch das dichte Gras zu bewegen, bemerkte ich plötzlich, dass ich gleichzeitig darüber schwebte. Ich konnte mir nicht erklären, wie es möglich war, zwei Erfahrungen gleichzeitig zu erleben, oder wie es mir möglich sein sollte, über den Dingen zu schweben. Dies schien jedoch nicht wichtig zu sein, denn die Intensität dieser Liebe hielt mich auf diese wunderbar sanfte Weise. Während ich zur Mitte des Feldes hin schwebte, erblickte ich plötzlich ein anderes lichterfülltes Wesen, das ebenfalls dort schwebte und sich ungefähr sechs Meter von mir entfernt befand. Von meiner Warte aus schien es mir ein männliches Wesen mit dunklem Haar und Bart zu sein, bekleidet mit einem langen weißen Gewand, das bis zu den Füßen reichte. Aus irgendeinem Grund schien er mir sehr vertraut und sehr weise zu sein. Er winkte mich zu sich heran, und ich fühlte, wie ich erstarrte. Einige Momente später begann ich, spontan in seine Richtung zu schweben. Als ich noch anderthalb Meter von ihm entfernt war, konnte ich seine Augen sehen, erkannte aber keine Pupillen darin. Es war als ob ein Strom weißen Lichts aus seinen Augen strömen würde. Das erinnerte mich an einen Horror-Film, den ich einmal gesehen hatte, in dem Menschen ihre Augen bis in ihren Kopf hinein verdrehen. Warum denke ich nur an solch eine Szene, inmitten dieser Erfahrung? Sofort als ich diesen Gedanken dachte, wurde der Strom weißen Lichts unterbrochen. Ich erinnere mich, wie ich durch das Blumenfeld hindurch und weiter durch den Himmel nach unten fiel, um schließlich wieder in meinem Körper einzuschlagen. Erst, als ich in meinen Körper landete, begriff ich, dass ich ihn überhaupt verlassen hatte.

Ich atmete schwer und mir war eiskalt, während mir gleichzeitig der Schweiß herunterlief. Als ich versuchte, diese Erfahrung zu verarbeiten, bemerke ich wieder den Mann, der über dem Blumenfeld geschwebt war. Dieses Mal stand er in meinem Türrahmen und sah aus wie der Umriss einer kalkweißen Energie. Aus den Augenwinkeln sah ich, dass er mich wieder zu sich winkte. Als ich meine Augen jedoch direkt auf ihn richtete, war er plötzlich verschwunden.

Diese Erfahrung warf für mich mehr Fragen als Antworten auf. Gleichzeitig war das Gefühl der Liebe aus diesem Garten so unendlich tief, dass ich sie in meinem Innersten nach all diesen Jahren immer noch genauso stark und klar wahrnehmen kann wie damals.

Ich erinnere mich, dass ich am nächsten Tag mit meinen Eltern über diese Erfahrung sprach und dass ihr Interesse daran mit jeder farbigen Einzelheit immer größer wurde. Nachdem ich fertig war, erzählte mir mein Vater wie er vor circa dreißig Jahren fast genau dieselbe Erfahrung während einer Nachmittags-Meditation erlebt hatte. Er erinnerte sich daran, wie er seinen Körper verlassen, sich in einem Garten wiedergefunden und anschließend über ein wunderschönes Feld von Blumen geschwebt war. Hier traf er dann ein Wesen in einem langen weißen Gewand, genau wie ich es erlebt hatte.

Dies half mir zu verstehen, dass eine tiefe allgegenwärtige Verbindung existiert, die nicht verstanden werden muss, um sie ergründen zu können. Von diesem Moment an war ich von einem allumfassenden Gefühl von Ehrfurcht und Staunen erfüllt, während die Liebe, die ich in jenem Garten kennlernen durfte, jeden meiner Atemzüge begleitete.

Von Liebe geleitet

Am selben Tag hatte ich etwas später, auf dem Weg zu einem Freund, eine weitere unglaubliche Erfahrung. Ganz plötzlich sah ich am Rande meines Blickfeldes mehrere Lichtwesen, die wie kalkweiße Umrisse von Energie zu beiden Seiten von mir gingen. Kurz danach sagte mir mein Instinkt, dass es sich um Geistführer handelte, die mich durch alle Phasen meines Lebensweges begleiten würden. Aus irgendeinem Grund fühlte sich das nicht merkwürdig oder aufregend an, sondern seltsam vertraut. Ich wusste, dass ich bei ihnen sicher war und ihnen vertrauen konnte, denn sie strahlten dieselbe Liebesschwingung aus, die ich in dem Garten bereits gefühlt hatte.

Dies war das erste Mal, dass ich ein klares Gefühl tiefsten Wissens hatte, ohne sagen zu können, woher ich dieses Wissen nahm. Als ich das Haus meines Freundes betrat, sah ich ein gerahmtes Bild an einer Wand in seinem Wohnzimmer hängen. Ich erinnere mich, dass ich sagte: »Ich kenne ihn!«

Mein Freund entgegnete: »Na klar, Matt. Wir kennen ihn alle. Das ist Jesus.«

»Ich habe ihn gestern getroffen«, sagte ich darauf tief überzeugt. Mein Freund funkelte mich nur an und rief: »Komm schon! Du hast Jesus sicherlich nicht getroffen!«

Ich erinnere mich, dass ich felsenfest davon überzeugt war, Jesus wirklich getroffen zu haben, und gleichzeitig nicht begreifen konnte, warum dies so unangebracht oder unfassbar sein sollte. Hatte ich eine Grundregel des Universums verletzt? Hatte das zur Folge, dass ich von nun Chanukka, das jüdische Lichterfest, nicht mehr feiern durfte?

All diesen Fragen zum Trotz hatte ich gleichzeitig ein Gefühl fast körperlicher Gewissheit, dass viele der Antworten mir in den nächsten Phasen meines Lebens enthüllt werden würden. Ich brauchte nur in Verbindung zu bleiben, während die Geistführer mich liebevoll auf jedem weiteren Entwicklungsschritt begleiteten. Gleichzeitig fühlte es sich nicht so an, als ob die Geistführer da wären, um mir jede Frage zu beantworten. Aber sie schenkten mir größere Gelassenheit im Umgang mit den Unwägbarkeiten des Lebens, indem sie mich auf den Fluss der Perfektion aufmerksam machten, der alle Erfahrungen durchzieht, wie auch immer sie auch ausgehen würden. Sie lehrten mich, jeden Augenblick auf tiefster Ebene anzunehmen, obwohl ich auf einer anderen Ebene die Rolle einer Persönlichkeit weiterspielte, die mit ihren gegenwärtigen Lebensumständen durchaus im Konflikt lag.

Nach einiger Zeit vergaß ich vollkommen, dass die Führer da waren, denn der Großteil meiner Aufmerksamkeit wurde von meiner Pubertät beansprucht. Kurz nach meinem achtzehnten Geburtstag sprachen die Führer dann zu mir. Ich erinnere mich noch sehr gut an das erste Mal. Es war wie eine dröhnende Stimme, die aus dem Zentrum meines Körpers drang. Ich verspürte keine Angst, denn es handelte sich um dieselbe Schwingung der Liebe, die ich vor so vielen Jahren bereits in jenem Garten kennengelernt hatte. Das erste, was ich hörte, war eine Stimme, die sagte: »Du bist nicht, was du zu sein glaubst.«Aus irgendeinem Grund war meine spontane Reaktion darauf: »Und wer zum Teufel bist du?«

Von da an begannen die täglichen Dialoge mit meinen Geistführern in meinem Schlafzimmer. Sie stellten sich mir als aufgestiegene Meister und Erzengel vor. Jeder von ihnen erschien mir in einer bestimmten Farbe, um die entsprechende Schwingung zu symbolisieren, sowie von einem mentalen Bild begleitet, um zu bestätigen, mit wem ich gerade sprach.

So einzigartig jeder Erzengel und jeder aufgestiegene Meister auch erschien, allen gemeinsam war die Liebesenergie, die sie verbreiteten. Deshalb fühlte ich mich sicher genug, um im Umgang mit ihnen ganz offen zu sein. Ich bemerkte auch, dass diese Dialoge mir dabei halfen, meine intuitiven Fähigkeiten auf eine höhere Ebene zu bringen und sie weiter zu verfeinern. Es war so, als ob diese Gespräche mir dabei halfen, meine Antennen auszufahren und sie so auf Empfang einzustellen, dass ich absolut klare Signale empfangen konnte.

Immer wenn ich mit einem Erzengel oder aufgestiegenem Meister sprach, empfing ich im selben Moment ein symbolisches inneres Bild ihrer Botschaft. Gleichzeitig hörte ich ihre Unterweisungen so klar, als ob ich mit jemandem am Telefon darüber sprechen würde. Außerdem hatte ich auch Empfindungen in meinem Körper, die mir zusätzliche Informationen vermittelten, vielleicht in etwa so, wie ein Computer ein neues Programm herunterlädt. Dies ließ mich verstehen, dass ich offenbar sowohl visuelle als auch auditive und sensorische intuitive Fähigkeiten hatte und dass alle harmonisch, im Sinne eines intuitiven Wissens zusammenarbeiteten.

Mittlerweile hatte ich das Gefühl, auf irgendetwas Bestimmtes vorbereitet zu werden, ohne jedoch genau zu wissen, auf was. Es gab keine eindeutigen Hinweise, aber die, die kamen, manifestierten sich in den unwahrscheinlichsten Situationen. Quasi aus dem Nichts bekam ich plötzlich Informationen heruntergeladen und wurde geführt, jemanden anzusprechen, den ich noch nie zuvor gesehen hatte, und ihm eine Botschaft zu überbringen. Jedes Mal, wenn dies passierte, zitterte ich vor Angst, zurückgewiesen oder abfällig behandelt zu werden und auch davor, eine Nachricht zu überbringen, die vielleicht gar nicht verstanden wurde.

Ich erinnere mich, dass ich damals dachte: Was ist, wenn ich einfach verrückt bin und es gar nicht merke? Zum Glück zögerte ich jedoch nie, eine Botschaft zu übermitteln, denn der Impuls dazu war einfach zu stark. Es fühlte sich an als ob ich einen Herzinfarkt bekommen würde, wenn ich dem anderen die Information nicht mitteilte. Dies half mir, meine Angst vor Zurückweisung und meine Selbstzweifel zu überwinden. Mit jeder Erfahrung wurde es dann einfacher für mich, denn jede Botschaft brachte immer auch kraftvolle Momente der Transformation mit sich.

Es fühlte sich für mich so an, als ob ich eine sportliche Herausforderung annahm und den Schläger in der Hand hielt, ohne zu wissen, wie ich ihn einsetzen sollte. Stell dir vor, dir wird ganz plötzlich ein Ball in den Weg geworfen. Und noch bevor du nachdenken kannst, schwingt dein Körper den Schläger und schlägt den Ball kraftvoll aus dem Spielfeld heraus. Während jeder dich lauthals zu deiner Leistung beglückwünscht, bist du selbst vollkommen verblüfft darüber, dass alles jedes Mal so perfekt zu funktionieren scheint, obwohl du gar nicht weißt, warum es funktioniert oder was du selbst dazu beigetragen hast.

Dann wurde ich in spirituelle Buchhandlungen geführt, um auch dort spontane Botschaften zu überbringen. Ich weiß noch, wie ich einem Ladenbesitzer nur in die Augen geschaut habe und er mich daraufhin fragte, ob ich intuitive Vorträge halten könnte. Das Gefühl in meinem Körper antwortete sofort mit einem dröhnenden »Ja«, daher schien es etwas zu sein, was ich tun sollte. Dann kamen ein paar Menschen zusammen, und für einen Moment hatte ich überhaupt keine Ahnung, was ich nun eigentlich tun sollte. Und plötzlich lief alles in einem ganz präzisen Rhythmus und wie im Fluss von selbst ab.

Während ich jede Botschaft überbrachte und sich dabei das Gefühl abschwächte, sofort einen Herzinfarkt zu bekommen, begriff ich trotzdem noch nicht, was da gerade vor sich ging. Doch da es sich in diesem energetischen Fluss so gut anfühlte und jeder um mich herum ungemein davon zu profitieren schien, überließ ich mich einfach dem Prozess.

Innerhalb von zwei Monaten wurde ich ein fähiger intuitiver Vortragsredner mit festem Kundenstamm auf esoterischen Messen. Zu meinem großen Erstaunen bestand die überwiegende Mehrzahl derer, die bei mir Unterstützung suchten, aus anderen Vortragenden und Heilern. Es schien, als könnten sie gar nicht nachvollziehen, wie es mir möglich war, Botschaften in so klarer und überzeugender Art und Weise zu channeln. Während die anderen also mit ihrem Erstaunen beschäftigt waren, versuchte ich vor allem, meinen Schock zu überwinden. Alles, was ich tat, war den mir übermittelten Eingebungen zu folgen und mich von der Liebe leiten zu lassen.

Anfangs überbrachte ich nur Botschaften an Einzelpersonen, doch recht bald wurden daraus Channelings, die ich in Gruppen gab. Es schien so, also ob jede Zusammenkunft von Menschen eine Art Gruppenseele hervorbrachte und ich angeleitet wurde, Botschaften zu channeln, die im Leben aller Anwesenden eine Rolle spielten. An diesem Punkt begann ich endlich, mich in meine neue Rolle hinein zu entspannen. Ich begann, der Tatsache zu vertrauen, dass etwas mir Unerklärliches jetzt regelmäßig in meinem Leben geschah, um alle Menschen zu ermutigen, die mir begegneten.

Die Akasha-Chronik erforschen

In einem dieser Momente von Akzeptanz wurde ich zu einem Treffen mit Erzengeln und aufgestiegenen Meistern gerufen. Sie hatten mir etwas äußerst Wichtiges mitzuteilen. Etwas, das meinem Körper in ein Gefühl höchster Aufregung versetzte. Ich wurde gebeten, meine Augen zu schließen. Sobald ich das getan hatte, wurde mein Bewusstsein umgehend zu einem anderen Ort geleitet. Dort sah ich etwas, das wie das Abraham-Lincoln-Denkmal in Washington mit seinen großen weißen Säulen aussah.

Intuitiv vermittelte sich mir die Information, ich sei in der Akasha-Chronik. Für mich sah alles wie in einer riesigen Bibliothek aus. Mir wurde mitgeteilt, dass jedes Buch, das ich hier sah, die Verbindlichkeiten von Seelen aus allen Jahrhunderten und aller menschlichen Begegnungen enthielt. Sobald die in jeder dieser Verbindlichkeiten enthaltene Weisheit verstanden und von dem Menschen vollkommen integriert worden war, würde der entsprechende Vertrag wieder aus dem Buch gelöscht werden. Dies würde dann durch einen Erzengel oder aufgestiegenen Meister geschehen, der dem jeweiligen Menschen für seinen Lebensweg zugeordnet war. Es erschien mir wie eine konstante Prüfungszeremonie, in der immer wieder ganz neue Kapitel von Wachstum und Ausdehnung in der Lebensgeschichte eines jedes Menschen willkommen geheißen wurden.

Ich lud diese plötzlichen Informationen herunter und bewegte mich gleichzeitig auf die höchste Stufe einer Treppe zu und in Richtung eines leuchtenden Tischs aus Licht, der parallel zum Eingang platziert war. Dort standen die Erzengel und aufgestiegenen Meister und schienen über meine Ankunft hocherfreut. Ich erinnere mich noch deutlich, wie surreal mir das alles vorkam. Als ich sie dann vor Bewunderung strahlend vor mir stehen sah, hatte ich den Eindruck, auf eine höhere Entwicklungsstufe in meinem Leben eingeladen zu werden. Obwohl dieser Eindruck durchaus richtig war, hatte ich keine Ahnung, auf welch hohem Niveau mir Erkenntnisse von nun an enthüllt werden würden.

Wie auf ein Zeichen hin fassten sich die Wesen unter das Kinn und richteten dann ihre Gesichter auf, so als ob sie auf einem Kostümball Masken tragen würden. Unter jeder Maske befand sich ein Abbild meines Gesichts. Ich erinnere mich, wie ich bei diesem Anblick nach Atem rang: »Sie sind alle ich!« Obwohl ich mich selbst unter jeder Maske erkannte, schien irgendetwas in meinem Kopf noch keinen Sinn zu ergeben. Spontan entfuhr mir: »Ich verstehe das nicht.«

Wir sind du – den Meister in sich erwecken

Mein wichtigster Geistführer, Melchizedek, übermittelte mir dann die folgende Information: »Wir sind nicht nur, wozu du gerade wirst. Wir sind auch, was du bereits geworden bist. Wir sind göttliche Werkzeuge, die in der Zeit zurückgegangen sind, um uns selbst in unserer spirituellen Kindheit zu besuchen.«

Sobald ich diese Worte vernahm, spürte ich, wie eine bereits mein Leben lang bestehende Schwere von meinen Schultern gehoben wurde, derer ich mir nicht bewusst gewesen war. Gleichzeitig erkannte ich schlagartig den göttlichen Samen und dessen bereits begonnenes Wachstum hin zum wahren meisterlichen Potenzial in jedem Menschen, egal wie gütig oder aber emotional beeinträchtigt er auch war. Von diesem Zeitpunkt an wusste ich, dass meine intuitiven Fähigkeiten dazu genutzt werden würden, die höchste Zielsetzung im Universum zu erfüllen – den Meister in jedem Herzen zu erwecken.

Das ist der Grund, warum ich unser zeitloses Zusammentreffen so schätze und so aufrichtig erfreut darüber bin, diese kraftvollen Erkenntnisse mit dir zu teilen und den erwachenden Meister in dir zu feiern. Ob du dir dessen nun bewusst bist oder nicht, das Geheimnis deiner Existenz hat dich von Anbeginn der Schöpfung in dein Innerstes eingeladen. Mit der Liebe an deiner Seite ist es nun Zeit, dem Ruf zu folgen.

Was auch immer gerade deine Aufmerksamkeit beansprucht, das Licht deines höchsten Potenzials kann nun enthüllt werden.

Vier einfache Worte

Trotz all dieser Erfahrungen bin ich überzeugt, dass meine wahre spirituelle Entwicklung erst mit Mitte zwanzig begann. Vorher war ich ein sehr empathisches Kind mit starken intuitiven Fähigkeiten und mehreren sehr einprägsamen Erleuchtungserfahrungen, die viele Menschen bis heute verzweifelt suchen und erforschen.

Als ich jedoch Mitte zwanzig war, hatte ich eine sehr klare Einsicht. Ich begriff, dass es unerheblich war, wie viele mystische Erfahrungen ich bereits erlebt hatte, wie intensiv ich mich in die Menschen in meinem Umfeld einfühlen konnte und wie klar ich Botschaften überbringen konnte, die das Leben anderer Menschen positiv beeinflussten. All dies waren keine wahren Richtwerte für meine spirituelle Entwicklung. Ich erkannte, dass ich trotz all meiner Fähigkeiten immer noch intensiv mit meinem eigenen Leben kämpfte und haderte. Genau so wie Menschen, die noch keine meiner spirituellen Erfahrungen gemacht hatten.

Zwar konnte ich mich damit trösten, dass ich während all meiner mystischen Erfahrungen tief in meinem Herzen schon immer gewusst hatte, dass ich mich über sie nicht definieren konnte. Nun musste ich für mich aber einen neuen spirituellen Richtwert finden. Schnell erkannte ich, wie oft ich mit meinem Leben haderte und das dies nur ein Zeichen dafür war, wie wenig Vertrauen ich dem göttlichen Plan bisher entgegengebracht hatte. Während ich weiterhin vor immer größeren Gruppen intuitive Botschaften übermittelte, begann tief in mir etwas zu erblühen.

Ich weiß noch, wie ich damals Zwiesprache mit dem Universum hielt und folgendes sagte: »Ich möchte ein Kanal des erwachenden Bewusstseins sein. Möge ich heilen, was in den Herzen der Menschen noch im Unfrieden ist, und möge ich hervorbringen, was am Ende meinen Hunger stillt: ER zu sein, der ich bereits bin.«

Innerhalb von nur wenigen Tagen kam während eines weiteren Zwiegesprächs die folgende Antwort, in Form von nur fünf Worten, zu mir: »Liebe, was immer auch geschieht!«

Aufgrund meiner offenen Kanäle zu meinen Geistführern hätte ich um weiterführende Erklärungen bitten können. Aber interessanterweise hatte ich festgestellt, dass es oft besser für mich war, mich trotz der Möglichkeit, Antworten zu erhalten, einfach mal einzufühlen. Es fühlt sich meist so an, als ob man das Ende eines guten Films vergisst, den man bereits gesehen hat, so dass man ihn noch einmal ganz neu erleben kann.

Ich wollte nicht wirklich wissen, was mit diesen fünf Worten gemeint war. Ich wollte es ausprobieren, um zu erfahren, was für Erkenntnisse auf mich warteten. Ich nahm diese Worte also vollkommen ernst. Also gut, Universum – Liebe, was immer auch geschieht! Als ich in der Nähe meines zu Hauses zu Fuß unterwegs war und einen Schwarm Vögel auffliegen sah, dachte ich zu mir: »Also dies hat jetzt meine Aufmerksamkeit erregt, das geschieht gerade.« Also sagte ich dazu: »Ich liebe dich.« Ein Teil von mir wusste nicht, ob das so richtig war, doch da ich die Liebe des Gartens fühlte, die mich inspirierte genau dies zu tun, folgte ich einfach meinem Impuls.

Während eines anderen Spaziergangs in meiner Nachbarschaft sah ich einen Bauarbeiter, der an einer Baustelle mit einem Presslufthammer arbeitete. Das ließ mich zusammenfahren und ich dachte: »Also das geschieht gerade. Liebe es!« Und dann schickte ich diesem Bauarbeiter ein stummes »Ich liebe dich.«

Und so fuhr ich damit fort, allem was meine Aufmerksamkeit erregte, meine Liebe zu schicken. Indem ich das tat, begann ich, jeden Menschen, jeden Platz und jedes Ding als ein Kunstwerk in einem göttlichen Museum zu begreifen. In diesem Museum war auch ich sowohl Besucher als auch ausgestelltes Kunstwerk. Je mehr Liebe ich allem schickte, was meine Aufmerksamkeit erregte, desto mehr fühlte ich die Liebe des Gartens in mir lebendig werden. Je mehr Liebe ich anbot, desto mehr erkannte ich, wer ich wirklich bin. Ein unschuldiger Ausdruck göttlichen Willens, statt eines Menschen auf der Suche danach.

Den Weisungen dieser fünf Worte folgend, erkannte ich mich selbst als ewigen Erlöser des Lebens, statt mich als Menschen zu sehen, der darauf wartet, von den Fallstricken des Lebens erlöst zu werden. Schnell begriff ich, dass alles im Leben von der höchsten Intelligenz des Universums arrangiert worden war. Von einem Moment zum nächsten brachte sie nur die Erfahrungen in den Vordergrund, welche Gefühle auslösten, die noch nie angenommen und geliebt worden waren. Sobald ich damit begann, diese Gefühle in meinem Körper zu lieben, spürte ich intuitiv, dass ich damit Gefühle integrierte, die auch in anderen Körpern auf Erlösung warteten. Ich erkannte, dass ich das Muster der Realität zum Wohle aller veränderte, indem ich mich selbst heilte.

Obwohl ich bereits so viele lebensverändernde Erleuchtungserfahrungen gemacht hatte, war diese Übung für mich die erfüllendste von allen. Sie stillte sogar den ständigen Hunger nach tiefster spiritueller Erfüllung. Je mehr ich das liebte, was meine Aufmerksamkeit auf sich zog, desto lebhaftere Erleuchtungserlebnisse wurden mir offenbart. Ich weiß noch, wie es sich auf einem dieser Spaziergänge durch meine Nachbarschaft anfühlte. Es war so, als ob ich einen Spaziergang um den Block gemacht hätte und derjenige, der aufgebrochen war, nie zurückgekommen wäre.

Während mein Körper also umherstreifte, kam derjenige, der dachte, dass er einen Schritt vor den anderen setzte, einfach nicht mehr zurück. Ich war mir bewusst, dass ich atmete, mich bewegte und Dinge fühlte, doch es gab kein Gefühl von Selbst mehr, das sich dadurch definierte. Es waren lediglich Erfahrungen, die in einem großen Raum stattfanden, der von dem Gefühl geradezu überfloss, wieder zurück in besagtem Garten zu sein. Nicht einmal das Gefühl war präsent, es könne sich um eine großartige Erfahrung handeln, denn ich hätte sie gar nicht beschreiben können – als gut, schlecht oder sonst wie. Ich erinnere mich nur daran wie es war, als dieser Moment eintrat. Es fühlte sich an, als ob die Erde aufgehört hätte, sich zu drehen oder die Zeit plötzlich verschwunden wäre. Am allermeisten überraschte mich jedoch, wie gut sich alles anfühlte, ohne dass ich wusste, woran das lag. Ich verspürte auch keinen Drang, die Dinge anzuzweifeln, zu analysieren oder verstehen zu wollen.

Kurz nach dieser Erfahrung hörte ich etwas, was wie eine Explosion klang. Während ich herauszufinden versuchte, ob das, was ich hörte, Gewehrschüsse sein konnten, wurde mir plötzlich bewusst, dass die Geräusche eher von etwas stammten, das in meinem eigenen Kopf explodierte. Dies versetzte mich jedoch weder in Angst noch in Panik, sondern ich fühlte mich auf ganz natürliche Weise offen dafür. Während diese Explosion sich also ereignete, hatte ich das Gefühl, mein gesamtes Selbst käme wie warmes, flüssiges Licht aus meine Ohren geflossen.

Von da an hatte ich kein Gefühl mehr dafür, wer ich als Mensch war. Noch mehr als in der Erfahrung auf meinen Spaziergängen durch die Nachbarschaft, schienen alle Orientierungspunkte bezüglich der Frage, wer ich war oder nicht war, aufgehört zu existieren. Und trotzdem gab es ein ›Ich‹, was blieb, ein unbegrenztes ›Ich‹, das nichts als strahlendes Licht war und sich hinter der Maske der menschlichen Form verbarg. Dieses ›Ich‹ war hier, um die Göttlichkeit der anderen hervorzubringen, eine Art bewusste Inszenierung des Universums, um die Ekstase seiner eigenen makellosen Präsenz zu erleben.

Auch wenn diese Erkenntnis an sich schon großartig war, die Erweiterung meines Bewusstseins schien damit noch nicht an ihr Ende gekommen zu sein. Stattdessen folgten jetzt immer mehr solcher Erfahrungen in immer schnelleren Abständen, und auch in Bezug auf die Einsichten, die mir enthüllt wurden, schien kein Ende in Sicht. An diesem Punkt meiner Entwicklung wusste ich noch nicht, dass diese Erfahrungen erst den Anfang einer noch viel größeren Wahrheitserkenntnis bildeten, die einige Jahre später noch folgen sollte. Im Rahmen der Entfaltung dieser späteren Erkenntnis würde ich tiefste Wertschätzung erfahren können, für alles was ich bisher in meinem Leben gelernt hatte. Sie bot eine Tiefe der Einsicht, die mein bisheriges Wissen vollkommen überflüssig machte.

All dies geschah nicht, um meine wertvollen Erkenntnisse zu zerstören. Es geschah, um mich auf eine vollkommen neue Bewusstseinsebene vordringen zu lassen, wo ich nicht mehr durch einen bestimmten Wissensstand eingeschränkt oder durch Lerninhalte belastet war, die ich gerade aufgenommen hatte.

Um das Ganze noch unwirklicher zu machen, hatte ich dann auch noch ein tiefes Erleuchtungserlebnis, als ich in einem Restaurant zu Abend aß. Dieses Erlebnis war größer als alles zuvor beschriebene. Urplötzlich begann sich alles um mich herum zu verändern. Die Stimmen der Gäste an den anderen Tischen hallten plötzlich in meinen Ohren wieder. Es war, als ob sie alle Ausdruck meines eigenen Bewusstseins waren und sich gleichzeitig wie verschiedene Akteure in einem Theaterstück um mich herum inszenierten.

Ich begann, mir die Menschen an den benachbarten Tischen genauer anzusehen, und bemerkte, dass alle physischen Eigenheiten und emotionalen Qualitäten auf eine seltsame Art verschönert erschienen. Es war gerade so, als ob jeder Mensch aus dem gleichen, seltsamen, energetischen Lehm geformt sei. Ich erinnere mich, dass ich jeden dieser Menschen um mich herum ansah und dabei von einem Gedanken erfüllt war: »Sie versuchen so verzweifelt, nicht aus der Rolle zu fallen, dabei hat es nichts zu tun mit dem, wer sie wirklich sind.« Es schien, als ob ihre menschliche Identität zur Fassade geworden war, an der jeder gewissenhaft arbeitete, um eine Art persönliches Image aufrechtzuerhalten.

An diesem Punkt kam die Bedienung an meinen Tisch und brachte mir die Fisch-Tacos, die ich gerade bestellt und komplett vergessen hatte. Als ich auf den Teller schaute, sah ich Teilchen vibrierender Energie, die den Eindruck eines festen Tellers mit Essen darauf erweckten. Genau so sah ich diese Teilchen auch im Tisch, überall in meinem Körper und in jedem Menschen in diesem Restaurant. Kurz danach erschienen die vibrierenden Teilchen wie eine formlose Decke aus Energie und alle Details wie von einem allumfassenden dunstigen Energiefeld umgeben.

Über diese gleichzeitige Qualität meiner Erfahrung musste ich lachen. Hier saß ich also, im Begriff meine Fisch-Tacos zu essen, während auf einer energetischen Ebene überhaupt nichts passierte. Pärchen konnten lachen, Babys schreien, Angestellte ganze Tabletts voller Essen fallen lassen und nichts davon würde das Energiefeld verändern. Ich begann, jeden Menschen als eine kreative Form zu sehen, in der die Energie sich ausdrückte – von alltäglich bis absolut ausgefallen. Da ich all dies aus einem energetischen Blickwinkel wahrnahm, erkannte ich mein ›Selbst‹ plötzlich als das gesamte Energiefeld. Als Manifestation dieses Feldes feierte jeder Mensch, jeder Ort und jedes Ding mein eigenes unbegrenztes Potenzial in physischer Form.

Es gab kein Gefühl von: »Ich tue dies, und ich bin überzeugt davon, es auch persönlich unter Kontrolle zu haben.« Es war eine direkte Verwirklichung des ›Ich‹ als dem ewigen Prinzip der All-Einheit.

Wie das perfekte Timing es so wollte, kam die Bedienung jetzt an meinen Tisch und fragte, wie mir die Tacos geschmeckt hätten. Ich erinnere mich, dass ich lachte und sagte: »Geradezu unwirklich gut!« Sie lächelte erfreut und eilte zum nächsten Tisch, während ich mich zurücklehnte und über die kosmische Ironie des Lebens sinnierte.

Man stelle sich das vor: Eine Kellnerin macht gerade die Erfahrung eines zufriedenen Gastes, während ich beobachte, wie das ganze Universum in einem Restaurant lebendig wird, wo andere essen und trinken und sich unterhalten. An diesem Punkt erkannte ich, dass wir alle in unseren eigenen Welten leben, während wir gleichzeitig innerhalb eines ewigen Raumes miteinander agieren. In diesem entscheidenden Moment erkannte ich die Bedeutung der zweifachen Verwirklichung der Weisheit. *In unserer Essenz sind wir Eins, doch als Individuen bleiben wir verschieden.* Zwischen diesen beiden Extremen entfaltet und zeigt sich dir dein Leben.

Gerade als ich diesen entscheidenden Moment geistiger Klarheit hatte, entwickelte sich diese Erfahrung in einer Art weiter, die sämtliche Erfahrungen und mögliche Vorstellungen von mir überstieg. Es begann damit, dass ich die Eingebung erhielt, nach Hause zu gehen und mich auszuruhen. Ich fühlte, dass ich den Abend damit verbringen würde, diese kraftvolle Erkenntnis auf energetischer Ebene zu integrieren.

Als ich zum Auto zurückging, spürte ich die Anziehungskraft der Erde dermaßen stark, dass ich mich an anderen Wagen festhalten musste, während ich den Parkplatz überquerte. Sobald ich zu Hause war, hüllte ich mich in eine Decke und beschloss, für heute nichts mehr zu tun. Intuitiv wusste ich bereits, dass mein Leben von nun an nicht mehr dasselbe sein würde, und ich erlaubte dem Universum einfach, das zu tun, was jetzt anstand.

An diesem Punkt löste sich alles in Leere auf. Ich existierte nicht mehr in einer wie auch immer gearteten Welt. Ich war nichts. Als ein Nichts fühlte ich vorübergehende Wellen von Ekstase und Todesangst. Als ich diese Empfindungen näher erforschte, bemerkte ich, dass ich mich keineswegs in Ekstase oder Todesangst befand. Vielmehr war es die Erinnerung daran, wie anders das Leben im Vergleich zu dem gewesen war, wie richtig sich die Dinge jetzt gerade anfühlten, die Wellen gegensätzlicher Emotionen hervorrief.

Ich verstand, dass Empfindungen von Leere sich nur dann wie nichts anfühlten, wenn man sie mit den Erinnerungen an andere Momente verglich. Als ich das verstanden hatte, lösten sich auch die Vorstellungen von Leere und Form einfach auf.

Es gab nichts anderes als Leere und niemanden in ihr, der etwas forderte oder bestritt. Es war ein absolut leerer Raum in dem es keine Örtlichkeit, Beschreibung, Qualität oder Unterscheidung gab. Es gab keine Angst, keinen Verlust, keine Trauer, keinen Schmerz, keinen Druck oder irgendeine andere Vorstellung. Mit einem Schlag erkannte ich: »Ich bin eine Leere im Nichts, das von nichts leer ist.«

Zu meiner größten Überraschung erfuhr ich danach das überaus innige Gefühl eines Selbst, das bereits von Anbeginn der Zeit existierte. Statt ein Mensch mit der verschwommenen Erinnerung an meinen Besuch als kleiner Junge in diesem Garten zu sein, war ich selbst der göttliche Garten. Während ich mit menschlicher Gestalt ›geschmückt‹ in einer Welt lebe, bin ich in Wahrheit ein ewiger Raum, durch den alle Dinge zum Leben erweckt werden. Ich sah mit vollkommener Klarheit, wie die Leere, als Ursprung aller Dinge, alles erlebt, indem sie alles ist.

Ich dachte: »Wenn ich hier länger bleibe, werde ich vielleicht in eine andere Persönlichkeit oder ein anderes Abenteuer gezogen.« Ich wartete, doch nichts geschah. Dann verschwand auch das Warten und damit auch jede Vorstellung, die ich jemals gehabt hatte. Sehr bald wurde alles immer dunkler und erlosch, so wie ein Darsteller in einem Kinofilm stirbt.

Ich weiß nicht mehr ganz genau, was dann passierte, aber ich hatte das Gefühl, dass der Tod gekommen war. Er kam, um mich zu holen, und ich war bereit, es ihm so einfach wie möglich zu machen, damit er das tun konnte, was er tun musste. Aus irgendeinem Grund habe ich mich noch nie so getröstet gefühlt wie in diesem Moment. Ich war mir meiner selbst vollkommen bewusst, frei von jeglichen Vergleichen oder Beschränkungen.

Obwohl sich dies wie ein kompletter Neubeginn anfühlte, hatte ich gleichzeitig das untrügliche Gefühl, dass irgendetwas zu Ende gegangen war. Ich atmete ein, was ich für meinen letzten Atemzug hielt, und ergab mich ein für alle Mal dem Tod. Mein letzter Gedanke war: »Nimm mich, oh Herr, ich bin dein.« In diesem Moment wurde mein Ego für immer zu Grabe getragen.

Während ich dort lag und mich dem Tod ergab, geschah nichts weiter. Die Leere im Nichts, das von nichts leer ist, war alles, was blieb, während mein Körper sich in den Schlaf hinein entspannte. Als leerer Raum beobachtete ich den schlafenden Körper aus dem Körper heraus. Ich bemerkte, dass ich mir meines Schlafes bewusst war und doch nicht schlief. Ich war eine omnipräsente Lebendigkeit, die sich über den Zustand des Körpers im Klaren war.

Als ich am nächsten Morgen erwachte, fragte ich mich, ob alle Erkenntnisse der vergangenen Nacht nur eine Art von Traum gewesen waren. Und ich durfte feststellen, dass die Erfahrung des leeren Raumes nach wie vor genauso beherrschend war wie in der Nacht zuvor. Da ich keine andere Möglichkeit sah, schloss ich meine Augen wieder und spähte in die Leere der Existenz.

Ich dachte: »Vielleicht ist das das Ende. Vielleicht werde ich einfach nur eine Ewigkeit in diesem überwältigenden Raum verweilen.« Nahezu gleichzeitig tauchte aus den stillen Tiefen der ewigen Leere ein spontaner Wunsch danach auf, das eigene Selbst zu kennen. Als dieser Wunsch immer mehr heranreifte, erschien plötzlich ein Energiestrahl aus dem Nirgendwo und verwandelte den leeren Raum in ein unendliches Feld von Licht. In diesem Licht entwickelte sich jeder Mensch, jeder Ort und jedes Ding in seine Form. Alles existierte, um sich auszuleben, in endlosen Dimensionen von Zeit und Raum und in jeder nur möglichen Besonderheit, Konstellation und Auswirkung.

Ich selbst war die Leere, die Sehnsucht danach, sich zu erkennen, das Feld von Licht, das aus ihr geboren wurde und alles in ihm auf einmal. Während ich die Schönheit der Form bestaunte, sah ich das Licht in jedem Menschen, jedem Ort und in jedem Ding wie einen Sonnenstrahl, der den strahlenden Glanz seiner Quelle wiedergab. An diesem Punkt wurde mir intuitiv mitgeteilt: »Das Licht aller Dinge ist die Seele des Einen. Die Seele des Einen ist das Eine ICH BIN.«

Ich war sowohl die Leere, durch die alles ins Leben kam und in seiner erdhaften Form erschien, als auch die alles umfassende Liebe.

Diese lebensverändernde Erkenntnis vermittelte mir auch ein intuitives Verständnis der ›Auferstehung‹ als einer unentbehrlichen Wachstumsphase im Entwicklungsprozess jedes Menschen. Dies half mir zu verstehen, dass der Tod nur ein Tor zum Paradies der Auferstehung ist, wo nichts als Liebe herrscht.

Für viele Bewohner dieses Planeten ist die Bereitschaft, das Tor des Todes zu durchschreiten und als Licht der Liebe in menschlicher Form wiedergeboren zu werden, ein zentrales Thema im Prozess des Erwachens. Dabei ist es egal, ob du Kassiererin in einem Supermarkt, hauptberuflich Mutter, Führungskraft oder ein lebenslang spirituell Suchender bist. Du bist Teil eines aufregenden Kapitels der menschlichen Entwicklungsgeschichte, in dem das Bewusstsein erwacht, ohne dass der Körper sich auflösen muss. Mit der Liebe an deiner Seite wird sich jede Phase deiner Lebensreise in Klarheit, Mitgefühl, Frieden und Leichtigkeit entfalten, einschließlich der Auflösung des Egos und der Auferstehung deiner Seele.

Dein Herz als Zentrum des Universums

Wenn Liebe dir den Weg weist, wird dein Herz zum Zentrum des Universums. Von diesem Sitz deiner Wertschätzung aus wirst du erkennen: wenn du dein Herz und seine Gefühle zutiefst annimmst, werden alle Dinge in deinem Leben verwandelt.

Vielleicht gelingt es dir, in Momenten innerer Aufruhr eine Pause einzulegen, um dein inneres Kind durch unerwartete Veränderungsprozesse oder erschütternde Verluste hindurch zu unterstützen. Auf jeden Fall kannst du dein Bewusstsein jederzeit erweitern, indem du dir einfach die Zeit nimmst, dich selbst mehr wertzuschätzen. Auch wenn in deinem Leben gerade alles glatt zu laufen scheint, kannst du im Laufe des Tages immer mal innehalten und dir bewusst machen, dass die Liebe, die du in deinem Herzen kultivierst, auch alle anderen Herzen auf diesem Planeten berührt.

Obwohl du, so mag es äußerlich den Anschein haben, erst mal nur dein Herz zu lieben scheinst, geschieht dies zum unbegrenzten und weitreichenden Wohle aller. Solange dein Herz im Fokus deiner Liebe ist, wird niemand im Außen davon ausgeschlossen sein. Da die Liebe, die du in die Welt schickst, zuerst durch dein eigenes Herz fließt, bist du auch der erste Empfänger deiner Segnungen, während sich die Energie wellenförmig zu allen anderen Seelen ausbreitet.

Du kannst dir dein Herz wie eine große Durchgangsstelle für unendlich viele göttliche Wohltaten vorstellen, durch die alle Wünsche, Träume und Sehnsüchte gesandt werden, um sich im Leben träumender Menschen zu erfüllen.

Stell dir nur einmal die sagenhaften Auswirkungen vor, die du bewirkst und nährst, wenn du dein Herz einfach öfter liebst. Eventuell kann dann ein Bauer, der auf die Früchte seines Ackers angewiesen ist, um seine Familie zu ernähren, plötzlich eine größere Ernte einfahren als jemals zuvor. Dann kann sich die Familie während des Urlaubs nun vielleicht einmal Geschenke füreinander leisten. Oder was wäre, wenn ein Mensch in einer von Missbrauch geprägten Beziehung plötzlich die Kraft fände, sich eine Umgebung zu suchen, in der seine Würde und sein Wert als Mensch geschätzt werden? Was wäre, wenn dieser Mut in den Menschen entstünde, weil du diese wertschätzende Haltung dir selbst gegenüber hast?

Vielleicht fände in einem immer wieder von Dürre geplagtem Land, in dem die Felder nicht genug Nahrung produzieren, um die Bevölkerung zu ernähren, plötzlich ein Wetterumschwung statt, der zu größerer Fruchtbarkeit der Äcker führte. Und während die betroffenen Menschen das Wunder feierten, das ihnen erlaubte, diese Nahrung anzubauen und so viele Familien zu ernähren, wären sie sich überhaupt nicht bewusst, dass all dies durch einen energetischen Moment ausgelöst wurde, in dem du dein Herz geliebt hast.

Dies bedeutet nun aber nicht, dass du immer die Ursache bist für alles, was du siehst. Genauer ausgedrückt, bist du immer die Lösung, die in jeder Gestalt erscheint. Und auch wenn du diese Worte missverstehen solltest und dich jetzt schuldig fühlst, dass du dich nicht genug liebst, um damit das Wohlergehen aller zu unterstützen, so wird dies nur zu einer weiteren Gelegenheit, dein Schuldgefühl als den nächsten bedürftigen Anteil in dir zu lieben. Indem du dein Schuldgefühl mit offenen Armen annimmst, hilfst du dabei, es zum Wohle aller aus dem kollektiven Unbewussten zu entlassen.

Obwohl die Übung, all das zu lieben, was in deinem Leben gerade geschieht, dir dabei helfen kann, Unbehagen sofort in etwas Positiveres zu verwandeln, möchte ich dich dazu ermutigen, diese Praxis nicht nur wie eine positive Heilmethode unter vielen zu behandeln. Anstatt diese Übung als eine Art kosmischen Feuerlöscher zum Löschen der Flammen persönlicher Verzweiflung zu betrachten, möchte ich dich dazu einladen, dein Herz immer wieder und wieder wertzuschätzen. So lange, bis die Welt, die du betrachtest, dir das Licht reflektiert, das durch deine Liebe enthüllt wurde.

Kapitel 3
Der Herzraum der Hingabe

Für Suchende ist es nicht ungewöhnlich, sich spirituelle Entwicklung als etwas Statisches oder wie einen übergroßen Moment der Erfüllung vorzustellen. Auf meinem Lebensweg durfte ich allerdings feststellen, dass die tiefsten Erkenntnisse nicht unbedingt in einem einzigen mystischen Erlebnis enthalten sind, sondern sich während des gesamten Lebens entfalten und mit der Zeit immer zahlreicher werden.

Sobald du auf deinem Lebensweg mehr Reife erlangst, wirst du leicht erkennen können, dass deine Entwicklung sich nicht an der Anzahl der bereits erlebten mystischen Erfahrungen oder Erleuchtungserlebnisse bemisst. Denn du weißt ja nicht, wie viele davon noch auf dich warten. Außerdem besteht keine Notwendigkeit, sich selbst zu bewerten oder zu denken, du würdest in deiner Entwicklung zurückfallen, sobald du nicht dieselben Erlebnisse hast, die andere zu haben scheinen. Obwohl Augenblicke der Transzendenz zutiefst eindrucksvolle Erfahrungen darstellen, liegt der wahre Gradmesser für spirituelle Reife darin, wie oft deine Worte und Handlungen von Liebe erfüllt sind.

Die Bereitschaft, deine Entscheidungen im Leben aus Liebe heraus zu fällen, unabhängig von allen sich daraus ergebenden Konsequenzen oder Situationen, ist das, was ich den Herzraum der Hingabe nenne. Diese Veränderung hin zu einem Bewusstsein, das auf dem Herzen basiert, verleiht dir die Fähigkeit, jeden Moment mit Offenheit, Güte und Mitgefühl zu begrüßen. Und das ist wichtiger als alles, was du dir vom Leben vielleicht wünschst. Anstatt Dinge kontrollieren zu wollen, die du scheinbar nicht ändern kannst, definierst du damit neu, wie du dich mit der Welt verbindest.

Du kannst den Herzraum der Hingabe betreten, indem du dir eine Reihe mutiger Fragen stellst. Und dabei handelt es sich nicht etwa um Fragen, auf die du eine Antwort finden musst. Es geht vielmehr darum, eine tiefe, instinktive Reaktion in deinem Körper erfahrbar zu machen, die deine tiefste Weisheit bestätigt. Um den Herzraum der Hingabe zu betreten, lade ich dich dazu ein, dir die folgenden Fragen zu stellen:

> *Was passiert, wenn ich damit aufhöre, gegen Dinge anzukämpfen, die mich zu bedrohen scheinen? Was passiert, wenn ich nicht länger versuche, das Verhalten anderer zu verändern, sondern als Erster den Kampf aufgebe, auch wenn andere immer noch mit mir kämpfen wollen?*

Was fühlst du in deinem Körper, wenn du dir diese Fragen stellst? Auch wenn Angst da sein sollte, wird allein die Vorstellung, nicht länger gegen Schwierigkeiten ankämpfen zu müssen, zu einer Gelegenheit, unbewusste Muster loszulassen, indem du einfach nur das Herz liebst, was sich bedroht fühlt.

Vielleicht denkt dein inneres Kind auch, dass den Kampf zu beenden dazu führen könnte, überwältigt oder verletzt zu werden oder sich nicht mehr sicher zu fühlen. Was aber, wenn die Umstände deines Lebens gar nicht der Grund für dein fehlendes Sicherheitsgefühl sind? Was, wenn es deine Bereitschaft zu kämpfen wäre, die das Gefühl hervorbringt, machtlos zu sein? Wenn du keine Notwendigkeit mehr verspüren würdest, jemanden verantwortlich zu machen, was würde dann mit deinen Gefühlen der Angst passieren?

Wenn du spürst, dass du innerlich bereit wärst zu kämpfen, dann ist dies mit Sicherheit der nächste innere Anteil, dem du deine liebevolle Aufmerksamkeit schenken solltest. Vielleicht hast du den kämpferischen Anteil in dir niemals wirklich geliebt, weil du zu beschäftigt damit warst, dir seine Mission zu eigen zu machen? Vielleicht hast du diesen Teil verdrängt, weil er sich in scheinbar wenig spiritueller Art und Weise bemerkbar gemacht hat?

Ob du den Gründen zustimmst, die einen Kampf rechtfertigen könnten, oder versuchst, deine hartnäckigsten Gedanken zu verändern, zwischen diesen beiden Extremen ist der Anteil, der meint, kämpfen oder manipulieren zu müssen, niemals so geliebt worden, wie es einem göttlichen Anteil zusteht. Um diese Vernachlässigung auszugleichen, bitte ich dich, das folgende heilsame Mantra zu wiederholen:

Ich akzeptiere, dass der Teil meines Selbst, der kämpft, nur hier ist, um so geliebt zu werden, wie nur ich ihn lieben kann. Ich erkenne, dass der Teil meines Selbst, der kämpft, nicht gegen jemanden oder etwas kämpft, sondern um die Schönheit, Ekstase und Perfektion meiner liebevollen Aufmerksamkeit.

Ich akzeptiere, dass der Teil meines Selbst, der kämpft, den die Notwendigkeit treibt, immer im Recht zu sein oder das letzte Wort zu haben, nur um meine Aufmerksamkeit kämpft.

Da dieses innere Kind nur um meine Aufmerksamkeit kämpft, werde ich nicht länger gegen Dinge kämpfen, von denen ich mich bedroht fühle. Stattdessen biete ich meinem inneren Kind liebevolle Aufmerksamkeit an, damit es sich nicht mehr so anstrengen muss, um meine Unterstützung zu erhalten.

Wenn du diese Worte wiederholst, kannst du vielleicht bereits fühlen, wie ein Kampf zu Ende geht. Einer, der dich bisher mit Zweifeln oder angstvoller Enge belastet hat. Vielleicht ist da schon die Einsicht in dir, dass das häufige Bedürfnis zu kämpfen, sich zu verteidigen, zu manipulieren oder etwas verfechten zu müssen, immer von einem inneren verletzlichen Anteil herrührt, der diese Tendenzen benutzt, um Aufmerksamkeit auf sich zu ziehen.

Schon indem du dir darüber bewusst wirst, wie häufig du auf diese Weise ein Verhalten nach außen trägst, das nur der Schrei nach einer von Herzen kommenden Unterstützung für dich selbst ist, hast du mutig einen weiteren großen Schritt in eine aufregende, neue Richtung getan.

Erschaffung deiner eigenen persönlichen Liebeserklärung

Der nächste Schritt in deinem Herzraum der Hingabe besteht nun darin, deine eigene, persönliche Liebeserklärung zu erschaffen. Auch wenn die Übung, dir möglichst oft ein von Herzen kommendes »Ich liebe dich« zu schenken, bereits viel Positives in dir bewirken wird, ist dies doch erst der Anfang.

Eine persönliche Liebeserklärung ist ausgesprochen kraftvoll, vor allem dann, wenn die Worte »Ich liebe dich« mit Erinnerungen verbunden werden, die du eigentlich verdrängen wolltest. Es kann gut sein, dass du von denen, die dich lieben wollten, ermutigende Worte gehört hast; jedoch in Momenten der Frustration, Wut und Verzweiflung haben sie um sich geschlagen. Wenn das so war, wird es in deinem Unterbewusstsein schmerzhafte Erinnerungen geben, die dir die Sicht auf die Liebe verdunkeln – ausgelöst durch das, was diejenigen getan haben, die dich am meisten verletzt haben.

Um deine persönliche Liebeserklärung zu erschaffen, solltest du dir die folgenden Fragen stellen:

> *Welche Worte habe ich nie gehört, die ich so sehr hätte hören wollen? Wer hat mich in meiner Erfahrung am meisten verletzt? Und welche Worte, die diese Personen nie gesagt haben, hätten mir helfen können zu heilen?*

Alle Worte, die dir dazu in den Sinn kommen, sind wirksam, denn jede Information, die du erhältst, kann nur von der Autorität deiner höchsten Weisheit stammen.

Manchmal, wenn es viel unverarbeitete Trauer gibt, brauchst du niemanden mehr aus deiner Vergangenheit, der dir sagt »Ich liebe dich«, wenn er dazu überhaupt noch in der Lage wäre. Stattdessen brauchst du vielleicht jemanden, der dir sagt »Es tut mir leid, ich hatte Unrecht«. Deine persönliche Liebeserklärung darf sich auch weiterentwickeln, von Tag zu Tag, Woche für Woche und manchmal sogar von Minute zu Minute. Welche Worte es auch immer waren, die du niemals von anderen gesagt bekommen hast oder viel öfter hättest hören wollen – nun werden sie zu Worten, die du dir selbst schenken kannst.

So, wie du bereits mit den Worten »Ich liebe dich« geübt hast, kannst du nun auf jede emotionale Unruhe eingehen, indem du deine persönliche Liebeserklärung alle zwei Minuten und so oft wie nötig in deinem Alltag zu dir selbst sagst. Und auch, wenn du gerade nicht unbedingt mit aufwühlenden Gefühlen konfrontiert bist, so kannst du dir doch weiterhin persönliche Liebeserklärungen machen und damit alle Lebewesen in dieser Existenz aufrichten und segnen.

Während du deine persönlichen Liebeserklärungen erschaffst oder entsprechend modifizierst, ist es wichtig, dein inneres Kind daran voll teilhaben zu lassen. Um jede Bedrohung aufzulösen und deinen Kampf mit dem Leben zu beenden, ist es essentiell, die Worte zu identifizieren, die du immer hören wolltest. Vielleicht handelt es sich um Worte, die du zwar gehört hast, aber nicht oft genug. Vielleicht sind es auch Worte, die dir niemals mit aufrichtiger Stimme gesagt wurden.

Was wäre, wenn die Worte, die du immer hören wolltest, aus einem spirituellen oder religiösen Kontext stammten? Und wenn das für dich möglich ist, welche Worte könnte dann die Quelle deiner Schöpfung sagen, die dich dazu bringen könnten, dich so zu fühlen als ob du nichts falsch machen könntest? Was könnte gesagt werden, das dir erlaubte, ganz du selbst zu sein? Was müsstest du hören, um dein Potenzial freizusetzen und es ganz leben zu können, so dass auch alle anderen befreit wären?

Vielleicht beginnst du schon zu erkennen, dass deine persönliche Liebeserklärung eine tiefere Basis der Kommunikation mit deinem Herzen erschafft. Auch wenn du in der Vergangenheit missachtet, zum Schweigen gebracht oder übergangen wurdest, so ist dein inneres Kind doch jederzeit bereit, Teil deines Heilungsprozesses zu sein. Sobald du deine persönlichen Liebeserklärungen geduldig, sanft und beharrlich an dich selbst richtest, wird sich dein Herz öffnen und Geheimnisse mit dir teilen, die dir Wachstum und Entfaltung garantieren.

Um nun die Worte zu entdecken, die du schon immer gerne gehört hättest oder nicht oft genug gehört hast, wiederhole bitte einfach die folgenden Sätze:

Du bist wichtig.
Du genügst.
Du bist es wert, gesehen und gehört zu werden.
Du bist einzigartig.
Es gibt einen Grund, warum du hier bist.
Du bist schön.
Du bist so begabt.
Ich wollte schon immer wissen, wie du dich dabei fühlst.
Bitte halte dich nicht zurück.
Du bist vollkommen, so wie du bist.

Ich fühle mich so gesegnet und geehrt, weil du Teil meines Lebens bist.
Danke, dass du mir vergibst.
Es tut mir alles so leid, was ich dir angetan habe.
Ich wusste nicht, wie tief verletzt du warst.
Es tut mir leid, dass ich deine Gefühle nicht berücksichtigt habe.
Ich hatte Unrecht.
Du musst mir nicht verzeihen, wenn du es nicht willst.
Deine Fähigkeiten sind unbegrenzt.

Vielleicht gibt es einen oder mehrere unter diesen Sätzen, die dein Herzensbedürfnis befriedigen, jene Worte zu hören, die du in deiner Vergangenheit scheinbar vermisst hast. Wenn das so ist, kannst du dann zu dem Menschen werden, der deinem Herzen die Geschenke anbietet, auf die es viel zu lange schon gewartet hat?

Mal abgesehen davon, wie du von anderen gern behandelt werden würdest, kannst du dir vorstellen, selbst derjenige zu sein, der deine emotionalen Bedürfnisse mit größerer Ausdauer und Begeisterung erfüllt als dies je zuvor geschehen ist?

Der Unterschied zwischen Opferhaltung und Selbstermächtigung

Im Herzraum der Hingabe ist der Unterschied zwischen Opferhaltung und Ermächtigung ganz einfach. In der Opferhaltung nimmst du dich selbst emotional als Geisel, während du darauf wartest, dass die anderen dir die Dinge sagen, die sie dir wahrscheinlich nicht sagen können. Bis sie das tun, bleibst du dem Leben gegenüber kämpferisch eingestellt. So lange klagst du diejenigen an, die dir gegenüber bestimmte Worte nicht ausgesprochen haben, die du in deinem Leid hättest hören wollen. Solange das so ist, neigst du wahrscheinlich dazu, dich bei jeder Gelegenheit zu verteidigen und gegen Dinge anzukämpfen, die wohl nichts in der Welt jemals etwas ändern werden können.

Demgegenüber bedeutet Selbstermächtigung keinesfalls, darauf zu warten, dass andere die richtigen Worte sagen. Es heißt vielmehr zu verstehen, dass du derjenige bist, der all das sagen muss, was du dein Leben lang hören wolltest. Wie sehr du dir auch wünschst, von anderen wertgeschätzt zu werden – es kann nur derjenige sein, der all diese Leiden durchgestanden hat, der die Worte aussprechen kann, die in der Vergangenheit scheinbar zurückgehalten wurden. Als der, der jedem Kampf standgehalten und jedes Hindernis überwunden hat, bist du allein im Besitz des Schlüssels, der dein Herz öffnet, wenn du dich selbst noch konstanter und inniger unterstützt.

Da es für dein Unterbewusstsein keinen Unterschied macht, ob andere dir diese Worte gesagt haben oder du dir selbst, wird dein Herz heilen, auch wenn diese Worte nicht von dem Menschen deiner Wahl ausgesprochen werden.

Mit jedem Schritt vorwärts befreit dich das Handeln aus dem Herzraum der Hingabe davon, dein Leben aus der Opferperspektive zu betrachten. Statt Leute als blind um sich schlagend, verbal aggressiv reagierend, bewertend oder kritisierend zu sehen, kannst du dieses Verhalten auch als verzweifelten Versuch ihres inneren Kindes verstehen, Aufmerksamkeit zu bekommen, die sie sich selbst nicht geben können. Indem du diese tiefe Wahrheit anerkennst, gibst du ihren Herzen die liebevolle Aufmerksamkeit, die sie vielleicht noch nie zuvor bekommen haben.

Du tust dies, indem du ihnen eine liebenswürdigere Reaktion zukommen lässt, als ihre Handlungen verdienen. Und auch, wenn es dir nicht gelingt, das Herz eines Menschen, der sich grausam verhält, zu lieben, so kannst du dich doch immer von brisanten Situationen distanzieren und dir somit erlauben, dein eigenes Herz zum Fokus deiner Aufmerksamkeit zu machen. Sobald du dein Herz nämlich würdigst, werden Segnungen an alle Wesen geschickt, die existieren, und zwar auch an diejenigen, die vielleicht handgreiflich werden, ohne dass du irgendetwas anderes tun müsstest, als dein inneres, sich schlecht behandelt fühlendes Kind wahrzunehmen.

Im Herzraum der Hingabe wird die Einstellung, Menschen deutlich besser zu behandeln als sie dich behandeln, zu einer vollkommen zulässigen Art zu leben, vor allem weil ihre Unfähigkeit, dich gut zu behandeln, überhaupt nichts mit dir zu tun hat. Es spiegelt nur die Art von Beziehung wider, die sie zu sich selbst haben. Diese Sichtweise ermöglicht dir zu vergessen, wie man sich als Opfer verhält, denn die unbewussten Handlungen anderer werden dir deutlich machen, wie sehr ihr Herz der Heilung bedarf und wie groß die Not ihres inneren Kindes ist. Wenn jemand dich wild anfunkelt, während er gleichzeitig in Selbstkritik ertrinkt, oder jemand dich plötzlich verletzt, den du eigentlich sehr bewunderst, dann hast du jedes Recht der Welt, eine viel wertvollere Einladung anzunehmen – nämlich die, dich selbst mehr zu lieben, nicht weniger.

Um den nächsten Schritt im Herzraum der Hingabe zu meistern, wiederhole bitte das folgende heilsame Mantra:

Ich kämpfe nicht länger mit denen, die darauf bestehen, mit mir zu kämpfen. Ich erkenne an, dass jeder, der kämpft, nur um die Gnade seiner eigenen liebevollen Aufmerksamkeit kämpft.

Ich bin freigebig mit meiner liebevollen Aufmerksamkeit, sei es im Hinblick auf verworrene Emotionen in meinem Körper, einen unruhigen Verstand mit endlosen Gedanken oder das unversöhnliche Verhalten derer, denen ich begegne.

Indem ich durch meinen Tonfall und mein Verhalten Menschen gegenüber ausdrücke, wie sehr sie es verdient haben, sich selbst rücksichtsvoller zu behandeln, wenn sie nicht mehr mit mir zusammen sind, trage ich dazu bei, die Schwingung dieses Planeten zu erhöhen. Ich weiß sehr gut, dass mein Weg nicht dadurch bestimmt wird, wie andere mich behandeln, sondern nur dadurch, wie ich mich entscheide, darauf zu reagieren.

Auch wenn es so aussieht, als ob ich zu den anderen Akteuren in meinem Theaterstück sprechen würde, und das ist die Wahrheit von alledem, so ist doch alles, was ich anderen sage, eine Liebeserklärung, die auch an jedes andere Herz geht. Weil ich dies weiß, lasse ich jedes Verlangen und jeden Hang, zu kämpfen, zu handeln oder mich verteidigen zu wollen, los und kehre zur Liebe zurück, indem ich die Wahrheit in allen zutiefst annehme.

Unabhängig davon, ob diejenigen, die ich bewusst liebe, meine Geschenke annehmen, gehe ich selbst aus jeder Begegnung noch offener, bewusster und selbstermächtigter hervor als in allen vorausgegangenen Situationen.

Entscheidungen und Ergebnisse

Wenn du aus dem Herzraum der Hingabe handelst, versuchst du nicht länger, dem Verhalten anderer Menschen mit derselben Frequenz der Unbewusstheit zu begegnen. Da du dich nun selbst mehr respektierst, kannst du die Grausamkeit anderer Menschen als Ausdruck derjenigen Anteile erkennen, die zu sehr im eigenen Gefühlschaos gefangen sind, um sich ihrer göttlichen Natur bewusst zu sein. Natürlich können sie dann auch deinen Gefühlen nicht mit dem nötigen Respekt begegnen.

Chaotische Gefühle bei jemandem zu erleben, weist oft darauf hin, dass derjenige völlig von einer Heilkrise vereinnahmt wird, die dem Betroffenen oft nicht einmal bewusst ist. Menschen, die in ihrem eigenen Drama gefangen sind, sind sich der spirituellen Möglichkeiten, die sich daraus mit jedem einzelnen Atemzug ergeben, oft nicht bewusst und eigentlich unschuldige Wesen, die vom Leben bisher nur die Oberfläche kennengelernt haben. Ganz gleich, ob du nun glaubst, dass andere Menschen deine Güte verdienen oder nicht, die Situation, in der sie sich befinden, kann dir immer als Gelegenheit dienen, dir selbst die Worte zu sagen, die du von ihnen gern gehört hättest. Diese innere Einstellung verwandelt jede Opferhaltung in den mitfühlenden Ausdruck gelebter Liebe. Dies passiert, weil du dich selbst nicht mehr emotional geißelst und die Aufmerksamkeit, den Respekt oder die Bestätigung der anderen als eine Art Lösegeld brauchst.

Jeder gelebte Moment der Hingabe stärkt dein Bewusstsein dafür, wie gut du für dich selbst sorgen kannst, statt Zeit damit zu verschwenden, dich mit Menschen zu streiten, die vom eigenen Kampfgeist getrieben sind. Auf einer noch tieferen Ebene gewinnst du dann vielleicht auch eine wichtige Erkenntnis zur Kraft der Entscheidung. Statt dir Entscheidungen nur als Möglichkeiten vorzustellen, Ergebnisse zu kontrollieren oder die Realität zu manipulieren, kannst du nun jede Entscheidung von einer höheren Warte aus betrachten.

Jede deiner Entscheidungen entspricht einer bestimmten Schwingungsfrequenz. Es geht nun gar nicht darum, die Schwingungsfrequenz mathematisch genau zu erkennen, sondern es ist wichtig, deinen Emotionalkörper als eine Art energetisches Barometer zu verstehen. Entscheidungen, die mit einer hohen Schwingung einhergehen, äußern sich in deinem Körper eher als ein Gefühl von Begeisterung, Leichtigkeit und Entspannung. Entscheidungen, die von einer niedrigen Frequenz bestimmt sind, fühlen sich hingegen oft beengend oder schwer an und erfüllen dich mit Zweifel, Scham, Schuld, Sorge oder Feindseligkeit.

Viele von uns sind dazu erzogen worden, Entscheidungen zu treffen, die auf der Angst basieren, dabei andere Möglichkeiten einzubüßen. Dahinter verbirgt sich der Glaube, dass unsere Entscheidungen Ergebnisse erschaffen würden. Je weiter dein Bewusstsein wird, desto mehr wirst du verstehen, dass Ergebnisse vom Universum einzig und allein dazu arrangiert werden, dir genau die Situation zu bescheren, in der du zur nächst höheren Erkenntnisstufe in deinem Leben erwachen kannst.

Während von dir gewünschte Ergebnisse also nicht garantiert werden können, kannst du trotz allem ein Gefühl erhalten, wenn du in jede deiner möglichen Entscheidungen hineinspürst. Dieses Gefühl ist wie eine geheime Vorschau, die dir einen Vorgeschmack davon gibt, wie es sich für die Dauer deiner Entscheidung für dich anfühlen wird. Es ist ungefähr so, als ob dich jemand zum Essen einlädt und du plötzlich ein Gefühl von Weite im Herzen verspüren kannst. Du hast damit noch keine Garantie dafür, dass dein Essen wirklich köstlich sein wird. Es kann dir auch nicht die Sicherheit geben, dass du einen Tisch in deinem Lieblingsrestaurant reservieren kannst, oder verhindern, dass du vielleicht eine Stunde warten musst, um einen Platz zu bekommen. Egal wie die Umstände sich dann entwickeln, das Gefühl, das du verspürst, wenn du deine Entscheidungsmöglichkeiten erwägst, wird dich wissen lassen, welche Art von Erfahrung du haben kannst. Es ist so, als ob deine Emotionen dir gerade sagten: »So wird es sich anfühlen, wenn du in diese Richtung gehst, unabhängig von allen Umständen, die sich dazu noch entwickeln werden.«

Da Liebe die höchste Schwingung im Universum ist, hast du die Kraft, die unglaublichsten Erfahrungen zu machen, indem du Entscheidungen in dein Leben einlädst, die sich möglichst liebevoll für dich anfühlen. Wenn deine Körperweisheit dir enthüllt, welche dieser Möglichkeiten mit Liebe im Einklang stehen, wird dein Leben zu einer Reise mit noch viel inspirierenderen, angenehmeren und erfüllenderen Entdeckungen als zuvor.

Entscheidungen aus dem Herzen heraus treffen

Was wäre, wenn du eine dauerhafte Auszeit von deinen intensiven Selbstzweifeln nehmen könntest, indem du es deinem Herzen überlässt, Entscheidungen für dich zu treffen?

Sobald du deinen Körper entspannte, liebevolle oder aufregende Entscheidungen für dich treffen lässt, bist du den Druck los, dir Sorgen um alles Zukünftige zu machen oder alles nochmals zu überdenken. Wenn du der Rückmeldung deiner Gefühle folgst, wird dein Leben durch einen klaren Strom intuitiver Führung geleitet. Dies befreit dich von der Erschöpfung, die entsteht, wenn du eine Wirklichkeit kontrollieren möchtest, die ausschließlich dazu existiert, dich dein höchstes Potenzial erfüllen zu lassen.

Wenn deine Intuition dir den Weg weist, wirst du vielleicht auch bemerken, dass du deine persönlichen Liebeserklärungen ganz natürlich häufiger einsetzen wirst. Schon der Fakt, dir selbst genau die Worte anzubieten, die du immer hören wolltest, ist allein schon etwas ganz Wunderbares. Die Erfahrung jedoch, allen Menschen, die du triffst, unterstützende Worte mit auf den Weg geben zu können, ist noch viel kraftvoller. Stell dir einmal vor, wie unglaublich es wäre, wenn du jedem Menschen, den du triffst, ein Kompliment machen würdest oder ihn einen Moment lang ermutigen könntest. Damit würdest du gleich zwei Herzen ein lang ersehntes Geschenk machen. Du wirst erstaunt sein festzustellen, dass genau die Worte, die du selbst schon immer hören wolltest, auch andere schon lange hätten hören wollen. Die Tatsache, dass du zur Heilung anderer Menschen beitragen kannst, indem du einfach die Worte laut aussprichst, die dir selbst so viel bedeuten, enthüllt eine durch Zeit und Raum reichende seelische Verbundenheit aller.

Mit jeder inspirierten Entscheidung, die du triffst, wirst du die Angst vor der falschen Entscheidung verlieren. Denn jede deiner Wahlmöglichkeiten ist dann immer der höchsten Autorität der Liebe unterstellt. Was auch im Leben deiner Mitmenschen und auch in deinem eigenen passiert, es bringt immer nur den nächsten Augenblick der Heilung für die Entwicklung des großen Ganzen zum Ausdruck.

Um nun endgültig die Schwelle zu überschreiten und auf einer der aufregendsten spirituellen Wachstumsstufen anzukommen, wiederhole bitte das folgende heilsame Mantra:

> *Hiermit übergebe ich das Schicksal all meiner Entscheidungen der höchsten Schwingung der Liebe. Ich erlaube der Liebe, in ihrer reinsten und mächtigsten Form diesen Körper ganz in Besitz zu nehmen und jedes Wort zu sprechen, jede Entscheidung zu fällen und mein ganzes Verhalten zu bestimmen. Ich erlaube ihr, in jeder meiner Begegnungen anwesend zu sein und jeden Moment als Gelegenheit zu sehen, anderen die Worte zu sagen, die ich schon immer gern gehört hätte.*

Ich tue dies in dem Wissen, dass ich, wenn ich meine persönliche Liebeserklärung mit allen Menschen teile, die mir begegnen, meine Zeit auf diesem Planeten dafür nutze, immer wieder all das laut auszusprechen, was ich in meiner Erinnerung früher nicht bekommen habe. Ich danke dafür, dass ich diese Vergangenheit überstanden habe.

Von jetzt an und für immer biete ich meine persönliche Liebeserklärung als Geschenk für die Entwicklung aller an. Dies hilft mir, mich daran zu erinnern, dass alle Schuldzuweisungen immer nur mein inniges Bedürfnis nach der Gnade meiner liebevollen Aufmerksamkeit darstellen.

Weil ich nun der Liebe erlaube, alle Entscheidungen für mich zu treffen, akzeptiere ich, dass eine große Aufgabe auf dem Weg meiner Entwicklung auf einer bestimmten Ebene bereits erfüllt ist.

Daher bin ich frei, die Liebe zu sein, die ich bin – zum Wohle von Heilung, Erwachen, Gesundheit und zum Aufstieg aller Menschen. So sei es.

Kapitel 4
Ego, Leid und das überreizte Nervensystem

Ich erinnere mich an die Zeit, in der ich die Bedeutung der Liebe zu verstehen begann, und zwar nicht nur als Instrument der Heilung, sondern auch zur kraftvollen Transformation von Bewusstsein. Während einer meiner aufschlussreichen Unterhaltungen mit meinen geistigen Führern stellte ich die Frage: »Was ist der Kern des menschlichen Leidens?«

Ich stellte diese Frage, da ich mich zu Beginn meiner Entwicklung sehr mit den inneren Prozessen des Egos auseinandergesetzt und es als eine grundlegende Quelle von Verzweiflung erkannte hatte. Das Ego lässt dich glauben, dass du der Schauspieler in jeder Szene eines Films bist, und es lässt dich vergessen, dass du nur die Lebendigkeit im Körper eines jeden Schauspielers und seiner verschiedenen Rollen bist. Ob du nun in der Geschichte deiner Familiendynamik gefangen bist oder dich vom Auf und Ab deines Berufslebens beeinflussen lässt oder nur glücklich sein kannst, wenn alle um dich herum auch glücklich sind – oft erzeugt die Anhaftung an das Ego gerade den Schmerz, den du eigentlich vermeiden wolltest. Obwohl ich früh bereits erkannte, wie viel Chaos aus dem Ego entsteht, bewog mich irgendetwas, nach tieferer Erkenntnis zu suchen.

Vielleicht wollte ich das Thema intensiver vertiefen, weil es eine weithin anerkannte spirituelle Überzeugung zu sein scheint, Strategien entwickeln zu müssen, um das Ego zu transzendieren oder ihm irgendwie zu entkommen. Obwohl der Versuch vieler Menschen, die Quelle ihres Leidens zu überwinden, einerseits Sinn ergab, schien es mir hierbei nicht um ein tieferes Verständnis des Egos zu gehen, und noch weniger um einen liebevollen Umgang mit ihm. Etwas ließ mich nach weiteren Erklärungen suchen.

Ich beharrte auch deshalb auf dem Thema, weil ich intuitiv wusste, dass die weiseste Lösung immer in der Liebe gründet. Auch wenn man das Tor zur eigenen Freiheit öffnen oder die Flammen persönlicher Verzweiflung löschen möchte, kann ein spirituelles Ziel eine solche Dringlichkeit entwickeln, dass wir uns auf unserem Lebensweg plötzlich sehr zielorientiert verhalten.

Das erinnert mich an den Spruch aus meiner Kindheit »Süßes oder Saures!« zu Halloween. Meine Freunde und ich trugen unsere Lieblingskostüme und waren so darauf erpicht, so viele Süßigkeiten wie möglich zu bekommen und so viele Straßen wie möglich abzulaufen, dass wir uns nicht einmal die Zeit nahmen, den Leuten, die unsere Taschen füllten, in die Augen zu schauen oder uns zu bedanken. Ganz ähnlich kannst du auch geblendet durch die Anzahl der von dir gesammelten mystischen Erfahrungen oder durch das Ausmaß der von dir erhofften Erkenntnis so blind werden, dass du dir noch nicht einmal die Zeit nimmst, die Geschenke, die dir bereits gegeben wurden, von ganzem Herzen anzunehmen.

Im Herzraum der Hingabe besteht dein höchster Ehrgeiz eigentlich nur darin, jedes deiner Ziele auf die liebevollste Weise zu erreichen. Wenn irgendwo ein Ungleichgewicht herrscht, wird es durch Liebe geheilt. Wenn Verwirrung herrscht, wird sie durch Liebe geheilt. Wenn eine Entscheidung getroffen werden muss, dann mit Liebe. Wenn etwas in dir erweckt werden soll, dann durch Liebe.

Dieses Verständnis hilft dir dabei, jeden kostbaren Schritt auf deinem Lebensweg als mehr zu sehen als nur Mittel zum Zweck. Ganz sicherlich geht es nicht darum, die richtige Antwort in einem Buch nachzuschlagen oder damit zu glänzen, wie gut du etwas Gelerntes widergeben kannst. Stattdessen zeigt sich die Schönheit deiner höchsten Weisheit immer wieder darin, wie oft deine Entscheidungen von Liebe beeinflusst waren.

Was ist das Ego wirklich?

Da für gewöhnlich versucht wird, das Ego zu kontrollieren oder zu zerstören, und die Liebe bei dieser Vorgehensweise vollständig fehlt, war mir klar, dass es noch eine tiefere Erkenntnis zum Thema Ego geben musste. Die gängige Denkart führt auch bei aufrichtig Suchenden oft dazu, spirituelle Suche in einen Kampf um Kontrolle zu verwandeln – egal ob es nun darum geht, negative Gedanken in positive zu verwandeln, das Gehirn zu beruhigen oder mit großem Aufwand begrenzende Glaubenssätze zu identifizieren. Natürlich kann jede Art von Kampf nur dazu führen, das Ego noch mehr aufzublasen und dabei zu leiden.

Da Liebe die höchste Schwingung besitzt, sollte alles, was dir begegnet – sei es dein schlimmster Feind, deine dramatischste Erfahrung oder sogar das Ego selbst –, mit Offenheit, Mitgefühl und Umsicht angenommen werden. So kannst du mit den weisesten Lehren des Universums in Kontakt kommen. Umgekehrt wirst du mit dir selbst im Zwiespalt liegen und neue Formen des Leidens entwickeln, wenn du gerade versuchst, deine spirituellen Ziele auf überaus aggressive Weise zu erreichen.

Als ich meine Führer darum bat, mir den Kern menschlichen Leidens zu enthüllen, wurde mir anfangs gesagt: »Das Ego ist eine fiktive Persönlichkeit, die sich durch die Rollen personifiziert, die Menschen in ihrem Leben spielen.« Diese Antwort ließ einige dringliche Fragen in mir aufsteigen: Warum existiert diese Tendenz überhaupt im Menschen? Wie kann ich die tiefsten Schmerzen auflösen, die das Ego erzeugt? Welche Rolle spielt das Ego beim Erwachen?

Ich fragte meine Führer, was das Ego wirklich sei. Die Antworte lautete: »Das Ego ist eine Vorstellung von Identität, die aus einem überreizten Nervensystem herrührt.« Diese Antwort löste eine starke Reaktion in mir aus. Da ich nicht genau wusste, was sie bedeutete, stellte ich weitere Fragen.

Die tiefere Erkenntnis, die ich unter all den herkömmlichen Vorstellungen fand, war die, dass der Grund für ein verschlossenes Herz, einen überaktiven Verstand, ein zu geringes Selbstbewusstsein oder ein überschießendes Ego in einem überreiztem Nervensystem liegt. Wenn ein überreiztes Nervensystem also die Wurzel des Leidens darstellte, war die logische Frage für mich, wie es zu dieser Übererregtheit kommen konnte?

Die Hauptfunktion unseres Nervensystems besteht darin, dabei zu helfen, ein Gefühl von linearer Ordnung durch die simultane und multidimensionale Natur des Lebens hindurch aufrechtzuerhalten. Diese Ordnung wird aufrechterhalten, indem unbekannte Möglichkeiten, die dein Energiefeld umkreisen, abgewiesen werden, damit du keine Erfahrungen machst, die der Homogenität deiner persönlichen

Erlebnisse ständig zuwiderlaufen würden. Bevor dein Unterbewusstsein etwas Neues aufnimmt und akzeptiert, kann es übersehen werden oder sogar vollkommen unsichtbar erscheinen, auch wenn es sich direkt vor deinen Augen befindet. Das ist genauso, wenn eine Gruppe von Menschen dasselbe Ereignis wahrnimmt, und jeder dann etwas berichtet, was andere gar nicht bemerkt haben. Jeder sieht das Leben durch die einzigartige Brille seiner eigenen Wahrnehmung. Diese Wahrnehmung hängt davon ab, wie das Nervensystem die Ordnung in unserem Bewusstsein aufrechterhält.

Was für den einen Menschen bekannt und wahr ist, kann für den anderen vollkommen unsichtbar und unbekannt sein. Obwohl es so aussieht, als ob wir alle denselben Planeten bewohnen, lebt doch jeder in seiner ganz speziellen Version davon. Die Annahme, die Welt die wir sehen, sei die einzig existierende, stellt einen beschränkenden Glaubenssatz dar, der durch die Bindung an das Ego aufrechterhalten wird. Wenn das Beharren auf dieser Annahme durch deine Wahrnehmung bestätigt wird, kann es passieren, dass du dich unbefriedigt oder vom Leben frustriert fühlst, unabhängig davon wie gerechtfertigt dies erscheint.

Wenn dein Bewusstsein durch Muster von Übererregtheit eingeschränkt wird, löscht das Nervensystem alles aus deiner persönlichen Wahrnehmung, was deinen tiefsten Überzeugungen zuwiderläuft. Sobald das Bewusstsein sich jedoch ausdehnt, lösen sich festverwurzelte Überzeugungen auf. Wenn das geschieht, entspannt sich dein Nervensystem und ist für die Aufnahme größerer Möglichkeiten bereit. Diese Möglichkeiten waren bereits die ganze Zeit da. Aber solange sie ein größerer Ausdruck von Bewusstsein waren, als du zu diesem Zeitpunkt zu erfassen in der Lage warst, konntest du sie nicht wahrnehmen.

Ein anderer wichtiger Grund, warum das Nervensystem gewisse Möglichkeiten aus deiner Sichtweite entfernt, liegt darin, dass es dich dabei unterstützt, nur Erfahrungen zu machen, die du auch bewältigen kannst. Würden die Scheuklappen zu plötzlich abgenommen, dann würde dein Bewusstsein sich so schnell ausdehnen, dass du vielleicht von der multidimensionalen Natur der Wirklichkeit überfordert und verwirrt wärst. Auf bestimmten Ebenen könntest du in solch einem Zustand nicht mehr funktionieren. Es wäre wie in einem Spiegelsaal, in dem du plötzlich nicht mehr wüsstest, welches der vielen Spiegelbilder dein eigenes ist. Während das Licht deiner wahren Natur immer und in jeder Form lebt, reguliert dein Nervensystem deine Erfahrungen. Dies erlaubt deinem Bewusstsein, größere Möglichkeiten, die sich dir bieten, auf ganz natürliche, dir immer mehr enthüllende Weise zu integrieren.

Obwohl einige Menschen in transzendente Erfahrungen hineingestolpert sind und ihnen die Scheuklappen ihres Bewusstseins ganz plötzlich abgenommen wurden, verläuft die Mehrzahl der Erleuchtungsprozesse eher schrittweise und in Übereinstimmung mit deinem Nervensystem. Du kannst dies mit einer Blume vergleichen, die das Geheimnis ihrer langsamen Blütenöffnung genießt – ein Blütenblatt nach dem nächsten.

In der Geschichte des Mystizismus wurden die seltenen Formen der Erleuchtung zur spirituellen Folklore. Dies kann bei einigen Menschen zu der Annahme führen, solch dramatische Durchbrüche seien notwendige Meilensteine zur Förderung ihrer eigenen Entwicklung. Sollte dich der Wunsch fesseln, sehr schnell erwachen zu wollen, kann sich dein Drang, deine Spiritualität zu erkunden, plötzlich mit Verzweiflung, Unehrlichkeit oder überzogenem Ehrgeiz gemischt äußern. Ironischerweise bewirkt dieses Gefühl von Dringlichkeit nur, dass dein Nervensystem noch mehr überreizt wird. Sobald das geschieht, wird dein Bewusstsein wieder eingeschränkt, um die Erfahrungen nach denen du eigentlich strebst, aus deinem System herauszuhalten.

Ganz gleich, wie viele Jahre du dich bereits mit Spiritualität beschäftigst, die körperliche Erfahrung von Wahrheit kann erst dann zugänglich gemacht werden, wenn das Nervensystem entspannt ist. Sogar auf einer mystischen Erfahrungsebene entscheidet der Grad eines entspannten Nervensystems darüber, welcher Mensch Engel, Geister oder andere Dimensionen wahrnehmen kann und ob intuitive Botschaften empfangen werden können.

In der Zwischenzeit werden Menschen, die in ihren Konditionierungen gefangen sind, weiterhin über die Möglichkeiten spotten, von denen sie erst später erkennen, dass sie schon immer um sie herum existiert haben.

Ein psychologischer Kokon

Nervensysteme werden überreizt, um einen psychologischen Kokon zu bilden. Während der Schmetterling deines inneren Kindes in den ersten Jahren deines Lebens ausgebrütet wird, lernst du über persönliche Erfahrungen, die dich auf ein größeres Abenteuer vorbereiten sollen. Der Kokon der Inkubation erfüllt seine Aufgabe, indem er Stück für Stück durch den Impuls der spirituellen Entwicklung abgestreift wird. Dies kann in der Pubertät beginnen oder sich im Erwachsenenalter spontan entfalten. Da der Zweck des Egos darin besteht, sich wieder aufzulösen, können alle Dinge im Leben als hilfreiche, essentielle Entwicklungsphasen gesehen werden, durch die eine größere, kosmische Realität in deine Sichtweise integriert werden kann.

Es ist wichtig, in Erinnerung zu behalten, dass Menschen, die keine spontane Transzendenzerfahrung gemacht haben, nichts versäumen und in ihrer Entwicklung in keiner Weise hinterher hinken. Sie sind nur gerade im Prozess, den Kokon ihres Egos soweit zu öffnen, dass eine tiefere Wirklichkeit von ihnen anerkannt werden kann.

Auch wenn jemand bereits spontane Transzendenzerfahrungen gemacht hat, kann allein das Gefühl, diese Erfahrungen könnten wieder verblasst oder irgendwo verloren gegangen sein, das Nervensystem veranlassen, wieder auf seine gut verankerten alten Konditionierungsmuster zurückzugreifen. Dies mag sich so anfühlen, als ob du Rückschritte in deiner Entwicklung machen würdest und alles, was während deiner Erleuchtungsmomente so außergewöhnlich einleuchtend erschien, wieder zu einem Punkt vor deiner spirituellen Entwicklung zurückkehren würde.

Obwohl eine solche Erfahrung sich ziemlich entmutigend anfühlen kann, gibt sie dir doch eine wichtige Rückmeldung von deinem Nervensystem. Sie bestätigt dir, dass deine Muster der Überreiztheit noch nicht ganz aus deinem Energiefeld entlassen wurden, obwohl du schon einen Urlaub von der conditio humana machen konntest. Solange du also nicht genug über die Rolle des Nervensystems weißt, kann es sein, dass du diese Erfahrung persönlich nimmst oder dich fühlst, als würdest du deine spirituellen Aufgabe nicht gut genug erfüllen können.

Sobald du das überreizte Nervensystem als die Funktion erkennst, durch die eine klare Sicht auf das Leben getrübt wird, kannst du die Schönheit deiner Entwicklung jedoch auf noch tieferer Ebene erforschen. Und je weiter du diesen Weg gehst, desto mehr werden sich die Verspannungen deines Nervensystems lösen, was wiederum deinem Körper ermöglicht, zur Ruhe zu kommen. So lösen sich nach und nach immer mehr Fragmente des Ego-Kokons auf, während die Blume deines Herzens erblüht.

Die Entstehung von Überreiztheit

Um zu verstehen, wie jene Überreiztheit des Nervensystems überhaupt entstehen kann, sollten wir uns das Verhalten von Säuglingen genauer ansehen. Anfangs merkt man vielleicht, dass sie bereits in einem Zustand reinen Bewusstseins leben. In diesem Stadium passen sie sich den Sinneseindrücken einer ganz neuen Welt unentwegt an. Jedes Mal, wenn eine unbekannte Möglichkeit in das Energiefeld eines Babys eindringt, neigt es dazu zu weinen. Dabei muss das Weinen nicht unbedingt für eine Erfahrung von Schmerz oder Wut stehen. Es kann eine Funktion des Nervensystems sein, um nicht bekannte Möglichkeiten aus den Körperzellen zu reinigen und zu entlassen.

Im reinen Zustand deines Seins erreichen Sinneseindrücke dein Energiefeld und werden in einem ganz natürlichen Rhythmus reflektiert und wieder daraus entlassen. Jedes Mal wenn das passiert, wird das Unterbewusstsein veranlasst, diese Muster aufzuzeichnen. Seine Rolle besteht nun darin, immer wieder Strömungen in deinem Energiefeld ausfindig zu machen und Möglichkeiten zu finden, den Körper so gering wie möglich zu belasten. Dies geschieht, damit die Lebensenergie in deinem Feld hocheffizient arbeiten kann.

Stell dir vor, das Baby hört einen unbekannten Laut. Die Klangwelle dringt sofort in das Energiefeld des Babys ein und sein Nervensystem reflektiert es ganz spontan wieder. Es ist fast so, als ob das Baby weint, um den Laut zu imitieren, den es gehört hat. Dies macht das Unterbewusstsein darauf aufmerksam, dass immer dann, wenn eine Welle reflektiert wird, der Energieaufwand nach oben schnellt. Während ein Baby auf die meisten Erfahrungen mit ›unbekannt‹ oder ›fremd‹ reagiert, dies also häufig vorkommt, registriert sein Unterbewusstsein genau, wie oft der Energiebedarf nach oben schnellt. Je häufiger ein Baby auf die multisensorische Natur des Lebens reagiert, desto häufiger schaltet sich das Nervensystem ein, um die Eindrücke wieder aus seinem Feld zu entlassen.

Dies führt dazu, dass immer mehr Ausschläge im Energiebedarf des Unterbewusstseins registriert werden. Irgendwann trifft das Unterbewusstsein dann eine Entscheidung. Da die Ausschläge so oft nach oben schnellen, könnte doch der höchste Punkt dieser Ausschläge zu einem neu definierten Zustand des Energiefelds werden.

Diese Entscheidung wird getroffen, damit weniger Energie darauf verwendet wird, die Ausschläge bis nach oben und danach wieder ganz nach unten zu führen, wo das Leben in seinem ganz natürlichen Zustand verläuft.

Wenn der höchste Ausschlag des Energieaufwands nun einen neuen energetischen Lebenszustand definiert, wird deine Wahrnehmung des Lebens übersteigert und dein natürlicher Zustand getrübt. Dies führt dazu, dass du die Dinge nun wie durch eine verzerrte Linse wahrnimmst und dich der Vorstellung einer Welt der Polarität oder der Gegensätze hingibst. Statt einfach nur wahrzunehmen, was du siehst, wirst du in der Welt der Polarität jedem Ding ein Etikett zuweisen und es über einen Vergleich mit anderen Dingen definieren.

Aus dieser Perspektive wird das Geheimnis der Existenz nun zu einer Idee, die Leben genannt wird. An diesem Punkt verliert sich deine wahre Natur an den Hauptdarsteller in deinem Theaterstück. Durch alle Akte des Stücks hindurch verliert dein inneres Kind durch bedrohliche und komplizierte Überlebensstrategien den Kontakt mit der Realität. Gleichzeitig fühlt es sich durch einen beständigen Alarmzustand überfordert, in dem die bedrohliche Vorstellung, nicht perfekt zu sein und enttäuscht zu werden, zu Erlebnissen wird, die es immer öfter erwartet. Und dann wird schließlich auch das fest verwurzelte Gefühl, von der Liebe getrennt zu sein, zu einem Teil deiner Realität.

Muster von Co-Abhängigkeit und Sucht

Sobald diese konditionierte Verzerrung einsetzt, werden Erfahrungen, die in dein Energiefeld eindringen, nicht mehr reflektiert. Stattdessen werden sie in deinem Zellgedächtnis registriert und abgelegt. Sehr bald wird durch die Anhäufung im Zellgedächtnis ein persönliches Identitätsgefühl oder ›Ich‹ erschaffen, um dich in Bezug auf andere Menschen zu stärken, zu verteidigen und zu beschützen. Sobald die Unschuld eines Babys zur konditionierten Gefühlslage eines Kindes wird, werden noch mehr Körperzellen mit kodierten

Erinnerungen aufgefüllt, um den Zustand des überreizten Nervensystems aufrechtzuerhalten. Auf dieser Bewusstseinsebene werden häufig zwei ursprüngliche Verhaltensmuster ausagiert, Co-Abhängigkeit und Sucht.

Co-Abhängigkeit bedeutet, dass die Qualität deiner Erfahrungen von den Handlungen und dem Verhalten anderer abhängt. Es handelt sich um die Überzeugung, dass du nicht eher glücklich sein kannst, bevor andere nicht zufrieden sind, und es führt dazu, dass du für andere lebst, während du dich selbst verleugnest.

Demgegenüber ist Sucht ein gewohnheitsmäßiges Bedürfnis nach bestimmten Erfahrungen oder Gefühlen, um ein Gefühl von Kontrolle über dein Leben aufrechtzuerhalten. Die Häufigkeit, mit der du co-abhängige Beziehungen eingehst oder in Abhängigkeiten lebst, zeigt dir, wie überreizt dein Nervensystem möglicherweise ist.

Wenn Eltern dies lesen, wünschen sie sich möglicherweise, ihren Babys die Last des menschlichen Leidens ersparen zu können, indem sie sie vor diesem Konditionierungsprozess bewahren. In Wirklichkeit ist aber jeder von uns auf diesen Planeten gekommen, um ein weites Spektrum von Erfahrungen zu durchlaufen und dabei von der Perfektion des Universums geführt zu werden, und zwar von Anfang bis Ende.

Gleichzeitig sollte das Verständnis davon, wie Konditionierungen entstehen, niemals ein Ersatz für die Sanftheit, das Mitgefühl und die liebevolle Unterstützung sein, die jedes Kind verdient.

Der Weg der radikalen Ehrlichkeit

Einer der direktesten Wege, um das Nervensystem zu entlasten, besteht darin, vollkommen ehrlich zu sein. Ehrlichkeit ist deine angeborene Fähigkeit, ohne Deckung aufrecht zu stehen. Es geht dabei darum, anderen die Erlaubnis zu geben, das zu tun, was sie tun wollen, und das zu sagen, was sie sagen wollen, damit du weißt, wer du bist – jenseits aller Theorie. Wenn es nichts zu verbergen oder zurückzuhalten gibt, wird die Wahrheit ganz frei ausgesprochen und niemand muss darunter leiden. Dann ist es egal, welches Thema diskutiert wird, denn die Wahrheit enthält keinerlei Wertung. Beim Thema Wahrheit kann dir deine Bereitschaft, offen und zugänglich zu sein, als Hinweis dafür dienen, wie gut du dich selbst kennst. In Anbetracht dieser Tatsache liegt der Kern der Weisheit immer in derselben Erkenntnis – es wird dir besser gehen, sobald du vollkommen ehrlich bist.

Viele scheuen vor dem, was ich radikale Ehrlichkeit nenne, zurück, weil sie sich vor den Reaktionen anderer fürchten. Auf Zellebene lässt das Nervensystem bei jeder emotionalen Reaktion eines Menschen, viele Schichten von Konditionierungen los. Aus dem Herzraum der Hingabe kannst du immer wieder klar erkennen, dass alles, was du selbst fühlst oder jemand anderes fühlt, lediglich Muster inmitten eines Heilungsprozesses sind.

Solange du dir nicht bewusst bist, wie wahrhaft heilsam jede Reaktion sein kann, betrachtest du die Dinge wahrscheinlich aus der Innensicht deiner Egostruktur. Aus Sicht des Egos ist es normal, Schuld nach außen zu projizieren oder Verteidigungsmechanismen aller Art an denjenigen auszuagieren, die deiner Ansicht nach Schuld an deinem Gefühlsausbruch sind.

Aufgrund des empfundenen Unbehagens und der unbequemen Natur gewisser Gefühle ist es nachvollziehbar, warum so viele Menschen versuchen, eine Ehrlichkeit zu vermeiden, die so häufig emotionale Reaktionen auszulösen scheint. Wenn du jedoch weißt, dass alle Gefühle, die du oder andere gerade erleben, einen Heilungsprozess darstellen, wirst du fähig, dich mit dem Willen des Universums in Harmonie zu bringen, um die Entwicklung der Menschheit mit jeder deiner herzbasierten Interaktionen ganz bewusst zu fördern.

Sobald du das tägliche Leben als Spielfeld spiritueller Entwicklung erkennst, besteht das wahre Ziel darin zu lernen, wie du mutig an vorderster Front deines eigenen Heilungsprozesses stehen kannst. Wenn du erst einmal akzeptierst, wie unglaublich heilsam jeder Moment sein kann, musst du dich selbst nicht mehr verurteilen, auch wenn es dir gerade nicht gelingen sollte, liebevoll zu handeln.

Wie viel Anstrengung du auch investierst – das Vorhaben, herzbasiert handeln zu können, lässt sich mit einem überreizten Nervensystem nur selten erreichen.

Daher ist es das zentrale Anliegen im Rahmen der neuen Spiritualität, möglichst liebevolle Anspannungen des überreizten Nervensystems zu lösen. Wenn du erkennst, wie häufig das Spiel des Lebens dir Gelegenheiten bietet, dich und andere zu heilen, löst sich deine Anhaftung an das Ego langsam auf. Mit dieser Sichtweise fühlst du dich nicht länger als Opfer der Reaktionsweisen anderer. Du möchtest andere dann auch nicht mehr dafür verantwortlich machen, wie es dir gerade geht. Gleichzeitig brauchst du keine Angst mehr davor zu haben, deine Gefühle auf andere zu projizieren, da dies viel wahrscheinlicher dann geschieht, wenn du deine Emotionen mit Gewalt zurückhältst – im verzweifelten Versuch, nichts nach außen dringen zu lassen.

Während einer emotionalen Reaktion mag es sich vielleicht so anfühlen, als ob du gleich explodieren und auf alles und jeden mit der Ungezügeltheit und dem Aufruhr deiner Gefühle losgehen würdest. Wenn du jedoch jedes Gefühl mit Offenheit annimmst und in das Zentrum jedes deiner Wahrnehmung hinein atmest, kannst du einen heiligen Raum für jeden Heilungsmoment öffnen, ohne sofort von Unzufriedenheit, Frust oder Schmerz überwältigt zu werden.

Solange du deine Gefühle nicht offen annimmst, wird das überreizte Nervensystem immer mehr angeheizt und in ständige Bewegung versetzt. Jedes Mal, wenn du jemanden für eine deiner Reaktion beschuldigst oder verurteilst, werden die Körperzellen sofort wieder mit emotionalem Schutt überhäuft, selbst wenn sie sich gerade in einem Heilungsprozess befinden. Dies kann zukünftig zu emotionalen Reaktionen führen, die das Leben über eine Reihe von Ereignissen genau auf dich abstimmt, nur um dir zu helfen, das Gefühl wiederzufinden, was dich dazu gebracht hat, aggressiv zu sein, dich zu verschließen oder dich zurückzuziehen.

Sobald jedes dieser Muster angeschaut wurde, bist du frei von dem Drang, gegen äußere Beschleuniger anzukämpfen, die kraftvolle Transformationsmomente in dir ausgelöst haben. Ein erneuertes Interesse daran, deine Gefühle anzunehmen und anderen gegenüber ehrlich zu sein, bewirkt, dass das Leben dich leichter in solche Beziehungen führen kann, die deine höchste Entwicklung unterstützen.

Obwohl einige Menschen denken, dass andere mit ihrer Wahrheit nicht umgehen können, schlage ich eine Art von Ehrlichkeit vor, die in keiner Weise als Waffe dient. Radikale Ehrlichkeit hat nichts mit Konfrontation, Anklage oder Schuldzuweisung zu tun. Vielmehr ist es eine hochentwickelte Art der Wahrnehmung, mithilfe derer du den Unterschied zwischen projizierten Anklagen und einem offenen Austausch über das, was du gerade fühlst, verstehst.

Den eigenen Heilungsweg vertiefen

Ein anderer Aspekt, der dir den Prozess radikaler Ehrlichkeit erleichtern kann, besteht in dem Wissen, dass jeder Moment aufrichtigen Austauschs dich in deiner Entwicklung fördert – egal, wie andere auf dich reagieren. Die Antworten der anderen decken nämlich auf, was gerade aus ihrem Energiefeld gelöst werden kann, während deine Bereitschaft, dich anderen mitzuteilen, ebenfalls zu deinem Heilungsprozess beiträgt. Ob du dich nun von anderen provoziert fühlst oder sie gerade provozierst, es geht dabei immer darum, deine Verteidigungsmechanismen aufzugeben und eine Lösung für alle zu finden.

Oft liegt die beste Unterstützung darin, dir die Meinung deines Gegenübers anzuhören. In anderen Situationen kann es hilfreich sein, dem anderen Menschen den Raum zu geben, den er braucht. Wie auch immer die Lösung gerade aussieht, die unglaublichsten Wunder des Lebens werden Teil deiner Wirklichkeit, sobald du den Heilungsprozess respektierst, von dem viele nicht einmal wissen, dass er gerade stattfindet.

Wenn ein Gespräch schnell zu einer hitzigen Diskussion eskaliert, geht es nicht darum, jemandem zuzustimmen, dagegenzuhalten oder nach Unterstützung für die eigene Position zu suchen. Stattdessen ist dies eine Gelegenheit, um wahrzunehmen, wie intelligent alles arrangiert wurde, um persönliches Wachstum auszulösen. Wie sich die Situation auch darstellt, jedes Gefühl von Unbehagen dient als klarer Hinweis dafür, dass du mit dir oder anderen gerade nicht vollkommen ehrlich bist. Das liegt daran, dass ein Unbehagen bestimmte Erinnerungen auf der Zellebene anzeigt, die eigentlich losgelassen werden wollen, aber durch eine innere Abwehr gegenüber Ehrlichkeit in Stagnation gehalten werden.

Dies betont die essentielle Bedeutung des Satzes: »Die Wahrheit wird euch frei machen.« Es gibt viele Menschen, die unbedingt frei werden wollen, aber sehr viel weniger, die bereit sind, im Angesicht der Wahrheit Rückgrat zu bewahren und sich so selbst zu befreien.

Diese Art von Wahrheit fordert dir erst einmal nicht ab, anderen gegenüber etwas zuzugeben, sondern lediglich dem Ruf nach radikaler Ehrlichkeit zu folgen, indem du dir selbst das Wesen deiner Erfahrungen eingestehst. Sobald du dir diese Wahrheit eingestanden hast, wird dir deine Fähigkeit, sehr persönliche Dinge auch mit anderen zu teilen, deutlich weniger Angst machen. In jedem solchen Moment der Ehrlichkeit kannst du außerdem die wichtigen Entscheidungen anerkennen, die du gerade eher vermeidest und denen du in deinem eigenen Interesse besser folgen solltest.

Selbst wenn deine ehrlichen Äußerungen Beziehungen oder Karrieremöglichkeiten abrupt beenden sollten, handelt es sich auch dabei um die Gunst der im Leben enthaltenen Perfektion, die dir zeigt, wie unglaublich dein Lebensweg verlaufen kann, sobald du dich in eine ganz neue Richtung bewegst. Sobald du dein Vertrauen in den Willen des Universums erneuerst, kann die Präzision der Einheit alles aus deinem Weg räumen, was du nicht mehr brauchst. Auch wenn dein Leben dabei vollkommen auf den Kopf gestellt wird, kann dies nur mehr Raum schaffen für noch größere Möglichkeiten, die bereits auf dich warten.

Du kannst radikale Ehrlichkeit als eine der kraftvollsten spirituellen Praktiken innerhalb des neuen spirituellen Paradigmas auf ganz individuelle Weise leben. Wenn du dich daran erinnerst, dass alles, was du fühlst, bereits Heilung ist, kannst du dich über die Menge der tagtäglichen Gelegenheiten freuen, bei denen du mit dem Universum zusammenarbeiten kannst, um eine positive Entwicklung auf der Welt zu unterstützen.

Für viele Menschen ist es verständlicherweise schwer, Gefühle anzunehmen, die an eine schmerzliche Vergangenheit erinnern. Du kannst dich zwar darauf beschränken, nur bestimmte Gefühle anzunehmen, aber im Grunde kannst du nicht kontrollieren, ob dein inneres Kind sich bedroht fühlen und sich verstecken wird. Egal wie festgefahren dir deine Situation auch erscheint, du bist hier, um den Schleier der Verweigerung zu lüften, indem du dir die Kraft der liebevollen Unterstützung für dich selbst gönnst.

Ob du mit der Aussage »Ich liebe dich« beginnst oder deine persönlichen Liebeserklärungen mehrmals täglich für einige Minuten wiederholst, immer sagst du damit deinem inneren Kind, das sich in einen geheimen Raum in dir zurückgezogen hat, dass es nun sicher ist, herauszukommen und draußen zu spielen. Die Analogie des inneren Kindes bedeutet nur, dass deine innere unschuldige Natur sich in eine geheime Kammer deines Herzens zurückgezogen hat. Sobald es sich sicher genug fühlt, um aus seinem Versteck zu kommen, kannst du davon ausgehen, dass du sein Vertrauen für deine künftigen Prozesse wiedergewinnen wirst.

Über alle spirituellen Errungenschaften hinaus ist es deine Bereitschaft, mit dir selbst vollkommen ehrlich und liebevoll zu sein, die die Reife eines offenen Herzens widerspiegelt. Auch wenn du Angst davor hast, ehrlich zu sein, nimm dir bitte die Zeit, den Anteil in dir zu lieben, der sich fürchtet, und löse damit mehr zellgebundene Erinnerungen aus deinem Energiefeld.

Ein empathisches Kind

Als ich die innere Funktionsweise des Egos bei Erwachsenen besser verstand, erinnerte ich mich sofort an mich selbst als empathisches Kind. Ich bekam ein ganz klares Bild von meinem jüngeren Selbst als ›energetischem Schwamm‹, der die unaufgelösten emotionalen Ablagerungen in den Herzen der Menschen um sich herum fühlen konnte. Ich ›sah‹ dann auch, dass ich bereits als sehr kleines Kind eine unbewusste Entscheidung getroffen hatte: Wenn andere blockiert erscheinen und nicht bereit, mich so zu lieben, wie ich bin, dann lass mich die Muster nachmachen, die ich in ihrem Energiefeld fühle, und damit ihr Herz befreien.

In meiner unschuldigen Art dachte ich, wenn die Menschen erst mal frei von Konditionierungen wären, deren niederdrückende Last ich förmlich fühlen konnte, könnte nichts mehr ihr Herz davon abhalten, mir die Liebe zu schenken, nach der ich mich so sehr sehnte. Obwohl es meine Absicht war, ihren Schmerz auf mich zu nehmen, um ihre Bürde zu erleichtern, duplizierte ich einfach nur die Wahrnehmung ihrer eigenen Erfahrungen über die Zellen meines Körpers. Während diese Duplizierungen geschahen, versuchte ich ein perfekter Spiegel ihrer Muster zu sein. Ich hoffte, dass Erwachsene emotional offener mit mir sein könnten, wenn sie sich in mir erkannten.

In gewisser Weise tat ich dies auch, um mehr so zu sein wie die Welt um mich herum und um mich in eine Resonanz mit den überreizten Nervensystemen in meinem Umfeld zu bringen. Ich sah auch, wie jene Nervensysteme aller Geschöpfe ein globales Energiefeld bildeten, das als kollektives Unterbewusstsein bekannt ist. Dieses kollektive Unterbewusstsein hatte eine kulturelle Übereinkunft erschaffen, die besagte, dass ein überstimuliertes Nervensystem die Normalität darstellt, innerhalb derer die Menschen heutzutage funktionieren.

Während der Strom der Erinnerungen mich mit sich nahm, erkannte ich plötzlich, dass ich vom Himmel gesandt und wie eine Art Engel war, der vor seiner Inkarnation auf dieser Erde und in seiner Familie vereinbart hatte, Muster zu wiederholen und damit alle Menschen zu einem größeren Prozess des Erwachens zu inspirieren. Ich hatte eingewilligt, diese Aufgabe zu übernehmen. Und an einem bestimmten Punkt meiner Entwicklung begann ich selbst zu erwachen, um die von mir gesammelten Muster zu verwandeln. Über die Verbundenheit von Einem mit Allen wusste ich, dass solch ein Verwandlungsprozess weite Kreise ziehen und alle inkarnierten Wesen aufwecken konnte. Ich erkannte, dass ich mich mit Absicht in einer Familie inkarniert hatte, um all die Konditionierungen, die diese Menschen trugen, auf mich zu nehmen und damit im Verlauf der Geschichte unzählige Generationen von noch immer unaufgelösten Mustern zu befreien.

Als ich zu verstehen begann, dass eine Anhaftung an das Ego im wahrsten Sinne des Wortes so fesselnd und intensiv sein konnte, wie das eigene überreizte Nervensystem, wurden mir einige sehr interessante Zusammenhänge klar.

Wenn die Tür zu deinem Herzen verschlossen ist, neigst du dazu, dich von der Wahrheit deiner göttlichen Natur abgeschnitten zu fühlen. Dies führt fast unvermeidlich zu Verhaltensweisen wie faule Kompromisse einzugehen, zu kämpfen, sich zu verteidigen und nach Wegen zu suchen, eine fiktive Identität von Ego immer mehr zu stärken. Ganz ohne Boshaftigkeit gegenüber dem Phänomen Ego durfte ich es als den Ort erkennen, wo sich mein inneres Kind so lange versteckt hatte, bis seine Heilungsreise schließlich begann.

Als ich das lieben lernte, was mir geschah, bemerkte ich, wie schnell mein Körper bereit war, sich zu entspannen. In einem entspannten Zustand fühlte sich mein inneres Kind sicher genug, um aus seinem Versteck heraus zu kommen. Je mehr ich mich entspannte, desto mehr dehnte sich mein Bewusstsein aus. Als das geschah, erfuhr ich spontan das Öffnen meiner Chakras bzw. der Energiezentren meines Körpers, die Aktivierung passiver DNS-Stränge, das Auftauchen weiterer intuitiver Fähigkeiten und zusätzliche wegweisende spirituelle Erfahrungen der Art, die viele Menschen verzweifelt zu erreichen versuchen.

Mit dieser Aktivierung, die einzig durch die Liebe ausgelöst werden kann, gelang es mir, mich mit dem Leben so zu harmonisieren, dass alles zu meinem Besten zusammenzuarbeiten schien. Dabei wurde auch deutlich, dass alles, was zu meinen Gunsten geschah, gleichzeitig die beste Möglichkeit für Menschen in meinem Umfeld darstellte.

Von diesem neu geschaffenen Raum energetischer Ordnung aus konnte ich Dinge genauso schnell manifestieren, wie ich sie mir vorstellte, während ich gleichzeitig bewusstere Versionen von Menschen anzog, auch wenn sie sich außerhalb meiner Gegenwart wieder ganz anders verhielten.

Durch die verschiedenen Phasen der Erleuchtung hindurch und darüber hinaus entdeckte ich, dass jedes einzelne Ziel, das wir uns auf unserem spirituellen Weg vornehmen, ohne große Anstrengung erreicht werden kann, solange unser Nervensystem seine Anspannung loslässt – mit jedem »Ich liebe dich« noch ein wenig mehr.

Als Folge eines Bewusstseins, dass sich immer herzbasierter zeigen kann, verschwinden auch alle Bedürfnisse zu kämpfen, sich zu verteidigen oder faule Kompromisse einzugehen. Von dieser Warte aus gab es keine Notwendigkeit, jemanden ungerecht zu behandeln, und kein Bedürfnis, recht zu haben. Es gab nur noch die Bereitschaft, das Leben und seine Aktivität wahrzunehmen und mit Liebe darauf zu reagieren, und zwar zur besten Entwicklung aller.

Den Kampf gegen die Unzufriedenheit beenden

Was, wenn es keinen Grund gäbe, recht zu behalten? Was, wenn du nicht mehr daran interessiert wärst, dich anderen gegenüber zu verteidigen, selbst dann nicht, wenn du ignoriert oder fälschlich einer Sache bezichtigst würdest?

Was, wenn du, statt dich auf das zu konzentrieren, was du gerade nicht hast oder darauf, wie unfair das Leben erscheint, die unglaublichsten Möglichkeiten in dein Leben einladen würdest, indem du dein Herz öffnest? Vielleicht könntest du in jeder Szene deines Theaterstücks einen offenen Raum finden, in dem sich Gelegenheiten verbergen, sich ehrlich, annehmend und unterstützend zu verhalten, so wie es nur die Liebe kann.

Wenn du diese vollkommen neue Art des Seins für dich entdeckst, wird dir klar, dass fast jeder Kampf im Leben letztlich ein Kampf gegen das Gefühl der Unzufriedenheit ist. Ein offensichtliches Zeichen von Unzufriedenheit äußert sich so, dass du einen Menschen oder einen Umstand für deine Erfahrungen verantwortlich machst.

Tatsächlich kannst du in solchen Situationen deutlich weniger Schmerz und Stress erleben, wenn du nur davon ablässt, andere in stressigen oder schmerzlichen Situationen dafür verantwortlich zu machen. Dies hilft dir nämlich dabei, dich von den Fallstricken des Leidens zu befreien, statt sie durch defensives Verhalten endlos weiter zu verstärken. Unzufriedenheit abzuwehren ist normal, wenn sie genau so empfunden wird, wie du dich auf keinen Fall fühlen möchtest. Allerdings ist es genau der Wunsch, einen beliebigen Auslöser zu verleugnen, zu vermeiden, auszuschließen oder aggressiv zurückzuweisen, der dich daran hindert, etwas Bedeutungsvolleres in ihm zu erkennen.

Das Muster, zwanghaft nach etwas suchen zu müssen

Unter dem Gefühl der Unzufriedenheit liegt das Muster, zwanghaft nach etwas suchen zu müssen. Teil dieses unbewussten Musters ist es, mehr von etwas zu suchen. Es ist der verzweifelte Versuch, nicht erfahren zu müssen, wie es ist, weniger davon zu haben. Beispielsweise glauben viele Menschen, dass sie weniger ängstlich wären, wenn sie mehr Möglichkeiten der Sicherheit für sich erschließen. Es ist so, als ob das Ego glaubt: »Wenn ich mehr Dinge in meine Sammlung einfüge, wird die Unvermeidbarkeit des Verlustes mich nicht so hart treffen.«

Das unbewusste Muster, etwas gewinnen zu müssen, um den Schmerz zu vermeiden, weniger davon zu haben, zieht sich durch die gesamte Struktur unserer Gesellschaft. So kann jemand, der mit seiner Karriere unzufrieden ist, eine drastische Reise um den Planeten machen, um in einem exotischen neuen Land anzukommen. Schon kurz nach der Ankunft fühlt sich die neue Örtlichkeit nicht mehr ganz so neu an, und das Ego richtet sich sofort neu aus, immer auf der Suche nach weiteren Möglichkeiten, um sich neu zu erfinden.

Auch nach dem Verlust eines geliebten Menschen kann das Ego seinen Schmerz darüber durch den Kauf von Luxusgütern ausdrücken oder indem es versucht, die Vergangenheit wieder aufleben zu lassen, um sich an eine Zeit zu erinnern, in der das Leben sich glücklicher gestaltete.

Natürlich ist nicht jede Entscheidung oder jede Anschaffung auf das Wirken des Egos zurückzuführen. Es geht mehr darum, welche Überzeugungen du in Bezug auf deine Entscheidungen hast und welche Erwartungen du mit den Dingen verbindest. Sie können dir zeigen, ob das Ego gerade als Ausgleich für das Gefühl, weniger zu haben, versucht, mehr anzusammeln.

Sogar in spiritueller Hinsicht dient das Suchen als Möglichkeit, das Gefühl der Unzufriedenheit aufzulösen und ist zugleich ein guter Hinweis dafür, wie überreizt das Nervensystem gerade ist. In einigen Fällen nutzt das Ego auch den spirituellen Weg, um mehr Klarheit zu erlangen. Hier liegt die Hoffnung zugrunde, weniger Verwirrung zu erleben. Dies kann sogar ein Antrieb höchster Ordnung dafür sein, mehr Freiheit zu suchen und weniger leiden zu müssen. Das Ego kann sogar die Polarität von Mehr oder Weniger neu arrangieren, indem es versucht, weniger Gedanken zu haben oder weniger Furcht zu empfinden, und zwar als eine Möglichkeit, um mehr Seelenfrieden zu erschaffen.

Während beinahe jeder Aspekt des Seins vom Ego dazu genutzt werden kann, sich selbst neu zu erfinden, sogar der, sich im Laufe des Prozesses eine neue und verbesserte spirituelle Persönlichkeit zu erschaffen, gibt es nur eine Sache, die das Ego nicht nutzen kann, um sich neu zu erfinden: die Liebe. Das liegt daran, dass Liebe eine hohe Schwingungsenergie ist, die sich direkt an den Ursprung des Egos richtet.

Wenn Liebe in dein Leben eingeladen wird, löst sie unbewusste Muster auf, die dich durch das immerwährende Bedürfnis, nach etwas zu suchen, unzufrieden sein lassen. Du verschwendest deine Energie dann also nicht länger darauf, dich ständig unter dem spirituellen Mikroskop selbst zu beobachten. Stattdessen kannst du deine ganze Aufmerksamkeit darauf legen, dein Herz zu öffnen und der Liebe erlauben, Wege zu finden, die natürliche Ordnung in deinem Leben wiederherzustellen.

Der Zyklus von Erwerb und Eliminierung

Sobald das Nervensystem überreizt ist, oszilliert das Ego zwischen Zyklen von Erwerb und Eliminierung hin und her. Zuerst sucht es nach Mehr, in dem Versuch, mehr Distanz zur erwarteten Not des Weniger zu gewinnen. Sobald es den momentanen Hunger nach Mehr gestillt hat, wechselt es zwangsläufig die Gangart und nutzt dieselbe Energie des Suchens dafür, Dinge aus seinem Leben zu eliminieren.

Ein Beispiel könnte die unstillbare Sehnsucht nach einer Beziehung mit einem Seelenpartner sein, von der viele glauben, sie sei das Heilmittel gegen Einsamkeit. In vielen Fällen findet derjenige, der einen solchen Partner sucht, ihn auch tatsächlich. Die Romanze dauert vielleicht Wochen, Monate, manchmal auch Jahre, bis derjenige, der gerade noch so leidenschaftlich eine Beziehung gesucht hat, plötzlich glaubt, das Glück im Single-Dasein finden zu können. Sobald er wieder Single und verfügbar ist, erforscht er dann plötzlich neue Möglichkeiten, einen anderen Partner zu finden und wiederholt dieselben Muster, egal wie lange die Beziehung Bestand hat.

Natürlich gibt es auch Menschen in Beziehungen, die sie lieber verlassen sollten, um glücklich zu werden. Wenn der Zyklus von Erwerb und Eliminierung jedoch in so vorhersehbarer und sich ständig wiederholender Weise abläuft, kann es an der Zeit sein, einen genaueren Blick auf die Kräfte zu werfen, die dich dabei beeinflussen.

Vielleicht liest du dies und denkst dabei: »Ich bin mir dieser Muster und Zyklen bereits bewusst geworden und ja gerade deswegen auf einem spirituellen Weg, um sie aufzulösen.« Dies kann dann besonders frustrierend werden, wenn genau die Technik, die du gelernt hast, um mit dem Ego besser umgehen zu können, zu einer abermaligen Möglichkeit für das Ego wird, sich neu zu erfinden.

Noch komplizierter kann es werden, wenn dir im Rahmen einer spirituellen Richtung beigebracht wird, das Ego zu beobachten und dich mit ihm zu konfrontieren, womit eine neue spirituelle Persönlichkeit erschaffen wird, die in deiner Seele auf und ab marschiert, um sicher zu stellen, dass sich kein Ego aus der Deckung wagt.

Statt dich damit zu überfordern, alles unter Kontrolle haben zu wollen oder sehr hart daran zu arbeiten, alles richtig zu machen, lade ich dich ein, dich vollkommen in die Liebe zu versenken. Dabei ist es ganz egal, wie viele Muster, Überzeugungen, Urteile oder selbstkritische Angewohnheiten in dir noch aktiv sind. Die Tatsache, dass du hier bist und diese Worte liest, bietet Anlass zur Hoffnung, dass das Leben dich in eine Richtung leitet, in der der glücklichste Ausgang für dich bereits garantiert ist.

Indem du den Anteil liebst, der die Dinge einfach nicht richtig machen kann, oder denjenigen, der sich immer wie ein Versager fühlt, oder sogar den, der unter der Last der Unzufriedenheit leidet, wirst du sofort Erfolge erleben. Erfolge in Bezug auf deinen Wunsch, von Herzen kommende Erleichterung zu erfahren. Deswegen sage ich immer, dass du mehr Liebe brauchst und nicht weniger. Indem du deinem inneren Kind regelmäßig mehr Liebe anbietest, lösen sich auch Gewinn- und Verlustrechnungen und alle Muster von Erwerb und Eliminierung sehr schnell auf.

Um es noch einmal zusammenzufassen: In Ego-Mustern verhaftet zu sein, erschafft genau die Unzufriedenheit, welche das Ego eigentlich vermeiden will. Das bleibt so lange so, bis du den Kern des menschlichen Leidens direkt ansprichst, indem du ein für alle Mal zur Liebe zurückkehrst.

Sobald du jeden Drang nach mehr hiervon oder weniger davon als die Art und Weise erkennst, in der dein inneres Kind nach Liebe schreit, verwandelt sich eine Welt aus Schmerz, Stress, Ungerechtigkeit und Konflikten in eine Wirklichkeit von Frieden, Freiheit, Inspiration und Freude.

Kapitel 5
Der überaktive Verstand

Wenn du das lieben willst, was gerade geschieht, dann ist nicht unbedingt das Herz der Teil deines Körpers, der nach deiner Aufmerksamkeit verlangt. Obwohl das Herz immer dein zentraler Fokus bleiben sollte, ist es hilfreich, das Nervensystem zu entspannen, indem du deinem überaktiven Verstand Liebe schickst.

Deine Lebenserfahrung hat dir vielleicht schon gezeigt, dass dein Verstand sich in dem Maße unruhig zeigen kann, wie dein Herz verschlossen ist. Indem du deinen Verstand aber so umarmst wie ein Kind, das sich nach Güte, Unterstützung, Akzeptanz und Aufmerksamkeit sehnt, kannst du jeden Konflikt mit dir selbst beenden. Denn du ehrst damit denjenigen deiner Anteile, der nicht länger zum Schweigen gebracht werden kann. Bei vielen Menschen ist der Verstand zu einem Schlachtfeld geworden, auf dem schmerzhafte, zerstörerische oder bewertende Gedanken unermüdlich um Aufmerksamkeit kämpfen und Energie abziehen.

Während die Vorstellung hilfreich sein kann, wie friedlich dein Verstand werden könnte, wenn du ihm einfach den Stecker ziehst, ist ein überaktiver Verstand gleichzeitig wie ein Symptom, das deine Aufmerksamkeit erregen will und vom Universum bewusst eingesetzt wird, um dir zu helfen, zur Liebe zurückzukehren.

Ob du die Arbeitsweise deines Verstandes nun genießt und annimmst oder nicht, sagt in Wirklichkeit nichts darüber aus, warum er überaktiv oder von Zweifeln, Angst, Schmerz und Urteilen eingenommen ist. Spiritualität sollte niemals mit Gehorsamkeitstraining verwechselt werden. Es geht nicht darum, deinen Verstand gewaltsam zur Ruhe zu bringen oder dein Herz mit Gewalt aufzubrechen. Die Einladung an dich lautet vielmehr, alles als eine Gelegenheit zu lieben anzuerkennen, auch einen überaktiven Verstand. Ständigen geistigen Lärm kannst du am besten mit einem Wecker vergleichen. Seine Aufgabe ist es, dich aufzuwecken indem er dich an den perfekten Moment erinnert, deinen Verstand mit unbeirrter und von Herzen kommender Unterstützung anzunehmen.

Aus dieser tiefen inneren Harmonie heraus klagst du deinen Verstand nicht länger an, sondern du reagierst auf ihn, so wie die Liebe sich einem fünfjährigen schmerzerfüllten Kind zuwenden würde. Ich sage gerne: »Wenn es nicht die Art ist, wie du zu einem bedürftigen Kind sprechen würdest, dann sollte es auch nicht die Weise sein, in der du mit dir selbst sprichst.«

Während du dich mit deinem Verstand so beschäftigst, wie ein Vater oder eine Mutter ein Kind trösten würde, wird ein Gefühl von Sicherheit dir erlauben, dein Herz auszudehnen. Sobald der Wecker in deinem Verstand seine Arbeit erledigt hat, indem er dich über den nächsten liebesbedürftigen Anteil in dir informierte, wird er sich wieder beruhigen und erst dann erneut aktiv werden, wenn eine neue Erinnerung nötig werden sollte.

So wie du auch keine Angst davor haben musst, kein Benzin mehr zu haben, weil es ja einen Anzeiger in deinem Auto gibt, der die nötige Füllhöhe misst, gibt es auch keinen Grund, dich gestresst oder beunruhigt zu fühlen, wenn emotionale Reaktionen oder ein überaktiver Verstand dich als perfektes Signal alarmieren.

Jenseits allen Verstehens liegt der höchste Beweis für deine wahre göttliche Natur in einem Körper, der sich sicher genug fühlt, um mit Offenheit und Begeisterung am Leben teilzunehmen. Wenn du dich mit den aufregendsten Möglichkeiten in Einklang gebracht hast, die für dich bereitstehen, bleibst du entspannt und achtsam, egal wie stürmisch die Welt sich vielleicht gerade darstellt oder wie launisch und reizbar andere sind.

Den Atem verlangsamen und Sicherheit erleben

Ein weiteres Anzeichen eines überreizten Nervensystems ist ein flacher Atem. So wie der Verstand sich in dem Maße unruhig zeigt, wie dein Herz verschlossen ist, wird der Atem umso flacher, je überreizter das Nervensystem ist. Sobald dein Atem langsamer und tiefer wird, kehrt der Geist zur Ruhe zurück, während das Herz sich öffnen darf. Schon indem du über den Tag verteilt mehrere kleine Atempausen machst, verstärkst du deine Fähigkeit, dich instinktiv sicher zu fühlen, wo immer du auch hingehst. Lass uns den Atem als kraftvolle Heilübung erforschen:

> Wenn du unsicher bist, wie du deinen Atem verlangsamen oder vertiefen kannst, atme einfach viel entspannter als sonst durch deine Nasenlöcher ein. Viel-

> leicht fühlt es sich so an, als würdest du das Einatmen auskosten, so als ob es dort einen besonderen Duft zu riechen gäbe. Nimm wahr, wie der Atem sich instinktiv verlangsamt, wenn das Einatmen so erfolgt, als ob es einen süßen Duft zu vernehmen gäbe.
>
> Sobald das Einatmen seinen natürlichen Höhepunkt erreicht hat, halte einen Moment lang an und entlasse den Atem dann ganz vorsichtig wieder über deinen Mund. Du kannst dir das Ausatmen so vorstellen, als ob ein Kind langsam über einen Strohhalm Blasen in einem Glas aufsteigen lassen würde. Atme dann wieder über die Nase ein, halte den Atem für einen Moment und entlasse ihn dann wieder vorsichtig über den Mund.

Mit dem Einatmen über deine Nase heißt du den köstlichen Duft deiner göttlichen Natur willkommen, dann hältst du den Atem einen Moment an, um die Schönheit des Lebens auszukosten, und entlässt ihn wie eine Segnung des Mitgefühls, der Freude und der Leichtigkeit für alle Lebewesen.

Während dein Atem sich verlangsamt, wirst du vollständig davon befreit, das Verhalten anderer kontrollieren zu wollen. Menschen müssen dann in deiner Vorstellung von Harmonie auch nicht mehr dieselbe Bewusstseinsschwingung haben wie du selbst.

Zu verlangen, dass andere Menschen sich auf derselben Ebene befinden müssten wie du, bedeutet einfach zu vergessen, wie einzigartig die Reise der anderen ist. Obwohl du in deinem Leben vielleicht Hindernissen begegnet bist, die du mit Leichtigkeit überwinden konntest, können dieselben Hindernisse sich im Leben anderer Menschen als unüberwindbar erweisen. Auch wenn du den verständlichen Wunsch hegst, andere mögen dir auf deiner Schwingungsebene begegnen, um sich mit dir zu verbinden, ist es für dich wichtig, dir die Zeit zu nehmen und langsamer zu atmen als die anderen. So kannst du die Erfahrung deiner eigenen Bewusstseinsschwingung machen, statt in die ungelösten Muster der anderen eingesogen zu werden.

Eine einfache Art, die Schnelligkeit des Atems eines Menschen zu erspüren besteht darin, darauf zu achten, wie schnell er spricht. Ein flacher Atem geht fast automatisch einher mit schnellem Sprechen und undeutlicher Aussprache. Indem du deinen Redefluss verlangsamst, wirst du davon befreit, Sätze sehr schnell aneinanderreihen zu müssen, um in einer Sache das letzte Wort zu haben. Wenn du auf Menschen triffst, die defensiv erscheinen, abgelenkt oder anderweitig unfähig, dir mit offenem Herzen zu begegnen, dann sprich einfach langsamer und atme tiefer ein, so dass du ein besserer Zuhörer in ihrem Leben sein kannst, als sie es vielleicht für sich selbst sind.

Je mehr Interesse du am Leben anderer zeigst, indem du nichts von dem, was sie erzählen, unterbrechen musst, desto mehr erlaubst du ihnen, sich wirklich gesehen und gehört zu fühlen. Dies erhöht die Wahrscheinlichkeit für ihre Bereitschaft, sich selbst öfter zuzuhören und wahrzunehmen. Es ist wichtig, sich zu vergegenwärtigen, dass andere Menschen so lange kein aufrichtiges Interesse an dir zeigen können, ehe sie nicht diejenigen werden, die sich selbst die Unterstützung, Güte und Fürsorge geben, die sie so sehnsüchtig erfahren wollen. Dies hilft dir, deine Begegnungen mit anderen als

Gelegenheit zu sehen, deinen Atem zu verlangsamen und das Zuhören als aktive Form der Meditation zu praktizieren.

Gleichermaßen bietet deine Reaktion auf das, was andere sagen, dir zusätzliche Möglichkeiten, diejenigen Worte laut auszusprechen, die du schon immer selbst gern hören wolltest.

Sogar, wenn die Lebensumstände der anderen nicht deinen eigenen Erfahrungen entsprechen, gibt es auf emotionaler Ebene immer Gemeinsamkeiten zu entdecken. Anstatt dich darauf zu konzentrieren, wie anders diese Menschen vielleicht sind, solltest du dir die Zeit für folgende Fragen nehmen: »Welche Gefühle habe ich in ihrer Gegenwart? Kann ich mich an eine Zeit erinnern, in der es mir schon mal so ging? Wenn ja, welche Worte hätte ich mir von einem fähigen Menschen zu hören gewünscht, um mich in der damaligen Situation besser zu fühlen? Kann ich derjenige sein, der diese Worte als Möglichkeit anbietet, beide Herzen zu heilen?«

Unabhängig davon, wie jemand auf deine Güte reagiert, ermöglichst du dir, dich am Ende einer jeden Situation deines Lebens heiler, harmonischer und energetisch offener zu fühlen als zuvor, indem du die Worte laut aussprichst, die du selbst nicht oft genug oder überhaupt noch nicht gehört hast.

Indem du deine Worte genießt, deinen Atem verlangsamst, mit größerem Interesse zuhörst und anderen deine persönlichen Liebeserklärungen schenkst, verankerst du eine höhere Bewusstseinsschwingung in dir. Sobald dies geschieht, lädst du auch das Unterbewusstsein anderer dazu ein, ihr Bestes zu geben, um deiner Schwingung zu entsprechen, statt selbst in die Muster deiner Mitmenschen hineingezogen zu werden, indem du unbewusst die Schnelligkeit ihrer Rede oder die Flachheit ihres Atems imitierst.

Das ist übrigens auch der Grund, warum so viele Gespräche oft in Missverständnisse abdriften. In Konfliktsituationen kämpfen zwei Menschen über Anklagen und Forderungen oft um Dominanz. Wenn du auf dem herzbasierten Weg bist, wird jedes Gespräch zu einer Gelegenheit, mehr in Einklang mit deinem inneren Kind zu kommen. Es ist eine Chance, sich darin zu üben, anderen die Worte zu sagen, die du selbst gerne öfter hören würdest, und dem anderen so zuzuhören, wie dir selbst vielleicht nie zugehört worden ist.

Da dein Unterbewusstsein keinen Unterschied zwischen Worten macht, die du dir selbst sagst und Worten, die du zu anderen sagst, werden Gespräche zu einem wertvollen Weg, um deine inneren Programme umzuschreiben. Gleichzeitig schenkst du anderen so die Komplimente, die ihren Heilungsprozess unterstützen.

Ob du dich mit Kindern beschäftigst, mit Verwandten zu tun hast oder den anhaltenden Forderungen bei deiner Arbeit nachkommst, jedes Umfeld wurde vom Universum erschaffen, um dir dabei zu helfen, dich so zu verändern, dass du als lebendige Form der Liebe in Harmonie leben kannst.

Vom Gesetz der Polarität geleitet

Eine der effektivsten Möglichkeiten, um die Schwingung deiner Beziehungen zu erhöhen, liegt darin, dich mit dem Gesetz der Polarität zu beschäftigen. Dieses universelle Prinzip lässt dich das harmonische Zusammenspiel gegensätzlicher Kräfte besser verstehen. Statt die Energie der anderen zu imitieren, machst du ganz einfach das Gegenteil davon.

Wenn andere im Gespräch laut werden, ziehst du es vor zuzuhören. Da man nur laut werden kann, wenn man sehr flach atmet, wirst du einfach langsamer und achtest auf einen ruhigen Atem. Wenn andere sich anspannen und verhärten, entspannst du deinen Körper. Wenn andere sich beklagen, antwortest du mit einem Kompliment. Selbst dann, wenn du dich von der Energie, den Worten und den Handlungen anderer dominiert fühlst, inspiriert dich das Gesetz der Polarität dazu, auf Abstand zu gehen und den anderen mehr Zeit und Raum zu geben, damit sie sich besser um sich selbst kümmern können.

Wenn du lernst, das Gegenteil zu tun, sobald Stress, Schmerz oder Schuldzuweisungen auftauchen, dann schaffst du damit einen heiligen Raum für jedes Herz in den schwierigsten Heilungsmomenten des Lebens.

Dies hilft dir auch zu lernen, dass du keine Unterstützung von anderen brauchst, um dich auf eine bestimmte Weise zu verhalten und die Harmonie, den Segen und die Freude zu empfinden, die das Leben immer zur Verfügung stellt. Obwohl es seinen Sinn hat, dass dein Partner dich am meisten unterstützt und dir alle nur erdenkliche Liebe schenkt, ist der Unterschied zwischen dem Gefühl, gesehen oder aber ignoriert zu werden, doch eine Widerspiegelung davon, wie oft du dein eigenes Herz liebevoll annimmst.

Es ist ganz normal, die Forderungen deines inneren Kindes unbewusst zu ignorieren, während du gleichzeitig auf einen Partner wartest, der dich besser behandelt. Sollte es dir auch so gehen, wirst du bereits endlose Varianten der Vorstellung kennen, wie andere Menschen in deinem Leben eine angenehmere Rolle spielen könnten, wenn sie nur besser zuhörten oder lernten, sich anders zu verhalten.

Vielleicht inspirieren dich die Anforderungen, die du an deine Beziehungen stellst, dazu, auch selbst danach zu handeln. Dann nämlich hilft dir das Gesetz der Polarität, Raum zu finden, um dich und andere mit nährender Unterstützung und aktivem Zuhören zu beschenken. Das wiederum ist etwas, das selbst durch noch so viele Verhandlungen mit anderen niemals garantiert werden könnte. Während dieses universelle Gesetz das Potenzial hat, Beziehungen zu vertiefen, ist es jedoch auf keinen Fall dazu gedacht, dich einerseits selbst zu lieben und andererseits damit vor einer Beziehung zu verstecken, die du nicht zu beenden traust.

Oft können wir gerade als energetisch sensible Seelen mehr die Gefühle und Reaktionen anderer im Blick haben als die Weisheit unserer eigenen inneren Führung. Dabei kann sogar ein innerer Glaubenssatz eine Rolle spielen, der in etwa so lautet: »Es wird erst dann richtig zu Ende sein, wenn mein Partner mich innerlich loslassen kann.«

Manchmal hat man solche Angst davor, andere Menschen zu verletzen oder der Auslöser für die Verzweiflung anderer zu sein, dass man lieber unbewusst in kaputten Beziehungen verharrt und dabei nicht bemerkt, dass es die liebevollste Entscheidung für beide Herzen wäre, seinen eigenen Weg zu gehen. Egal, wie dein Umfeld auch reagiert, wenn du deine innerste Wahrheit aussprichst, dient jeder Moment dieser aufrichtigen Kommunikation dazu, spirituelles Wachstum und die Weiterentwicklung aller Beteiligten zu beschleunigen.

Spirituelle Co-Abhängigkeit

Energetisch sensiblen Seelen kann es völlig normal erscheinen, in Beziehungen zu bleiben, die nicht mehr passen, und dem anderen bei der Verarbeitung seines Schmerzes helfen zu wollen. Ganz egal jedoch, wie sehr du dich dem anderen Menschen verbunden fühlst oder wie innig dein Partner an dir hängt – eine solche Dynamik führt oft so lange in eine Abwärtsspirale, bis du deine eigenen Wege gehen kannst und dir Zeit für dein inneres Kind nimmst, das nachdrücklich nach deiner Aufmerksamkeit verlangt hat.

Auch dann, wenn du viel Zeit und Energie in eine beliebige Beziehung investiert hast, wird das Gesetz der Polarität es dir ermöglichen, den heiligen Raum für die Heilung aller Herzen aufrechtzuerhalten, ohne dich dabei in spiritueller Co-Abhängigkeit zu verlieren. Dies befreit dich von der Tendenz, deine eigene Entwicklung heraus zu zögern, indem du darauf wartest, dass andere Entscheidungen akzeptieren, die sich vielleicht nur für dich selbst gut und stimmig anfühlen.

Auch wenn eine Entscheidung, die dir selbst ganz natürlich vorkommt, jemand anderen verletzt, handelt es sich dabei nur um eine Erfahrung, die uns Demut lehrt und die tiefsten Heilungsprozesse des Lebens ausdrückt. Oder wenn du dich wegen des Schmerzes eines anderen Menschen schlecht fühlst – es gibt keinen Grund, sich schuldig zu fühlen, wenn es sich dabei doch nur um Geschenke spirituellen Wachstums handelt. Auch, wenn du nicht so recht weißt, wie du zu eigenen Entscheidungen stehen sollst, wenn sie doch von anderen abgelehnt werden – auch daraus wird sich eine lebensverändernde Möglichkeit entwickeln, konsequent deiner inneren Führung zu folgen und dabei die Co-Abhängigkeit als einen weiteren bedürftigen Anteil in dir zu lieben.

Vielleicht ist es hilfreich, dir bewusst zu machen, dass du dich niemals von anderen Menschen wegbewegst, sondern immer nur direkt auf dein höchstes Potenzial zu. Auch wenn es sich vielleicht anfühlt, als ob du andere Menschen in der Stunde ihres größten Unglücks einfach verlässt, wirst du dabei vom Universum geführt, um Abstand zu gewinnen. Dies stellt für viele Menschen den einzigen Weg dar, um sich nach innen zu wenden und auf einer höheren spirituellen Ebene ihre Verletzlichkeit entdecken zu können.

Durch das Gesetz der Polarität wirst du jeden Menschen, der in deiner Realität auftaucht, als Hilfsmittel verstehen, um systematisch zu lernen und deiner Persönlichkeit Wachstum zu ermöglichen. Jeder Einzelne hilft dir dabei, das kosmische Prinzip in deinem Leben zu verwirklichen. So wirst du dazu inspiriert, dich bewusst anders zu verhalten, als die, die aggressiv werden oder sich verschließen. Jede dieser persönlichen Begegnungen fordert dich auf, tiefer zu atmen, sanfter zu sprechen und großzügiger zu handeln, um dich noch mehr in Einklang mit dem Licht deiner göttlichen Natur zu bringen. Dann kannst du dich in deinem Körper sicher fühlen, und zwar nicht etwa als Ergebnis deiner persönlichen Umstände, sondern in direktem Verhältnis dazu, wie du mitfühlend auf die Situationen reagieren kannst, die sich in deinem Leben zeigen.

Es ist, als ob dein inneres Kind die Welt, die du siehst, nur durch deine Ansprache und deine Reaktionen auf sie versteht. Ganz egal, wie deine Mitmenschen sich entschieden haben, sich zu verhalten – der einzige Unterschied zwischen einer Wahrnehmung des Lebens als Strom von Synchronizitäten oder als endlose Abfolge von Stressmomenten liegt darin, wie du sprichst, atmest und handelst. In jedem einzelnen Moment deines Lebens.

Kapitel 6
Das Ego erforschen

Wenn du aus dem Ego erwachst, fühlt sich das nicht etwa so an, als ob du eine ›Sache‹ tatsächlich hinter dir gelassen hättest. Stattdessen siehst du nun durch die Fassade all dessen, was du bisher über dein Ego gedacht oder gelernt hast. Das wiederkehrende Thema auf jedem spirituellen Weg ist das Erwachen aus jeder Einsicht, jedem Glaubens- und jedem Referenzsystem und beinhaltet auch alles, was du dir in deinen wichtigsten Momenten der Klarheit erschlossen hast. Dieser Prozess vollzieht sich auf jeder Stufe der Erkundung, bis nur noch die Wahrheit der Liebe übrigbleibt. Wenn alles, außer der Liebe, losgelassen werden soll, warum dann nicht auch alle Einsichten, Techniken oder Forschungsvorhaben zurückstellen und deinem Herzen erlauben, dir den Weg zu weisen?

Wenn das Ego die vorgestellte Identität eines überreizten Nervensystems darstellt, könnte ein praktisches Verständnis davon, was das tatsächlich bedeutet, wichtig sein. Solange du tief in einem herzbasierten Prozess verankert bist, wirst du die Sinnhaftigkeit deines Lebens erkennen, ohne für dein größtes spirituelles Wachstum irgendetwas oder irgendjemanden ermahnen, bestrafen, verfolgen, aufgeben oder meiden zu müssen. Das bedeutet jedoch nicht, dass alles falsch ist, was du bisher als traditionelle Techniken für den Umgang mit dem Ego gelernt hast. Es geht eher darum, dass du an einem aufregenden Punkt deiner Entwicklung angekommen bist und bereit bist, dein Verständnis des Egos in einem umfassenden Sinn zu erweitern.

In recht vielen Denktraditionen wird das Ego als die Persönlichkeit des Körpers angesehen. Durch die vielen Fälle, in denen ich Menschen beim Übergang in ein Leben nach dem Tod begleiten konnte, und durch meine Kommunikation mit Verstorbenen, ist mir klargeworden, dass die Persönlichkeit weit über die Grenzen des menschlichen Körpers hinausgeht und einen Aspekt der menschlichen Seele darstellt.

Die Persönlichkeit ist ein individualisierter Ausdruck ewigen Lichts und erfreut sich an der Einzigartigkeit des Göttlichen in menschlicher Form. Durch meine Kommunikation mit Menschen, die bereits im Jenseits sind, bin ich zu der Einsicht gelangt, dass sie in Körper und Form immer noch wie die Person ihrer letzten menschlichen Inkarnation erscheinen. Es ist seltsam, aber sobald ich mit dem Bewusstsein einer Seele Kontakt aufnehmen kann, kommuniziere ich genauso mit ihr, wie du vielleicht ein Telefonat führen würdest.

Am Anfang hielt ich dies noch für Einbildung, doch als die mir übertragenen Botschaften von den Angehörigen bestätigt wurden, entwickelte ich tiefsten Respekt für das unermessliche Potenzial und die wunderbaren Fähigkeiten, die in jedem einzelnen von uns liegen. In meinen Gesprächen mit den Seelen Verstorbener wiesen sie für mich dieselben Persönlichkeitsaspekte, Eigenarten und auch denselben Humor auf, den sie bereits in menschlicher Form besaßen. Zusätzlich zeigten sie jetzt jedoch ein viel umfassenderes Verständnis, als sie zu Lebzeiten bewusst aufbringen konnten.

Die Persönlichkeit als einen Aspekt der Seele zu verstehen, befreit dich davon, dich wegen deiner Charakterzüge und Besonderheiten zu schämen. Wie weit du auf deinem spirituellen Weg auch zu gehen bereit bist, deine einzigartigen Qualitäten werden durch deine Entwicklung nicht aufgehoben, sondern ganz im Rhythmus deiner spirituellen Entwicklung zu ihrem höchsten Potenzial verstärkt.

Du bist nicht hier, um einen Zustand der Transzendenz zu erreichen, in dem du keine Persönlichkeit mehr hast. Denn sie zu verlieren, würde bedeuten, die Einzigartigkeit zu verleugnen, die allein von dir in die Welt gebracht werden kann. Jeder besitzt eine einzigartige Persönlichkeit, die wiederum eine außergewöhnliche Frequenz aufweist. Niemand sonst in der Geschichte dieses Planeten kann diese in das Leben einbringen. Wie eine Farbe des Regenbogens, die von keinem so zum Leuchten gebracht werden kann, wie durch die Schönheit deines Wesens, bringst du eine Art besonderer Erinnerung an Wahrheit auf diese Erde, die ein kostbares Geschenk für alle ist. Auch wenn du jetzt als eine Persönlichkeit lebst, die sich in ihren Möglichkeiten eingeschränkt oder schmerzerfüllt fühlt, bist du doch im Auftrag des Universums tätig, diese Seite der emotionalen Skala zu erforschen und damit eine Kraft aufzubauen, die dich in die höheren Schwingungen deines bewussten Ausdrucks befördern wird.

Unabhängig davon, wie tief du in der Agonie des Opferdaseins versinkst – all dies gehört zu deiner wunderbaren Reise, auf der du aus der Asche von Angst, Scham und Frust aufsteigen wirst, um ein Licht zu verbreiten, das alle Herzen heilt.

Wenn die Persönlichkeit sich entzündet

Im Bild der Realität als einem Ozean, in dem die Wellen die verschiedenen Persönlichkeiten darstellen, die sich bei jeder zwischenmenschlichen Interaktion überschlagen und miteinander kollidieren, erkennst du, dass sowohl der Ozean als auch die Wellen Teil der ewigen Wahrheit sind. Legst du dagegen die herkömmlichere Definition vom Ego als der Persönlichkeit des Körpers zugrunde, sollte man annehmen, dass der Ozean irgendwann keine Wellen mehr hat, um endlich zu dem zu werden, was er eigentlich immer schon war.

So wie Wellen niemals in einer Weise miteinander kollidieren können, so dass der Ozean in ihnen untergehen würde, steht auch deine Persönlichkeit niemals der Erkenntnis einer Wahrheit im Weg, die schon immer in dir existiert hat. Dies kann dir helfen zu verstehen, dass das Wesen des Egos eine konditionierte Tendenz ist, sich in einer entzündeten Persönlichkeitsstruktur zu verlieren, die wiederum von einem überreizten Nervensystem herrührt.

Normalerweise wird das Wort Entzündung mit verschiedenen Möglichkeiten verbunden, wie Körper auf ihre Umgebung reagieren. Dies beinhaltet die Reaktion auf verschiedene Arten von Nahrungsmitteln, bei denen Allergene in der Lage sind, eine entzündliche oder schadstoffinduzierte Antwort im Körper hervorzurufen. Das Ego ist nun das, was entsteht, wenn die Persönlichkeit sich entzündet. Wenn du zum Beispiel jemanden siehst, der wütend ist, befindet sich dieser Mensch in einem Zustand emotionaler Entzündung. Auch wenn die Aussage, dieser Mensch sei im Egozustand, wahr erscheint, stellt es sich aus Sicht des Universums so dar, dass dieser Mensch eine ›allergische Reaktion‹ auf seinen konditionierten Lebenszustand erleidet. Das bedeutet, dass das Ego so etwas wie eine Allergie auf unsere Unbewusstheit ist, die jeder von uns auflösen sollte. Wenn das Ego aktiv ist, zeigt sich das innere Kind in dir oder einer beliebigen anderen Person auf übertriebene Art und Weise. Sobald du liebst, was dir gerade geschieht, heilst du deine Schwingungsallergien, um voller Freude auf einem sich entwickelnden Planeten zu leben, und zwar unabhängig davon, wie schnell oder langsam dir die Entwicklung der Menschen in deinem Umfeld erscheint.

Sobald du beginnst, das Ego als die Entzündung der Persönlichkeit zu betrachten, wirst du an dir selbst feststellen, wie häufig du vielleicht ›hochfahrend‹ reagierst. Ob dieses hochfahrende Verhalten sich als Rechthaberei, defensive Haltung oder Reaktion auf Ungerechtigkeit darstellt, eine entzündliche Persönlichkeit erschafft eine übertriebene Wahrnehmung des Lebens. Wenn du mit einer allergischen Reaktion auf die Schwingung dieses Planeten reagierst, kann eine übersteigerte Bewusstseinsebene dazu führen, dass du zu Schwankungen zwischen spiritueller Hochstimmung und emotionaler Niedergeschlagenheit neigst. Dies kann solange Leiden in dir hervorrufen, bis du die Liebe als eine kraftvolle Form der energetischen Medizin kultiviert hast, um deine Persönlichkeit wieder in ihr ursprüngliches Gleichgewicht zu bringen.

Vier Typen der Entzündung

Während ich beim Erforschen des Egos intuitiv geführt wurde, habe ich vier grundsätzliche Typen der Entzündung unterscheiden gelernt. Den ersten Typ nenne ich *Entzündung durch Selbstgerechtigkeit*. Er zeichnet sich durch eine Egostruktur aus, die aus dem starken Bedürfnis entspringt, immer recht haben zu müssen und anderen Unrecht zu unterstellen. Sogar dann, wenn ein Gesprächspartner in seinen Aussagen korrekt argumentiert, muss ein selbstgerecht entzündetes Ego dagegen argumentieren und versuchen, den anderen zu übertrumpfen. Diese Art von Ego lebt davon, immer die Oberhand und das letzte Wort zu haben, und das auch, wenn beide Gesprächspartner in ihrer Argumentation übereinstimmen. Das Motto des Egos mit Entzündung durch Selbstgerechtigkeit lautet: »Ich habe immer recht!«

Ein Aspekt des selbstgerechten Egos ist die Skepsis. Dies zeigt sich, wenn ein Ego davon überzeugt ist, dass seine Art der Weltsicht für alle anderen verbindlich sein sollte. In dem unbewussten Versuch, die Entzündung durch Selbstgerechtigkeit am Leben und aktiv zu halten, bleibt diese Person allen Standpunkten gegenüber skeptisch – bis auf ihren eigenen.

Den zweiten Typ des entzündlichen Egos nenne ich *Entzündung durch Opferrolle*. Bei dieser Art von Entzündung glaubt das Ego immer, ein Opfer der Umstände zu sein. Aus dieser Perspektive geschieht immer etwas, was das Leben aus dem Gleichgewicht bringt, auch wenn gerade alles harmonisch zu laufen scheint. Ein Ego mit Opferhaltung hält sehr stark an seinen Urteilen, Überzeugungen und Meinungen fest, die ihm die Gründe liefern, warum sein Leben immer wieder im Chaos versinkt. Diese Art von Entzündung wird oft durch Aberglauben genährt. Ein Aberglaube ist umso entzündlicher für die Egostruktur, je mehr spirituelle Themen in ihm mitschwingen. Ob es sich dabei um den Glauben an Licht versus Dunkelheit handelt, oder darum, das Gute gegen das Böse auszuspielen – ein Ego mit Entzündung durch Opferrolle agiert oft als Anstifter in einem Kampf, aus dem es durch die Reaktionen der anderen immer verletzt oder todunglücklich hervorgehen wird. Sogar dann, wenn die anderen gar nicht reagieren, wird ein Ego mit Opferhaltung genau dieses Feedback nutzen, um sich seinem Umfeld gegenüber unsichtbar oder minderwertig zu fühlen.

Wenn du in der Entzündung durch deine Opferrolle gefangen bist, ist es zwar schwierig, aber nicht unmöglich, deine Umstände als göttlichen Katalysator des universellen Willens zu betrachten. Ein Ego mit Opferhaltung kann einfach nicht verstehen, dass alles in seiner Wirklichkeit ihm dazu dient, seine Transformation zu ermöglichen. Das hängt damit zusammen, dass ein Ego mit Entzündung durch Opferrolle sich von Stagnation nährt und sich weigert, in einer Welt immerwährenden Wandels erwachsen zu werden.

Lautet das Motto der Entzündung durch Selbstgerechtigkeit: »Ich habe immer recht«, so ist das Thema der Entzündung durch Opferrolle: »Das Leben ist ungerecht.« Unter dem Einfluss der Entzündung durch Opferrolle wird jeder und alles außerhalb deiner selbst zur Quelle deines Schmerzes und verhindert, dass ein größeres kosmisches Bild wahrgenommen werden kann.

Der dritte Typ von Entzündung trägt den Namen *Entzündung durch Anspruchshaltung*. Dies beschreibt eine Haltung, aus der heraus ein Mensch glaubt, das Recht zu haben, alles zu bekommen, was er will – genau dann, wenn er es will, und sogar auf Kosten oder zum Nachteil anderer. Natürlich ist es grundsätzlich nicht falsch oder problematisch zu glauben, dass du es wert bist, all das zu bekommen, was du begehrst, da deine Kostbarkeit ein Aspekt deiner höchsten Wahrheit ist. Wenn deine Persönlichkeit sich allerdings daran entzündet, wird dein angeborenes Gefühl von Wert übersteigert.

Bei der Entzündung durch Anspruchshaltung neigt das Ego dazu zu glauben, andere müssten jeder seiner Regungen und Anforderungen nachkommen, ohne dass es selbst dabei großes Interesse am Wohlergehen und den Erfahrungen anderer hat. Wie man sich vorstellen kann, lautet das Motto der Entzündung durch Anspruchshaltung: »Und was ist mit mir?« Sogar dann, wenn die anderen seinen Wünschen nachkommen, sind die Anforderungen und Anliegen eines Egos, das glaubt, alle anderen Persönlichkeiten in seinem Leben kontrollieren zu müssen, einfach grenzenlos.

Der vierte Typ trägt den Namen *Entzündung durch Bedürftigkeit.* Bei dieser Art von Ego geht es um das Gefühl, sich nie erfüllt genug fühlen zu können, egal wie viel Aufmerksamkeit es von anderen auch bekommt. Egal, wie aufmerksam ihm jemand auch zuhört, es herrscht doch immer ein anhaltendes Gefühl vor, unsichtbar zu sein, unterschätzt, nicht genügend anerkannt oder nicht gehört zu werden. Im Zustand der Entzündung durch Bedürftigkeit ist es leicht, sich permanent missverstanden zu fühlen. Egal wie viel Zeit, Interesse oder Aufmerksamkeit er von anderen Menschen auch bekommt, es macht diesen Typ von Ego immer nur noch hungriger danach.

Ob dieser Zustand gerade in dir oder in jemandem aktiv ist den du kennst, eine Entzündung durch Bedürftigkeit kann für die Betroffenen enorm kräftezehrend sein. Diese Entzündungsart gibt dem Wort ›Energievampir‹ seine wahre Bedeutung. Wenn man auf diese Art entzündet ist, kann man so viel Bestätigung von andern erhalten, wie man will, man wird sich immer gefährdet fühlen, verlassen oder ausgeschlossen zu werden oder alles im Leben zu verlieren. Das Motto der Entzündung durch Bedürftigkeit lautet folglich: »Es ist nie genug.«

Vielleicht hast du dich oder andere in diesen Beschreibungen sogar wiedergefunden. Es ist aber auch ganz normal, Kombinationen verschiedener Egotypen zu verkörpern oder zwischen ihnen hin- und herzuwechseln wie das Wetter. Ich habe sogar Egostrukturen gesehen, die aus Kombinationen von allen vier Aspekten gleichzeitig bestanden. Auch in diesem Stadium der Entzündung besteht immer die Möglichkeit, von Herzen Erleichterung zu finden, sobald die Liebe zu dir selbst zu einer wiederkehrenden Antwort in Bezug auf jede Frage oder jedes Anliegen deines Lebens wird.

Hinter all diesen Aspekten der Entzündung verbirgt sich immer auch ein Körnchen Wahrheit. Sobald sich deine Persönlichkeit jedoch einmal entzündet hat, geraten die Dinge schnell aus dem Gleichgewicht. Solange dein inneres Kind sich in seinem ganz natürlichen Zustand befindet, ist es zum Beispiel nicht Selbstgerechtigkeit sondern eher universelle Weisheit, die anderen unnötiges Leiden ersparen möchte, indem sie Einsichten zur Verfügung stellt, die für andere Menschen lebensverändernd wirken können. Das Bedürfnis, andere auf einen besseren Weg zu bringen und ihnen damit in ihrer Entwicklung zu helfen, stellt einen wunderbaren und beseelten Impuls dar. Wenn deine Persönlichkeit allerdings entzündet ist, gehst du von dem Wunsch, das Leben anderer zu verbessern, dazu über, immer recht haben zu müssen. Das zieht neue Fehler nach sich.

Bei der Entzündung durch die Opferrolle liegt das Körnchen Wahrheit in der Erfahrung, dich so zu fühlen, als ob alles nur dir ganz persönlich zustieße. Hierbei handelt es sich um eine Wahrnehmung deines inneren Kindes, das die Höhen und Tiefen des Lebens aus einer nahen, sehr persönlichen Perspektive betrachtet. Dabei ist es wichtig, sich zu vergegenwärtigen, dass dein Platz im Theater des Lebens sich immer im Körper des Hauptdarstellers befindet. Das bedeutet, dein Platz in der ersten Reihe existiert als ein »ICH BIN.« Es gibt tatsächlich einen wahren Anteil an der direkten Erfahrung, dass alles nur dir selbst passiert. Solange deine Persönlichkeit allerdings entzündet und deine Wahrnehmung des Lebens verzerrt ist, kommt es dir vor, als ob sich die ganze Welt auf gnadenlose und erdrückende Weise gegen dich verbündet hätte.

Ähnliches gilt für den Zustand der Entzündung durch die Anspruchshaltung. Solange dein inneres Kind in seinem natürlichen Zustand gut verankert ist, befindet es sich unter dem Einfluss deiner eigenen göttlichen Autorität, um all das zu bekommen, was du dir erträumst, dir wünschst und was du begehrst. Mit jedem Atemzug hast du das Recht auf mehr Wohlstand, als du dir jemals vorstellen kannst, auf erfüllende und verbindliche Beziehungen, auf Reisen um die Welt und darauf, die atemberaubendsten Schöpfungen zu erleben, die jemals in die Form gefunden haben. In deinem natürlichen Zustand hast du ein gesundes Niveau von kosmischer Zuversicht, das dir ermöglicht, aufrecht zu stehen und dein Leben als einzigartigen Ausdruck göttlichen Geistes in Aktion voll auszuschöpfen. Sobald deine Persönlichkeit sich allerdings einmal entzündet und deine Sicht des Lebens sich verzerrt hat, wird aus dem angeborenen Gefühl für den eigenen Wert ein unausgeglichener Wunsch danach, die Welt möge sich auf Kosten anderer für dich einsetzen.

Auch im Zustand der Entzündung durch Bedürftigkeit gibt es einen wahren Aspekt zu berücksichtigen. Im Kern deines Wesens gibt es ein tiefverwurzeltes Bedürfnis danach, sich mit anderen als einzigartigem Ausdruck der eigenen Göttlichkeit in verschiedenen Formen zu verbinden. Es gibt einen tiefen Wunsch, sich zu verbinden, gehört zu werden, anderen zuzuhören und deine Einzigartigkeit durch dein Leben auszudrücken. Wenn deine Persönlichkeit sich jedoch entzündet, wird aus dem Wunsch, sich auszudrücken und zu verbinden, eine Bedürftigkeit und die Qual eines unstillbaren Hungers. Egal wie viel die anderen dir auch geben, sobald sich die Persönlichkeit entzündet, wird dadurch immer mehr Verzweiflung erschaffen.

Sobald du das Ego aus dem Raum deines Herzens heraus erkundest, wirst du mehr Geduld und Mitgefühl in deinen täglichen Begegnungen erfahren. Statt die Menschen in deinem Leben lächerlich zu machen oder zu schikanieren, wirst du das göttliche Licht erkennen können, das in einem Drama verzerrter Wahrnehmung tanzt. Auch wenn eine entzündete Persönlichkeit deine Fähigkeit begrenzt, auf kosmischem Niveau zu schauen, bereitet jede Minute, die du im Brutkasten deines Ego-Kokons verbracht hast, dich darauf vor, eine größere Wahrheit für alle Menschen zu enthüllen.

Das Unheil des Vergleichens

Obwohl das Ego nur ein Nebenprodukt eines überreizten Nervensystems ist, kann es leichter verstanden werden, wenn wir es uns als entzündete Persönlichkeitsstruktur vorstellen. Statt sich im Leben immer wieder zu fragen, ob das eigene Nervensystem überreizt ist, könnte es effektiver sein, mehrmals am Tag wahrzunehmen, in welcher Situation deine Persönlichkeit sich entzündet. Sobald das von Moment zu Moment oder auch über einen längeren Zeitraum hinweg geschieht, wirst du dein Leben wie durch ein enormes Vergrößerungsglas wahrnehmen. Dies führt dich dazu, die Welt über Unterscheidungen wahrzunehmen. Sobald deine Sicht durch Werturteile oder Vergleiche vernebelt wird, wirst du die unbewusste Tendenz entwickeln, Dinge als gut oder schlecht, mehr oder weniger oder sogar heller oder dunkler zu definieren.

Obwohl der Akt des Vergleichens in der heutigen Gesellschaft als ganz natürlich empfunden wird, macht es das Leben doch nicht überschaubarer, wenn alles was ins Blickfeld gerät, streng nach Ähnlichkeiten oder Unterschieden mit anderen Dingen definiert wird. Stell dir einmal vor, du würdest jemanden mögen, weil er etwas hat, was dich an Menschen erinnert, die du bewunderst. Statt ihre Eigenschaften als Individuen auf Herzensebene anzunehmen, werden sie nun aufgrund von Ähnlichkeiten, die sie für dich mit anderen Menschen haben, entweder akzeptiert oder zurückgewiesen.

Es gibt sogar Fernsehkomödien, die das Unheil des Vergleichens auf witzige Art verdeutlichen. So gibt es beispielsweise einen Hauptdarsteller, der endlich die Frau seiner Träume kennenlernt, sich dann jedoch mit der Tatsache quält, dass sie denselben Namen trägt wie seine Mutter. Immer wenn sie sich treffen, hat sein Ego den Eindruck, er hätte ein Rendezvous mit seiner Mutter. Während der Protagonist nun vielleicht versucht, die Assoziationen mit seiner Mutter beiseite zu schieben, sagt die Frau seiner Träume plötzlich vertraute Sätze, die ihn dazu bringen, sich das Gesicht seiner Mutter auf ihrem Körper vorzustellen. Dies geschieht hartnäckig so lange, bis der Protagonist es zur größten Belustigung des Publikums einfach nicht mehr aushält.

Ein anderes beliebtes Beispiel aus Fernsehkomödien besteht darin, Spannung zwischen einem Protagonisten und einem engen Verbündeten zu schaffen, indem letzterer ohne es zu wissen, Freundschaft mit dem geheimen Erzfeind des Protagonisten schließt. Dies liefert die Bühne dafür, dass der Protagonist den Verbündeten vor die Entscheidung stellt, entweder eine irrsinnig komische Art der Vergeltung gegen den Erzrivalen mitzutragen oder ein weiterer Feind des Protagonisten zu werden. Natürlich ist es einfach, sich durch die verschönerten Handlungen von Fernsehakteuren unterhalten zu lassen, in denen ihr Ego witzige Situationen erschafft. Dagegen kann es sehr schmerzhaft sein, wenn die Neigung, dein Leben durch den Schleier der Vergleiche wahrzunehmen, in dir selbst unentdeckt bleibt.

Sobald die Persönlichkeit erst einmal entzündet ist, kann dies dazu führen, dass du ein Revierverhalten gegenüber Menschen, Orten und Dingen an den Tag legst, über die du deinen Wert im Leben definierst. Auch wenn du dich so mit nahestehenden Menschen enger verbindest, kann es dir auch unzählige Menschen zu Feinden machen, die unwissentlich in dein Revier eingedrungen sind. Ob es nun darum geht, mit neuen Kollegen am Arbeitsplatz zu konkurrieren, traurig zu sein, weil die Lieblingsmannschaft beim Heimspiel verloren hat oder andere danach zu beurteilen, wie schlecht sie dir nahestehende Menschen behandelt haben – die territoriale Natur des Egos kann leicht übersehen werden, wenn sie mit dem Wert der Loyalität verwechselt wird.

Es ist wunderbar, ein loyaler Unterstützer eines Menschen zu sein. Wenn du dich allerdings für etwas einsetzt, indem du anderen gegenüber aggressiv reagierst, weil du sie auf der anderen ›Seite‹ wähnst, kann dies wieder zu Revierverhalten und Machtspielchen führen. Auch wenn jemand, den du liebst, gerade sehr traurig ist, kannst du diesem Menschen nicht bei seinem Heilungsprozess helfen, indem du die Rolle des Unterstützers spielst, der den Schuldigen an der Misere verurteilt.

Wenn deine Persönlichkeit entzündet ist, wird die Bereitschaft zu lieben schnell zu einem Impuls, andere anzuklagen, sobald deine Gefühle oder die dir nahestehender Menschen betroffen sind. Da das Ego nur als entzündete Persönlichkeit und nur, solange das Nervensystem überreizt ist, existieren kann, ist es unfähig, im Leben die neuen Möglichkeiten zu erkennen, die sich mit den bisherigen Vergleichen nicht abbilden lassen.

Sobald dein Nervensystem sich aus den Mustern der Überreiztheit löst, verschwindet der Drang nach Bewertungen durch Vergleiche oder Unterscheidungen. Stattdessen gibt es eher eine angeborene Bereitschaft, sich an jedem Tag als Möglichkeit einer ganz neuen Erfahrung zu freuen. Auch wenn deine Mitmenschen gerade an Herausforderungen verzweifeln, mit denen sie konfrontiert sind, gibt es dennoch keinen Grund, ihre Feinde zu deinen zu machen, um ihnen zuhören zu können, sie zu ermutigen und sie durch diesen unerwarteten Wandel hindurch zu unterstützen. Solange dein Nervensystem entspannt ist, gehst du mit anderen in Resonanz, indem du sie bei ihrem Heilungsprozess ermutigst, statt das Feuer der Feindschaft zu entfachen.

Wie betrogen oder am Boden zerstört sich ein Mensch auch fühlen mag, die Zeit, die damit verbracht wird, ganze Allianzen aufzubauen, um den Verursacher des Schmerzes zu verurteilen oder zu schikanieren, wird ihn in seinem Heilungsprozess nicht voranbringen. Obwohl ein falsches Machtgefühl dabei entstehen kann, Egos mit dem Ziel zusammenzubringen, schlecht über einen gemeinsamen Feind zu reden, kann deine Welt so lange nicht friedlich, freudvoll und glücklich werden, bis aus dem Drang zu kämpfen eine als solche verstandene Gelegenheit wird, Leidende aufzurichten. Dies geschieht, wenn du alles liebst, was dir geschieht. Ob du den Anteil liebst, der unter Schmerzen leidet, oder den akzeptierst, der von Rache träumt, oder dem vergibst, der gerne nachtragend ist, oder Mitgefühl für den empfindest, der Konflikte schürt, weil er unbedingt das letzte Wort haben muss: Jeder dieser Aspekte ist hier, um von Herzen angenommen zu werden. Und dies mehr als jemals zuvor.

Wie selbstgerecht, in der Opferrolle verhaftet, anspruchsvoll oder bedürftig du oder andere auch bleiben, all dies zeigt dir nur eine Welt, in die du hineingeboren wurdest, um sie durch die Gnade deines offenen Herzens zu verändern.

Liebe als die Kraft, die Entzündungen heilen kann

Wie unlogisch Menschen, die in ihrem Ego gefangen sind, auch handeln mögen, auch deine Persönlichkeit kann dazu provoziert werden, verschiedene Stadien der Entzündung zu durchleben, wenn du auf persönliche Begegnungen gerne mit Bewertungen reagierst. Vielleicht bist du von der mangelnden Unterstützung anderer enttäuscht oder stellst dir dein Glück als Folge von Verhaltensänderungen anderer vor. Doch all diese Situationen sind nur Gelegenheiten, um die Revolution durch Liebe in deinem Leben zu verstärken.

Eine solche Revolution entsteht dann, wenn du dich an folgende Einsichten erinnerst: Ich bin derjenige, der mehr Liebe verdient, und nicht weniger. Dies ist unabhängig davon, wie enttäuscht, wütend oder fordernd ich mich aus meinem Bedürfnis heraus verhalte, dass andere sich verändern mögen. Jedes Gefühl ist hier, um so geliebt zu werden, wie nur ich es lieben kann.

Egal, wie häufig sich deine Persönlichkeit jeden Tag entzündet oder wie sehr deine Handlungen und Worte aus dem Ego motiviert sind – es nützt nichts, dich dafür zu verurteilen, dass du dich provoziert fühlst. Stattdessen kannst du ein Bewusstsein dafür ausbilden, wie oft am Tag deine insistierende Haltung, deine aufbrausenden Gefühle, deine Starrheit und deine Forderung nach Hilfe von außen zu Möglichkeiten werden, dich selbst mehr zu lieben.

Auch wenn du von den Voraussetzungen bei deiner Arbeit komplett überfordert bist oder unter einer zeitlich engen Abgabefrist leidest, kann es leicht passieren, dass du dich mehr auf das Erreichen deines Ziels konzentrierst als dich der

Weisheit deines Körpers zuzuwenden. In entzündetem Zustand fühlst du dich vielleicht ständig unter Druck und im permanenten Wettlauf gegen die Zeit.

Obwohl es einfach scheint, den Finger der Anklage auf die nicht enden wollenden Anforderungen des Lebens zu richten, können deine Lebensumstände auch deshalb so belastend erscheinen, weil dein Nervensystem überreizt ist.

Was wäre, wenn du in den anstrengendsten Momenten deines Lebens dein Herz öffnen und Herausforderungen oder Abgabefristen aufregend statt furchteinflößend finden könntest?

Um deine höchsten Qualitäten zum Wohl aller einsetzen zu können, ist es unerlässlich, dass du zur Quelle deiner eigenen Erfüllung wirst. Wie konstant du auch aus deinem Ego heraus handelst, diese Momente enthalten nur die Einladung an dich, dir folgendes klarzumachen: Ich bin nicht hier, um mein eigenes Verhalten oder das der anderen lächerlich zu machen. Ich verdiene mehr Liebe, und nicht weniger.

Um diese Wahrheit als eine ganz neue Form des Seins verkörpern zu können, lade ich dich ein, das folgende heilsame Mantra zu wiederholen:

Wann immer Selbstgerechtigkeit entsteht, ist sie da, um geliebt zu werden, wie nur ich sie lieben kann.

Wenn meine Opferhaltung sich zeigt, ist sie da, um geliebt zu werden, wie nur ich sie lieben kann.

Wenn meine Anspruchshaltung sich regt, ist sie da, um geliebt zu werden, wie nur ich sie lieben kann.

Wenn meine Bedürftigkeit bestehen bleibt, ist sie da, um geliebt zu werden, wie nur ich sie lieben kann.

Wenn der Finger der Anklage wieder einmal in jede Richtung oder auf mich selbst zeigt, ist er da, um geliebt zu werden, wie nur ich ihn lieben kann.

Wenn ich von dem Stress, Druck, den Erwartungen und Verpflichtungen einer Rolle oder Verantwortung, die ich übernommen habe, überwältigt bin, sei es in meiner Familie, meinem Beruf oder in anderen Beziehungen, ist all dies nur da, um geliebt zu werden, wie nur ich es lieben kann.

Wenn das Bedürfnis nach mehr, die Angst vor weniger oder das Bedürfnis nach weniger und sogar die Angst vor mehr die Klarheit meiner höchsten Weisheit vernebelt, ist all dies nur da, um geliebt zu werden, wie nur ich es lieben kann.

Sogar dann, wenn ich mich schuldig fühle oder beschämt, verzweifelt, zurückgezogen, lethargisch, apathisch, voreingenommen, grausam, herzlos, unaufrichtig, gehässig, unehrlich, lieblos, pessimistisch, passiv-aggressiv oder sogar sarkastisch, dann ist all dies nur da, um geliebt zu werden, wie nur ich es lieben kann.

Das Löschen aller karmischen Verträge

Durch die vorher beschriebenen Kommunikationen mit Verstorbenen in der Dimension nach dem Tod habe ich eine meiner interessantesten Erfahrungen gemacht. Dies geschah durch eine Seele, die mir erzählte, wie sehr sie sich in einer Inkarnation von Schuld und Verpflichtungen getrieben gefühlt hatte. Folgenden Satz habe ich öfter gehört: »Ich erinnere mich an die Verträge, die ich in verschiedenen Existenzen geschlossen habe. Ich bestrafte und verurteilte mich in dem Bemühen, diese Abkommen zu erfüllen.«

Sobald die Verstorbenen ihr Leben dann aus einer höheren Perspektive sehen konnten, verschwanden alle Schuldgefühle und Bewertungen. Oft habe ich sie Folgendes sagen hören: »Ich sehe nun, dass ich diese Abkommen nie hätte erfüllen können. Ihre einzige Funktion bestand darin, mich in genau der Struktur beschäftigt zu halten, die mich dazu brachte, nach Auswegen zu suchen. Nun, da ich frei bin, erkenne ich ganz klar, dass diese Verträge auch nie von mir selbst geschlossen wurden. Ich habe mich zu diesen Dingen bereit erklärt, als ich nicht ganz bei mir war.«

Aus meiner Arbeit mit vielen Menschen, die sich mit den Abkommen beschäftigt haben, die sie in verschiedenen Leben getroffen hatten, konnte ich aus erster Hand die positiven Auswirkungen des Löschens dieser Verträge miterleben. Jeder von dir ausgehandelte Vertrag ist sehr wahrscheinlich durch dein Ego erschaffen worden. Sobald deine Persönlichkeit nicht länger entzündet ist, bist du den Geschäftsbedingungen dieser Verträge nicht mehr unterworfen. Dies bedeutet auch, dass du nicht länger durch die Schwere der

Verpflichtung zurückgehalten wirst, sobald jede Vereinbarung, die das Ego getroffen hat, annulliert ist. Sobald es keine Verpflichtungen mehr gibt, kannst du ganz frei neue Entscheidungen treffen und sogar neue Verpflichtungen erschaffen, die der Freiheit und dem Willen deiner eigenen göttlichen Autorität entspringen. Da vom Ego geschlossene Abkommen auf dem Versuch basierten, Konsequenzen abzusichern, die vom Universum bereits arrangiert worden waren, bieten sie keinen anderen Vorteil als den, Erleichterung auszulösen, sobald sie gelöscht worden sind.

Um Freiheit von jeder Art von Verpflichtung zu erfahren, wiederhole bitte das folgende heilsame Mantra:

> *Ob auf diese Existenz oder irgendwelche vorherigen Inkarnationen bezogen, lösche, entlasse, annulliere und verwandle ich alle Abkommen, Verträge, energetische Schnüre, Prägungen oder Bindungen, die ich durch Schuld, Anpassungsstreben, Manipulation, Angst oder als Versuch, ein bestimmtes Ergebnis in einer Situation meines Lebens zu beeinflussen, eingegangen bin. Hiermit entlasse ich alle Abkommen, Verträge, Schnüre, Prägungen und Bindungen zur Heilung, Erleuchtung und Transformation von jedem und allen. Vom jetzigen Moment an bin ich frei und klar, alle Entscheidungen aus der Freiheit und dem Willen meiner höchsten göttlichen Autorität heraus zu treffen, kraft der Macht, die ich durch mein ICH BIN jetzt wieder beanspruche. Und so sei es.*

Bei empathischen Menschen ist es oft so, dass veraltete Schwüre aus vergangenen Leben als Mönch oder Nonne in die Gegenwart übertragen werden. Dazu gehört auch der Bodhisattwa-Schwur selbst. Der Bodhisattwa-Schwur kann dahingehend falsch verstanden werden, dass die Seele die Erde so lange nicht verlassen darf, bis alle Lebewesen befreit, erleuchtet und von Leiden erlöst sind. Wenn dieser Schwur wörtlich genommen wird, kann er eine Entzündung durch Selbstgerechtigkeit durch den Glauben an eine spirituelle Märtyrerhaltung hervorrufen. Die wahre Essenz des Bodhisattwa-Schwurs besteht nicht darin, ein Versprechen einzulösen, sondern eine Bestrebung zu erfüllen. Indem du zur scheinbar wichtigsten Person auf Erden wirst und aufrecht in der Schönheit deines ewigen Lichts stehst, kultivierst du eine Schwingung von herzbasiertem Bewusstsein.

Die spirituelle Bestrebung, die der Bodhisattwa-Schwur würdigt, wird oft durch die Beziehung zwischen Blüten und Samen beschrieben. So wie ein Same bereits als Potenzial einer Blüte existiert, muss er geerdet und den Naturelementen ausgesetzt werden, damit er Wurzeln treiben und sich über Blüten in die Form entwickeln kann. Während der Same als Potenzial der Blüte existiert, kann er die Ekstase seines eigenen Dufts nicht eher erleben und sein Parfüm überall im Garten der Menschheit nicht eher verströmen, bis er zur Blüte geworden ist.

Um deine Bereitschaft zu Erblühen zu feiern und sie als eine Möglichkeit der Unterstützung für alle Samen in ihren Wachstumsphasen einzubringen, ist es wichtig, auch alle formellen spirituellen Schwüre loszulassen, die du unbewusst unter dem Einfluss deiner entzündeten Persönlichkeit geleistet hast. Obwohl solche Schwüre nur mit den besten

Vorsätzen abgelegt worden sind, haben sie dich wahrscheinlich doch in einem spirituellen Ego gehalten, das deine spirituelle Entwicklung behindern kann. Es ist nicht so, als ob ein spiritueller Schwur zu der Zeit, in der er abgelegt wurde, nicht seine Berechtigung gehabt hätte. Es geht vielmehr darum, dass mit dem Loslassen dieser Schwüre ihre eigentliche Aufgabe gewürdigt und erfüllt wird: losgelassen zu werden, wenn sie dir nicht mehr nützen.

Sogar dann, wenn du glaubst, dass du aus dem reinsten Raum deines Herzens heraus handelst, gibt es einen wesentlichen Punkt, an dem du erkennen kannst, dass nur Egos diese Art von Abkommen treffen oder Schwüre ablegen.

In jeder spirituellen Übereinkunft und bei jedem Schwur sieht es so aus, als ob du dich dem Universum gegenüber verpflichten müsstest, so, als wärest du jemand oder etwas anderes als das Universum selbst in menschlicher Form. Auch dann, wenn eine Vereinbarung von einem Samen getroffen werden kann, hat diese Vereinbarung für die Realität der Blüte schon keine Gültigkeit mehr. Um nun göttliche Samen in Blüten der Wahrheit zu verwandeln, müssen alle Schwüre und Vereinbarungen, die dich binden, gelöst werden.

Auch wenn eine Vereinbarung zwischen zwei Menschen getroffen wird, stimmen diese den Geschäftsbedingungen oft zu, als ob jeder der beiden etwas anderes wäre, als das Universum selbst in menschlicher Form. Wenn beide in dem Bewusstsein ihrer wahren Identität verankert wären, dass sie selbst das Ganze sind, gäbe es keine Notwendigkeit für irgendeine Form von Vereinbarung. Du kannst das mit deinen Fingern vergleichen, die ja auch keine Vereinbarung miteinander eingehen müssen, um als Hand zusammen zu arbeiten. Auch wenn ein Kind den Anforderungen eines Elternteils zustimmt, um weitere Strafen zu vermeiden oder weil es hofft, sich damit liebevollere Bestätigung zu verdienen, finden diese Art von Abkommen häufig nicht ohne Zwang statt.

Ich weiß von mir selbst, dass ich in vergangenen Leben als tibetischer Mönch gelebt habe, und zähle die von mir damals abgelegten Schwüre zu den schönsten Erklärungen des Lebens. Trotzdem wurden diese Erklärungen abgegeben, um einen Unterschied zum Universum zu benennen, der sich entweder auf mich als Person oder als Vertragspartner mit anderen Personen bezog in dem Versuch, innerhalb eines Universums über bestimmte Geschäftsbedingungen zu verhandeln.

Es ist nicht so, als ob du diese Schwüre nicht hättest ablegen oder ihren Bedingungen nicht hättest zustimmen sollen. Sie spiegeln einfach nur die Zeichen der Zeit auf einem sich entwickelnden Planeten. Sobald sich Lebewesen weiterentwickeln, müssen sich auch die spirituellen Lehren verbessern, die hoffen, Wachstum und Entwicklung bei all denen auszulösen, die sich nach Erwachen sehnen.

Wenn ich dir dies sage, kann ich dir damit bestätigen, dass du an einem aufregenden Punkt der Menschheitsentwicklung angelangt bist. Du hast die Bestrebungen deiner tiefsten spirituellen Impulse erfolgreich verwirklicht. Durch die Erfahrungen, die du bis zu diesem Punkt überlebt hast, hast du bereits alle Bedingungen erfüllt, die jede nur mögliche Vereinbarung oder jeder Schwur jemals von dir verlangt hat. Um die Einweihung in eine neue Entwicklungsstufe wertzuschätzen, ist es an der Zeit, deine Bürde zu erleichtern und dich selbst von der Vergangenheit zu befreien. So kannst du im jetzigen Moment ankommen und dich frisch, erneuert und wiedergeboren fühlen. Sobald du beginnst, diesen Moment wie ein spirituell ausgerichtetes Neugeborenes zu sehen, schenkst du der Welt die Harmonie einer ganz neuen Wirklichkeit.

Um diesen zutiefst mutigen Schritt von dir mitten in den Herzraum der Hingabe hinein zu ehren, bitte ich dich, das folgende heilsame Mantra zu wiederholen:

Als Meister meines Schicksals und meiner Wirklichkeit erkenne ich an, dass alle Verträge, Abkommen und formellen Schwüre, zu denen ich mich jemals verpflichtet habe, nicht aus der Wahrheit heraus geschahen, die ICH BIN. Stattdessen beruhen sie auf einer entzündeten Persönlichkeitsstruktur, die ich zu sein glaubte und von der ich nun erkannt habe, dass sie nicht der höchsten Wahrheit meines Wesens entspricht.

Ich erkenne, dass weder das Universum noch meine höchste Wahrheit jemals ein Einhalten dieser Verträge von mir verlangt hätten oder verlangen würden, die von mir in unschuldiger Verlorenheit und übertriebenen, unbewussten Zuständen abgegeben wurden. Ferner erkenne ich an, dass ich keinen Fehler begangen habe, als ich diese Schwüre abgelegt habe oder diese Abkommen eingegangen bin. Sie waren Teil des göttlichen Plans für mich, um in einer Welt zu inkarnieren, in der es bereits Verträge, Schwüre und Abkommen gab. Indem ich mir jetzt die Zeit nehme, sie aufzulösen, befreie ich mich selbst und damit auch die Welt.

Aus meinem jetzigen Wissen heraus annulliere ich hiermit alle Verträge und Abkommen, die bewussten wie die unbewussten, die gesehenen wie die nicht gesehenen, die erinnerten wie auch die vergessenen, auf Zellebene und in meinem Unterbewusstsein. Außerdem löse ich alle formellen Schwüre auf, die ich als Mönch oder Nonne jemals abgelegt habe. Dazu gehören auch der Schwur der Armut, der Schwur der Enthaltsamkeit, der Schwur der Entsagung, der Schwur des Schweigens und all die missverstandenen Bodhisattwa-Schwüre oder Abkommen von Opferbereitschaft, Co-Abhängigkeit und Märtyrertum, genauso wie alle anderen Dinge, die das Ego geglaubt, sich vorgestellt oder in die es eingewilligt hat.

Kraft der Ermächtigung durch meine eigene göttliche Autorität erlaube ich, dass all diese Schwüre gelöscht und aus diesem Energiefeld entlassen werden, zu ihrer Quelle zurückkehren, vollständig verwandelt werden und in den Zustand der Reinheit, Vollkommenheit und Perfektion des ewigen Lichts zurückkehren. Mit sofortiger Wirkung fordere ich meine vollständige und absolute Macht für mich zurück und erlaube dieser Persönlichkeit, das göttliche Licht auf ihre einzigartige Weise zum Ausdruck zu bringen. Dies ist die Mission, die ich auf diesem Planeten erfüllen möchte. Von diesem Moment an aktiviere und verkörpere ich ein neues herzbasiertes Bewusstsein, das heilt, erweckt, neues Leben schenkt und allbefreiend ist, so wie ICH BIN. Und so sei es.

Freiheit von den vier Arten der Entzündung

Indem du alle Abkommen, Verträge und Schwüre löschst, hilfst du deiner Persönlichkeit, sich von den vier Arten der Entzündung zu befreien. Wenn du dich zum Beispiel von dem formellen Schwur lossagst, ein Mönch oder eine Nonne zu sein, den viele empathische Menschen in ihren Zellen mit sich tragen, wird die Persönlichkeit von den Identitäten der Entzündung durch die Selbstgerechtigkeit und durch die Anspruchshaltung befreit.

Dies erlaubt dir, in der Demut deines Herzens Ruhe zu finden und frei von dem Bedürfnis zu sein, dich durch die Struktur einer bestimmten Rolle zu beschränken. Sobald du dies tust, hast du keine unter ihren Schmerzen leidende Welt mehr nötig, um dir selbst die Gelegenheit zu geben, deine Geschenke mit anderen zu teilen. Stattdessen bietest du die Schönheit aller Geschenke, die die Welt dabei unterstützen, sich zu höheren Bewusstseinsstufen hin zu entwickeln, ohne dass irgendjemand dafür leiden muss.

Indem Abkommen aufgegeben und Bindungen an diejenigen, die dich vielleicht verletzt, verlassen oder betrogen haben, gelöst werden, erlischt auch dein Hang, dich über eine Vergangenheit zu definieren, die du schon immer überleben solltest.

Obwohl viele Abkommen besser gelöscht werden sollten, ist es nicht nötig, jeden einzelnen Schwur aufzugeben, den du in deinem Leben jemals abgelegt hast. Wenn du den Segen genießt, in einer wunderbaren verbindlichen Beziehung oder Ehe zu leben, in der die Schwüre als Ausdruck einer bewussten Wahl abgegeben wurden, Liebe zu würdigen, werden sie dich in deiner spirituellen Entwicklung nur unterstützen. Gleichzeitig können kein offizieller Schwur oder noch so viele Verträge die Tatsache ändern, dass du vielleicht eines Tages als veränderte Version deiner selbst aufwachst und nicht länger die entzündete Persönlichkeit sein wirst, die in diese Abkommen eingewilligt hat. Wie immer gilt auch hier die Devise, der Führung deiner inneren Weisheit zu folgen, um herauszufinden, welche deiner Beziehungen sich unterstützend anfühlen und welche Schwüre besser wieder losgelassen werden sollten.

Wenn eine Beziehung ihren Zenit erreicht hat, kann ein Schuldgefühl entstehen, weil man nicht mehr in dieser Partnerschaft sein will, so als ob du nicht das Recht darauf hättest, eine neue Entscheidung zu treffen oder weil du befürchtest, das Universum könne es nicht wollen, dass du etwas anderes willst. Obwohl dies wieder zu einer guten Gelegenheit werden kann, Schuld als den nächsten inneren Anteil zu erkennen, der geliebt werden möchte, kann es die vielen harten Entscheidungen nicht verhindern, von denen nur du selbst dich abhalten kannst. Für all diejenigen, die in einer bewussten Beziehung, Partnerschaft oder Ehe leben, gehört es zu den tiefsten Verpflichtungen, jeden Tag mit den folgenden Worten aufzuwachen: »Heute bin ich nicht der, der ich gestern noch war. Ich bin eine ganz neue Version meiner Selbst, die nur durch den heutigen Tag erweckt werden kann. In diesem ganz neuen Moment wähle ich dich erneut, was der Tag auch bringen mag.«

Dies hilft dir dabei, eine Beziehung zu deiner gegenwärtigen Wirklichkeit aufzubauen, statt von der Vergangenheit gefesselt zu sein. Wenn es eine Zeit geben sollte, in der du fühlst, dass deine Reise mit einem anderen Menschen endet, kann dies Ausdruck der universellen Weisheit sein, die dich darin leitet, neue und größere Kapitel von Wachstum und Entwicklung in deinem Leben zu beginnen. Dies wird dir erlauben, jede Person in deinem Leben noch inniger anzunehmen. Denn die gemeinsam verbrachte Zeit ist so kostbar und ungewiss. Aus dieser Perspektive wird jede Beziehung zu einem sehr persönlichen Ausdruck gelebter Liebe. Durch diese Liebe erlaubst du deinen Verbindungen, mit jedem Atemzug neu entfacht zu werden und dich dazu zu inspirieren, ganz bewusst an den Beziehungen teilzuhaben, in die du eingewilligt hast.

Während du erwachst, wird die Bedeutung deiner bewussten Beziehungen ein bestimmender und zentraler Fokus. Diese Beziehungen erscheinen in deinem Leben, wenn Abkommen auf Herz-zu-Herz-Basis geschlossen, statt vom Ego ausgehandelt zu werden. Sobald Abkommen nicht mehr in Pflicht, Mangel, Angst oder Zwang verankert sind, belebst du eine zeitlose Erinnerung an unendliche Wahlmöglichkeiten, die uns schon immer zur Verfügung standen.

Von einem Moment auf den anderen bist du frei, im Namen der Liebe diejenigen Entscheidungen zu treffen, die dir helfen, die Freude zu finden, die du von Anfang an finden solltest.

Der Mönch, der auf der Bergspitze meditiert

In Anerkennung der Abkommen und Schwüre, die von dir erfolgreich aufgelöst wurden, möchte ich eine Erinnerung mit dir teilen, die eines Tages in mir aufstieg und sich auf ein vergangenes Leben als Mönch bezog. Mir wurde ein Bild von mir als meditierender Mönch auf einem Berggipfel gezeigt, das so real war wie irgendein fassbares Objekt in dieser Wirklichkeit. Während dieser Meditation hatte ich ein Gefühl in meinem Körper, das mir sagte: »Ich bin nur Sekunden davon entfernt, ins Nirwana einzutreten.« Für einen Mönch bedeutet das Nirwana das Eintreten in die absolute Wahrheit und ihre Verkörperung und damit die höchstmögliche spirituelle Verwirklichung.

Während ich die bevorstehende Ankunft des Nirwana-Zustands in mir also fühlen konnte, zitterte ich am ganzen Körper und versuchte weiterhin, den Fokus zu halten, um das Aufsteigen meiner spirituellen Einweihung mitzuerleben. Genau als der Nirwana Zustand sich für mich öffnete, löste sich mein physischer Körper als Mönch auf.

Ich trat sofort ins Licht ein und kehrte zur Quelle zurück. Das war es, was in so vielen Beschreibungen des Himmels oder des Lebens nach dem Tode beschrieben wird. Ich erinnere mich, wie verwirrt ich war, als ich meinen Körper verließ. Ich wandte mich an einen Engel, der mich zurückbegleitet hatte, und fragte ihn: »Ich bin gerade in den Nirwana-Zustand eingetreten. Warum konnte ich dort nicht noch einige Momente verweilen?« Ich war zutiefst frustriert. Der Engel schaute mich nur an und antwortete: »Du hättest dich immer so gefühlt, als wärst du nur Sekunden von der Erleuchtung entfernt. Du wärst in diesem Zustand der Erwartung bis zum Ende aller Zeiten steckengeblieben.«

Als ich den Engel bat, mir das zu erläutern, sagte er: »Du würdest dich immer so fühlen, als wärst du nur Millimeter vom Nirwana-Zustand oder von deiner Einweihung entfernt, denn du standest unter dem Eindruck, etwas anderes als ein

Universum zu sein, das versucht, sich zu vervollkommnen. Kannst du erkennen, dass du schon immer im Nirwana-Zustand warst, während du dein Leben als Meditierender erfahren hast oder als Mönch auf der Suche nach Erleuchtung?«

Während diese Worte ausgesprochen wurden, enthüllte sich mir die Wahrheit auf einer kosmischen Ebene. Ich beobachtete mich selbst aus einer allumfassenden Perspektive auf holographischen Bildschirmen. Mir wurden Rückblenden meines gesamten Lebens gezeigt, die zu meiner Entscheidung geführt hatten, Mönch zu werden. Ich sah Szenen, wie ich in einer respektlosen Umgebung aufwuchs, in der mein Ego sich in dem Versuch entzündete, genauso zu werden, wie die Egos in meinem Umfeld. Ich wurde mir über die unbewussten Abkommen klar, die ich geschlossen hatte: »Wenn ich mich ihnen angleiche, bleibe ich vielleicht öfter verschont.«

Solange ich in dieser Familie lebte, die mich missbräuchlich behandelte, schloss ich Abkommen vom verhandelnden Standpunkt des Egos aus und hoffte dabei auf Gnade, und dass mir der Missbrauch bei der nächsten Gelegenheit erspart bleiben würde. Als ich das Alter erreicht hatte, in dem ich als reifer Jugendlicher für mich selber sorgen konnte, suchte ich Zuflucht in einem Kloster. Um alte Erinnerungen an die gewalttätige Familie und meine Identität als Opfer dieser Familie zu löschen, legte ich schließlich die offiziellen Mönchsgelübde ab.

Indem ich diese Gelübde ablegte, fühlte ich mich von der Ego-Entzündung durch die Opferrolle erleichtert. Aus dieser Perspektive konnte ich erkennen, dass ich damit meinem Ego nicht entkommen konnte, sondern es zu einer neuen spirituellen Persönlichkeit formte. Auf ganz unschuldige Weise, bewegte ich mich von der Entzündung durch die Opferrolle zu einer höheren Ebene der Entzündung durch die Selbstgerechtigkeit. Gleichzeitig erkannte ich, dass es sich dabei gar nicht um einen Fehler handelte. Vielmehr war es der nächste notwendige Schritt in einer Entwicklung, die sich gar nicht anders hätte entfalten können. Ich beobachtete, wie mich all diese Ereignisse genau dorthin brachten, wo ich hinkommen sollte – auf einer Bergspitze und nur Sekunden vor dem Eintritt in den Nirwana-Zustand.

Während ich mein Leben so betrachtete, verstand ich, dass alle Schwüre und Abkommen, die ich eingegangen war – so wunderbar zweckdienlich, lebendig und notwendig sie zu ihrer Zeit auch gewesen waren –, für die Gegenwart keine Gültigkeit mehr besaßen. In vielen Fällen wurden Auslöser, die auf einer bestimmten Bewusstseinsebene Klarheit und Erleichterung gebracht hatten, zu Dingen, die ich hinter mir lassen musste, um weitergehen zu können.

Als ich auf dieses spezielle Leben und auf all die Abkommen zurückblickte, die ich in einer gewalttätigen Familie geschlossen hatte, erkannte ich, dass meine bedürftige Art, geliebt zu werden, darin bestand, weniger häufig missbraucht zu werden. Zu Zeiten des Missbrauchs waren die Abkommen, die ich schloss, sehr wichtig für mein Überleben. Auch die Mönchsgelübde abzulegen, erwies sich als ein wichtiger Schritt darin, mich von meiner Opferidentität zu befreien, auch wenn ich sie damit gegen eine spirituell raffiniertere Art der Identität eintauschte.

Als diese Bilderschau zu Ende war, wurde mir klar, dass ich niemals mehr irgendwelche Abkommen aus Pflichtgefühl oder Angst eingehen würde. Stattdessen würde ich inspirierte, von Herzen kommende Entscheidungen treffen, die in der Freiheit der Liebe gründeten.

Die überraschendste Einsicht von allen hatte ich jedoch, als ich mir selbst die Erlaubnis gab, meine eigenen Entscheidungen zu treffen und meine Selbstermächtigung als die größte Urangst erkannte, der ich mich stellen durfte. Wie so viele energetisch sensible Menschen hatte ich letztlich nicht so sehr Angst vor den Dingen, die in der Dunkelheit lauerten, sondern vor dem Licht und der Macht meiner eigenen göttlichen Autorität.

Auch wenn du vielleicht denkst, dass du dich besonders vor unüberwindbaren Herausforderungen oder unvermeidbaren Verlusten fürchtest, liegt die tiefste Angst im Grunde eher darin, dich mit der Stärke deines eigenen Lichts auseinanderzusetzen und es anzunehmen.

Wenn du aufrecht und im höchsten Glanze deines unschuldigen inneren Wesens stehst und die Freiheit das wählen lässt, was nur die Liebe zutiefst akzeptieren kann, dann gibt es keine Verpflichtung und keinen Antrieb aus Schuldgefühlen mehr. Dann gibt es nur noch den Willen, das zu sein, was du bereits immer schon werden solltest – als Geschenk für alle, die in deinem Leben erscheinen.

Kapitel 7
Beziehungen meistern

Auch wenn du verstanden hast, dass du selbst das gesamte Universum in physischer Form bist und damit Teil eines wunderbaren Spiels, in dem auch andere mitwirken, geht das Spiel an sich weiter. Wir sind nicht hier, um das Spiel zu beenden, sondern um es in höhere Bewusstseinsschwingungen zu verwandeln. Je mehr das Spiel sich erweitert, desto mehr erlaubt es uns allen, eine Vision des größten Traums zu entwickeln, zu dessen Verwirklichung wir geboren wurden.

Während du dich mit der Liebe versorgst, die nur du dir geben kannst, bemerkst du vielleicht, wie deine spirituelle Entwicklung an Tiefe gewinnt, indem du deine Beziehungen meisterst. Dabei geht es auch um die Beziehung zwischen Herz und Verstand, wie sie sich in der Bindung zwischen innerem Kind und Elternteil widerspiegelt. Und schließlich gehört auch das Meistern der Beziehung zwischen Selbst und Subjekt durch die Wahrnehmung deiner Umgebung dazu.

Wenn all die zwischenmenschlichen Interaktionen, die du mit deiner Familie, Freunden oder am Arbeitsplatz erlebst, für dich zu Gelegenheiten werden, im Dienst unserer erwachenden Menschheit zu handeln, wirst du zu einem Meister der Beziehungsgestaltung. Dann wird es dich nicht mehr zufriedenstellen, deine Erleuchtung in deinem Privatleben zu genießen, während du in der Öffentlichkeit entzündet auf bestimmte Umstände reagierst. Denn du wirst verstehen, dass jeder Konflikt eine Gelegenheit darstellt, die unschätzbaren Geschenke des Lebens zu entdecken.

Verständlicherweise kann es schwierig sein, ein Gespräch zu führen und dabei vom reinsten Standpunkt der Liebe aus zu argumentieren, solange du mit Menschen zu tun hast, die nicht unbedingt in derselben Schwingung verankert sind.

Menschen, die sich auf einer anderen Bewusstseinsebene und der damit einhergehenden Schwingung befinden, sind vielleicht nicht an denselben Dingen interessiert wie du oder einfach auch nicht bereit, dir dieselbe Zeit zu widmen, die du ihnen zugestehen würdest. Vielleicht wollen oder können sie nicht genauso viel Geduld mit dir haben wie du mit ihnen. Vielleicht sind sie auch nicht so daran interessiert, dein Leben zu verstehen, wie du es umgekehrt bist. Und vielleicht haben sie auch nur mäßiges Interesse an dem spirituellen Weg, für den dein Herz schlägt und den du so gerne mit ihnen diskutieren würdest. Solltest du dich in einer ähnlichen Lage befinden, so kann es dir recht schwierig erscheinen, dich bewusst mit Menschen auseinanderzusetzen, die aus einem so ganz anderen Blickwinkel argumentieren.

Wenn du jedoch die Liebe zu deiner Ratgeberin machst, kann dich dies dazu inspirieren, auf eine Weise zu kommunizieren, die deine größten Fähigkeiten zum Vorschein bringt. Dann wartest du nicht mehr darauf, dass andere sich auf derselben spirituellen Ebene befinden wie du, um ihnen zeigen zu können, wie viel dir an ihnen liegt.

Auf unbewusster Ebene ist die Art, wie andere Menschen mit dir umgehen, für die Qualität deiner Erfahrungen nicht entscheidend. Tatsächlich hängt die Qualität deiner Begegnungen eher davon ab, wie freigebig du bist oder wie viel du zurückhältst. Daher basiert deine Erfahrung der Disharmonie mit anderen eigentlich auch nicht darauf, was sie dir anzubieten oder dir wegzunehmen scheinen, sondern darauf, was du ihnen anbietest oder vorenthältst.

Wenn du bereit bist, mehr Liebe zu geben, statt weniger, sogar dann, wenn die anderen sich so verhalten, dass sie deiner Meinung nach dieses Geschenk gar nicht verdienen, kannst du die Entscheidung treffen, dich spirituell relevant und großmütig zu verhalten.

Sollte jemand etwas sagen, das sich für deinen Körper nicht gut anfühlt, weil der Tonfall sarkastisch ist und das Gesagte Urteile über dich enthält, statt dich aufzubauen, dann ist das für dich die beste Gelegenheit, die Schwingung deiner Antwort entsprechend anzuheben.

Indem du der Kritik anderer Menschen liebevoll, mitfühlend und mit Akzeptanz begegnest, erweist du dich als Meister der Beziehungsgestaltung, der eigene Erfahrungen erschafft, die unabhängig davon sind, wie andere dich behandeln.

Im Zuge dieser sehr fortgeschrittenen Reaktionsweise wirst du erkennen, dass deine Erfahrung nur dadurch definiert wird, wie du auf andere reagierst. Gleichzeitig sähst du damit kraftvolle Samen auf ihrem Weg.

Die heilsame Kraft der Komplimente

Selbst, wenn du Menschen in schlimmsten Momenten der Scham, Verzweiflung oder Gefahr begegnest, kannst du deren Entwicklung immer unterstützen und eine angenehmere Erfahrung für sie erschaffen, ohne dafür ihre entzündete Persönlichkeit überwinden zu müssen. Mit Liebe als Ratgeberin an deiner Seite, müssen sich die anderen nicht mehr verändern, um eine aufbauende Erfahrung machen zu können. Gleichzeitig brauchst du deine eigene Schwingung nicht mehr herunterzufahren, um dich ihrer Energie anzupassen, bis sie sich weiterentwickelt haben.

Genau dies ist die unglaubliche Einsicht, zu der ich kam, als die tägliche Übung, alles zu lieben, was mir geschieht, alle meine Beziehungen und Interaktionen mit anderen transformierte. Ich erkannte, dass jeder von uns Träger einer ganz speziellen Schwingung ist, die nur wir allein in diese Welt bringen können. Die Art, in der wir diese Energie weitergeben können, besteht darin, ein Kompliment auszusprechen. Allerdings kann das Aussprechen von Komplimenten in unserer Gesellschaft ausgenutzt und trivialisiert werden, um andere zu manipulieren, damit sie uns wiederum das geben, was wir brauchen. Der spirituelle Hintergrund von Komplimenten besteht jedoch darin, damit eine selbstlose Segnung der Anerkennung auszusprechen, die andere daran erinnert, wie sehr sie geschätzt werden.

Vielleicht eine der wichtigsten spirituellen Praktiken besteht darin, allen Menschen, denen du begegnest, diese Art selbstloser Komplimente zu machen, auch wenn du gerade mit einer Person zu tun hast, deren Überzeugung und Auftreten sich von deinem unterscheidet. Auch, wenn du nur einen kurzen Moment des Blickkontakts und ein Lächeln anbietest, übermittelst du deine einzigartige Schwingung, um ihnen eine positive Erfahrung zu ermöglichen. Wer immer auch für dich gerade eine Herausforderung darstellt – er ist gleichzeitig ein Ausdruck des Lebens, der dich daran erinnern kann, welcher bedürftige Anteil sich gerade meldet, um von dir versorgt zu werden.

Durch Komplimente, Aufmerksamkeit und Unterstützung wirst du vielleicht zu demjenigen, der anderen die Worte sagt, die sie schon lange gerne einmal gehört hätten. So gesehen hilfst du dabei, andere Herzen aus ihrer schmerzlichen Geschichte zu befreien und gleichzeitig eine einzigartige Bewusstseinsfrequenz zu übermitteln, die kein anderer außer dir ausstrahlen kann.

Verwandle es in ein Geschenk

Eines der häufigsten Themen, das ich bei Menschen in allen möglichen Phasen ihrer spirituellen Entwicklung beobachtet habe, ist der Hang, im Privaten erleuchtet und in der Öffentlichkeit entzündet zu sein. Dies kann energetisch sensible Seelen dazu bringen, sich lieber in ihren eigenen vier Wänden zurückzuziehen oder sich in spirituellen Gemeinschaften zu vergraben und sich so von der Außenwelt mehr und mehr zurückzuziehen. Häufig hat der Wunsch nach Rückzug von der Welt mit der eigenen Unsicherheit gegenüber den ungelösten emotionalen Ablagerungen zu tun, die man im Energiefeld der anderen spüren kann.

Wenn du nicht weißt, wie du auf die Worte und Handlungen anderer Menschen reagieren sollst, führt dies auf unbewusster Ebene dazu, dass du deine Schwingung verlangsamst, um dich ihrer Energie anzugleichen – oft, ohne es überhaupt zu bemerken. Du tust dies in dem Versuch und der Hoffnung, so ihr Bewusstsein zu spiegeln, damit sie dich als gleichwertig anerkennen und du von ihrem Schmerz, ihren Schikanen oder ihrem Missbrauch verschont bleibst.

Dabei stellt sich die Frage, wie du mit einem Menschen, unabhängig von seinem momentanen Entwicklungsstand, umgehen willst, ohne das Niveau deiner eigenen Erfahrungen abzusenken, um dich ihm in einem Akt energetischer Selbstverteidigung anzugleichen. Die Lösung liegt darin, eine Art der Kommunikation zu erlernen, mit der du Komplimente machst und die ich die ›Verwandle es in ein Geschenk‹-Methode genannt habe. Diese Vorgehensweise habe ich im Verlauf eines sehr intensiven Gesprächs entdeckt, in dem sich mir spontan neue kreative Möglichkeiten eröffneten, das zu lieben, was gerade geschah.

Vor einigen Jahren arbeitete ich mit einer Heilpraktikerin an der Entgiftung meiner Organe. Schnell musste ich erkennen, dass meine Heilsitzung sich dahingehend entwickelte, dass ich zum Zuhörer mutierte, während sie ihre Überzeugungen zum Thema spiritueller Aberglaube, Angst und Verschwörungstheorien vor mir ausbreitete.

Während ich mich in die Rolle des Zuhörers hinein entspannte, erkannte ich, dass diese Frau spirituellen Themen gegenüber zwar aufgeschlossen war und selbst bereits kraftvolle Erfahrungen gemacht, aber nichts für ihr überreiztes Nervensystem getan hatte.

Es war so, als ob ihr Ego vollkommen intakt und mit einer endlosen Abfolge von spirituellen Überzeugungen geschmückt war. Mit größeren Feinden, die zu überwinden waren, größeren Kämpfen, die es zu bestehen galt, und größeren Problemen, die zu erwarten waren. Während sie über den möglichen Untergang der Menschheit redete, hörte ich ihr einfach nur zu, ohne den Wunsch zu fühlen, mich gegen eines ihrer Themen auszusprechen. Während sie sprach, bemerkte ich, wie schnell und flach ihr Atem ging. Als Reaktion darauf begann ich, viel langsamer zu atmen.

Nachdem sie sich in eine schreckliche Rage geredet hatte, hätte ich sie aus gutem Grund unterbrechen und ihr sagen können: »Ich möchte während meiner Behandlung bei Ihnen nicht über derartig negative, angstbesetzte Dinge reden.« Ein solches Verhalten hätte jedoch eine Kluft zwischen uns entstehen lassen und keine Gelegenheit geboten, ihren Weg zu inspirieren und sie energetisch anzuheben. Obwohl sie aus einem Entzündungszustand heraus sprach, wusste ich, dass sie nur hier war, um geliebt zu werden.

Meine Herausforderung bestand in diesem Moment darin, mit ihr zu kommunizieren, ohne sie zu korrigieren oder ihre Entzündung durch die Opferrolle, Bedürftigkeit und Selbstgerechtigkeit zu imitieren. Da das Ego nicht allein damit zufrieden ist, seine Ansicht darzulegen, muss es immer andere zur Verstärkung der eigenen Meinung ins Boot holen. Sie fragte mich also: »Und, wie denken Sie darüber?«

Ich nahm mir Zeit, holte dann tief Luft und ließ die Liebe sprechen. Ich sagte: »Es ist offensichtlich, dass Sie diesen Themen gegenüber sehr leidenschaftliche Gefühle hegen. Die Tatsache, dass Sie diese wichtigen Themen mit mir teilen, erlaubt es mir, mich Ihnen verbundener zu fühlen als jemals zuvor. Ich danke Ihnen für dieses Geschenk.«

Sie war völlig sprachlos. Ich hatte nicht versucht, sie zum Schweigen zu bringen, und sie wusste einfach nicht, was sie sagen sollte. Darauf folgte eine Pause von circa zehn Sekunden, in der wir uns ununterbrochen in die Augen schauten. Nachdem sie ihre Rolle als Therapeutin in meiner Behandlung wieder aufgenommen hatte, sprach sie mir gegenüber nie mehr über furchterregende Themen.

Ein anderes Beispiel von ›Verwandle es in ein Geschenk‹ trug sich zu, als ich durch Zufall einen guten Bekannten in einer Einkaufspassage traf, den ich seit zehn Jahren nicht mehr gesehen hatte. Das allererste, was der Bekannte zu mir sagte, war: »Du siehst aus, als ob du fast fünf Kilo zugenommen hättest!«

In diesem Moment erkannte ich, hier ist die nächste Gelegenheit, die ich in ein Geschenk verwandeln kann.

Aus zutiefst aufrichtigem Herzen sagte ich zu ihm: »Du hast recht. Ich habe fast fünf Kilo zugenommen, und die Tatsache, dass du mich das wissen lässt, zeigt mir, dass du dich wirklich um meine Gesundheit sorgst. Mit dir als meinem Zeugen erkläre ich hiermit mit neuer Zuversicht, dass ich mich mehr um meine Gesundheit kümmern werde. Ich verspreche dir, gesünder zu werden als jemals zuvor und diese unnötigen Pfunde zu verlieren. Außerdem versichere ich dir, dich regelmäßig über meine Fortschritte zu informieren, da du ja daran so interessiert bist. Danke für deine Unterstützung. Was für ein tolles Geschenk du mir damit machst. Ich fühle mich so, als ob deine Worte mir wirklich weiterhelfen werden.«

Er schaute mich sehr verwundert an, und ich war mir sicher, dass er dachte: »Das habe ich ja gar nicht als Kompliment gemeint!« Natürlich wusste ich auch, dass seine Worte nicht aus Mitgefühl und Umsicht ausgesprochen worden waren, aber ich zog es vor, sie als Kompliment zu nehmen und in ein Geschenk zu verwandeln, das ich dann zurückgeben konnte. Wie auch immer die Umstände sein mögen, die Liebe kann allen Verurteilungen und jeder Art von Verachtung widerstehen und sie als Geschenk für jedes Herz in etwas Versöhnliches verwandeln.

Ob du nun glaubst, dass andere deine Komplimente verdienen oder nicht, deine Fähigkeit, nachsichtiger auf deine Mitmenschen einzugehen, bestimmt darüber, wie sehr du die Erfahrung mit ihnen genießen kannst, ganz egal, auf welche

Persönlichkeiten du auch triffst. Wenn andere bewerten, jemanden schikanieren oder aggressiv reagieren, zeigt dir das nur, wie oft ihr inneres Kind schon ignoriert wurde.

Während die Handlungen deiner Mitmenschen dir also zeigen, wo sie gerade in ihrer Entwicklung stehen, bietet sich dir dabei die Möglichkeit, ihnen ein Geschenk zu machen, das sie sich selber nicht machen können. Wenn die unbewussten Handlungen anderer dich dazu inspirieren, diese in ein Geschenk zu verwandeln, erschließt du dir die Kraft der wahren, empfundenen Komplimente, um die Wirklichkeit elegant und anmutig zu verwandeln.

Authentizität kultivieren

Wenn ich die ›Verwandle es in ein Geschenk‹-Methode, praktisch unterrichte, löst das manchmal ein Gefühl von Widerspruch in der entzündeten Persönlichkeit aus, die glaubt, Komplimente an andere Menschen würden einfach nur verpuffen. Für einige Menschen fühlt es sich so an, als ob ihre Integrität in Frage gestellt würde, wenn sie einem Menschen Komplimente machen sollen, der sie selbst nicht gut behandelt. Zum Beispiel stellst du dir vielleicht die Frage: »Wie kann ich jemandem ein Kompliment anbieten, wenn es sich für mich nicht authentisch anfühlt, diese Anerkennung auszusprechen?«

Authentizität kommt aus dem Unterbewusstsein. Wie ich bereits beschrieben habe, unterscheidet das Unterbewusstsein überwiegend nach zwei grundsätzlichen Kategorien: vertraut und fremd. Sobald etwas Neues in dein Energiefeld gebracht wird, entsteht dabei eine Wahrnehmung von: »Dies fühlt sich nicht authentisch an«, handelt es sich doch um etwas, was dein Unterbewusstsein im Laufe deiner Erfahrungen noch nicht aufgezeichnet hat.

Solange eine beliebige Erfahrung noch in der Kategorie ›fremd‹ verbucht wird, ist es deinem Körper normalerweise nicht möglich, mit ihr in Resonanz zu gehen. Daher kann die ›Verwandle es in ein Geschenk‹-Methode manchmal im Filter deines Unterbewusstseins hängenbleiben und dich dazu veranlassen zu sagen: »Da ich keine Erfahrung damit habe, dies regelmäßig zu tun, und ich in meiner Kindheit nicht so erzogen worden bin, fühlt es sich für mich ungewohnt an. Mein Körper geht damit nicht in Resonanz. Deshalb habe ich auch nicht das Gefühl, dass es hilfreich sein könnte.«

Auf unbewusster Ebene mag es sich für dich vertrauter anfühlen, auf das unfreundliche Verhalten anderer spontan mit Verteidigung oder Ablehnung zu reagieren. Wenn eine herzbasierte Praxis wie diese in dein Leben tritt und dich dazu einlädt, auf dein Gefühlschaos mit Liebe zu reagieren, kann dies die Frage nach deiner Authentizität aufwerfen.

Mit jedem deiner von Herzen gefühlten Komplimente schreibst du dein unbewusstes Programm neu. Du nutzt jede Erfahrung, die du machst, als Gelegenheit, dich zu öffnen, statt dich zu verschließen, aggressiv zu reagieren oder dich zurückzuziehen. In vielen Fällen neigen Menschen sehr schnell dazu, sich zu verschließen, um sich zu schützen, wenn sie angegriffen werden oder Schmerz empfinden. Obwohl solch eine defensive Haltung der Hoffnung entspringt, damit mehr Konflikte oder Stress zu vermeiden, kann es wichtig sein, sich daran zu erinnern, dass Liebe keine defensive Energie ist. Liebe ist eine nach vorne gerichtete Energie, die nichts als Geschenke für alle mit sich bringt.

Indem du liebst, was dir geschieht, wirst du erkennen, dass deine tägliche Praxis, intensiveren Augenkontakt zu suchen, Menschen auf deinem Weg zuzulächeln, dich selbst öfter liebevoll zu umarmen, während du alles, was dir begegnet, in ein Geschenk verwandelst, die höchste Form der herzbasierten Freude ist. Du bist ein sich entwickelnder Meister, der sich tiefer in neue spirituelle Gesetzmäßigkeiten hineinbegibt. Als solcher erkennst du, dass jede von dir während deines gesamten Lebens erworbene persönliche Weisheit nach außen getragen werden darf, um damit einen Beitrag für alle zu erschaffen. Dabei wirst du die Entwicklung anderer Menschen unterstützen können, ohne dass ihr unbewusstes Verhalten die Qualität deiner Erfahrungen beeinträchtigen würde.

Sobald du dir die Frage nach Authentizität damit beantwortest, dass du deinem Unterbewusstsein eine Reihe von neuen inspirierten Entscheidungen zumutest, hilfst du dabei, jedes Gebet, jeden Traum und jeden Wunsch zu erfüllen. Du tust es, indem du durch all deine Begegnungen Liebe ins Leben bringst.

Wie verletzt oder enttäuscht du dich durch die Handlungen anderer auch fühlen magst, deine Bereitschaft, alles was du von anderen empfängst, in ein Geschenk zu verwandeln, kann dich aus der Verzweiflung des menschlichen Leidens erlösen. Genau jetzt, diesem Moment, gibt es bereits unzählige Geschenke, die in deinem Herzen bereitliegen. Du bist hier und dabei, eine Welt zu erforschen, die sich entwickelt und nur darauf wartet, die Wunder deiner reinen Liebenswürdigkeit zu empfangen. Wie du jedes deiner heilsamen Geschenke übermittelst, ist dabei einzig und allein deine Entscheidung.

KAPITEL 8
Wenn Herz und Verstand miteinander verschmelzen

Stell dir mal vor, wie es wäre, wenn du dein Leben in unruhigen und harmonischen Phasen gleichermaßen leben könntest, ohne dass dich die Erfahrungen mit anderen in irgendeiner Weise beschränken würden. Statt dich bei jemandem für seine Erfahrung zu entschuldigen oder ständig andere retten zu wollen, wäre es viel wichtiger, dein inneres Kind wertschätzend zu behandeln und so zur allgemeinen Erleichterung rings um dich herum beizutragen.

Je mehr dein Herz und dein Verstand eins werden, umso mehr kannst du andere als jenseits ihres geteilten unbewussten Zustands erkennen. So können Qualitäten wie Geduld, Akzeptanz, Vergebung und Mitgefühl zu Ecksteinen deiner Begegnungen werden, egal wie entzündet deine Gesprächspartner auch sein mögen.

Zu lieben, was dir geschieht, gibt dir jedes Recht, in der Welt zu sein, ohne dich von den Persönlichkeiten um dich herum in eine Opferrolle drängen zu lassen. Dies gilt sowohl für die Aktivität deines Geistes als auch für reaktive Muster in deinem Körper. Wenn Geist und Herz verschmelzen, schwächt sich auch die Empfindung für das Auf und Ab des Lebens oftmals ab. Situationen, die früher in dir große Enttäuschung hervorgerufen und es einfach gemacht hätten, jede Hoffnung in die Menschheit zu verlieren, werden nun zu

Augenblicken, in denen eine höhere energetische Schwingung kultiviert werden kann als je zuvor. Während deine Schwingung mit jeder inspirierten und von Herzen gefühlten Entscheidung gen Himmel strebt, erweiterst du die Welt um dich herum durch deine sich entwickelnde Wahrnehmung des Lebens.

Wo du auch hingehst – diese Welt wurde vom Universum geschaffen, um dich daran zu erinnern, wann es Zeit ist, dein Herz zu lieben. Völlig unabhängig von deinen momentanen Lebensumständen enthüllt deine Erfahrung die Unschuld eines Kindes, das sich nach der Bestätigung, Unterstützung und Aufmerksamkeit eines liebenden Erwachsenen sehnt, der nur da gefunden werden kann, wo du gerade bist.

Herz und Verstand: die Verbindung emotionaler Einheit

Wenn Herz und Verstand in einer Verbindung emotionaler Einheit zusammen kommen, wird eine Information an das Universum geschickt, dass du bereit bist, die Verbundenheit aller Dinge in Form des ewigen und einzigen ICH BIN zu erforschen. Dies wurde oft als Selbstverwirklichung bezeichnet. In diesem Prozess ermöglicht dir jeder Aspekt des Erwachens, die Freude, Souveränität und Transzendenz zu erfahren, die eintritt, wenn du das Leben durch die Augen des Universums siehst. Vielleicht ist diese Art von universeller Sicht dir bereits vertraut. Vielleicht wartet sie aber auch einfach noch darauf, dass sich dein Herz dafür öffnet, eine Wahrheit aus erster Hand bezeugen zu können, die nur dir bestimmt ist zu sehen.

Obwohl deine wahre Natur sich hinter dem Schauspiel eines überreizten Nervensystems versteckt, besteht sie aus einem Samen des Bewusstseins, der sich gerne auf kindliche Weise ausdrückt. Daher bezeichne ich ihn auch als dein wahres inneres Kind. Mit jeder deiner Reaktionen auf das, was dir passiert, lädt deine kindliche Natur dich dazu ein, die unvergleichlichen Wunder deines Herzens so zu würdigen und anzunehmen, wie Eltern ihr eigenes Kind. Während du eine aktive Verbindung mit deiner inneren Unschuld aufbaust, führst du gleichzeitig immer auch einen Dialog mit den höchsten Ebenen des Einheitsbewusstseins.

Wenn Herz und Verstand sich in heiliger Ehe vereinigen, kannst du sehen, dass alles, was in deinem Leben in Erscheinung tritt, in ein Geschenk verwandelt werden kann. Liebe kannst du mit der wachsenden Fähigkeit empfinden und mit Leichtigkeit in all deinen Begegnungen kultivieren.

Wenn die Persönlichkeit sich jedoch entzündet, zerbricht die ewige Wahrheit des Bewusstseins und spaltet die emotionale Einheit in zwei scheinbar getrennte Teile: in einen grüblerischen, elternähnlichen Verstand und ein vorsichtiges, unschuldiges, verletzliches kindliches Herz. Trotzdem löst sich die Trennung zwischen Herz und Verstand wieder auf, wenn das überreize Nervensystem sich von Anspannungen löst.

Dieser Prozess ist vergleichbar mit dem Zustand von Eltern, die dadurch zu ihrer eigenen Verletzlichkeit zurückfinden, dass sie ihr Kind dabei beobachten, wie es zum ersten Mal in seinem Leben die Welt erforscht. Manche Eltern beginnen, stellvertretend durch ihr Kind zu leben und bestimmte Dinge aus einer neuen Perspektive erneut zu durchleben. Gleichzeitig erhält das Kind all die benötigte

Aufmerksamkeit, Fürsorge und den Schutz, um sich zu öffnen und in sein volles Potenzial hineinzuwachsen.

Sowohl das Kind als auch die Eltern sind Aspekte des einen Bewusstseins, die lernen, sich miteinander zu einigen, während sich ihr Herz öffnet. Und indem dies geschieht, wird eine Umgebung erschaffen, in der man zu seiner wahren Natur als göttliches Licht in menschlicher Gestalt zurückfinden kann.

Aus dem allumfassenden Raum der auf dem Herzen basierenden Meisterschaft heraus kannst du für jeden Menschen, der dir begegnet, der Elternteil sein, den er nie hatte; der beste Freund, von dem er gar nicht mehr wusste, dass er ihn je hatte; eine Übertragung von Gnade, von der er vielleicht nicht einmal wusste, dass es sie gibt und man sie empfangen kann. Sobald du die Wahrheit der zeitlosen Schönheit des Lebens einmal entdeckt hast, fließt sie durch dich hindurch, um das Bewusstsein in allen zu wecken, denen du in deinem Leben begegnest.

Um das überreizte Nervensystem so lange zu entwirren, bis eine solch tiefe Wertschätzung tatsächlich einsetzen kann, erinnert dich dein inneres Kind an all das, was du an dir oder anderen verurteilt hast oder wofür du von anderen beurteilt worden bist. Durch jedem Moment der Verbundenheit trägt dich dein kindliches Herz durch deine eigene Initiation in die bedingungslose Liebe. Dies ist der direkteste Weg, um den Meister in dir zum Leben zu erwecken.

Wenn du den Anteil lieben kannst, der verurteilt oder von anderen verurteilt worden ist, dann versicherst du deinem Unterbewusstsein damit, dass dein inneres Kind dein absolutes Vertrauen genießt, was immer es auch sagt oder verlangt. Dabei geht es immer wieder darum, deinem inneren Kind die

Unterstützung, das Verständnis und die Aufmerksamkeit zu zeigen, die du ihm von nun an immer geben wirst. Mit der Zeit wird deine beständige aufmerksame Haltung deinem inneren Kind die Sicherheit geben, von dir nicht so behandelt zu werden, wie andere Menschen dies in der Vergangenheit getan haben.

Wenn deine Initiation beendet ist und du den Glauben und das Vertrauen deines inneren Kindes schließlich wiedergewonnen hast, wirst du die Rolle des weisen Wächters an der Seite deines strahlenden kindlichen Herzens einnehmen. Vielleicht wirst du nicht immer »Ja« zu seinen spontanen Bedürfnissen sagen. Aber dir wird immer bewusst sein, dass nicht jede Forderung das Ziel eines Dialogs sein muss. Und doch gründet jede Interaktion zwischen Eltern und Kindern in der Liebe, denn das Universum feiert seine Verwirklichung, die es sehnsüchtig erwartet, mit dem herzbasierten Erwachen eines jeden Lebewesens.

Die Kunst, sich selbst Komplimente zu machen

So, wie du gelernt hast, anderen Menschen Komplimente zu machen, kannst du dein inneres Kind treffen und alles, was es dir mitteilt, ebenfalls in ein Geschenk aus Komplimenten verwandeln.

Vielleicht bist du mit Angst, Traurigkeit oder Wut konfrontiert worden und fragst dich nun, wie du darauf mit authentischen Komplimenten reagieren könntest. Obwohl es ganz natürlich ist, auf Angst mit dem Impuls zu reagieren, sich von dem Gefühl wegzubewegen, ist dir vielleicht nicht klar, dass jeder Versuch, Gefühle zu vermeiden, nur eine weitere Botschaft des Verlassen-Werdens an dein Herz schickt.

Wenn du Traurigkeit fühlst, dann hast du dich vielleicht gefragt, wie du deine Traurigkeit heilen kannst. »Wie kann ich sie überwinden?«, wird es dir durch den Kopf gehen. Solche Fragen können von einem Gefühl der Niederlage begleitet sein, aber nur so lange, bis du einsiehst, dass Traurigkeit nicht erschaffen wurde, um überwunden zu werden.

Traurigkeit überwinden zu wollen, bedeutet, dein inneres Kind zurückzustoßen, bis es bereit ist, ›angemessen‹ zu reagieren. Ähnlich wie bei der Angst, können auch Momente der Traurigkeit nicht besiegt, geheilt oder überwunden werden. Sie können nur transformiert werden, und zwar durch deine Bereitschaft zu lieben. Wenn du den Anteil in dir unterstützen kannst, der ängstlich, traurig oder auch wütend ist, heilst du damit alle Schichten der Konditionierung. Denn so veränderst du deine Beziehung zu den Gefühlen, die nicht kontrolliert oder geleugnet werden können.

Wenn du auf schwierige Gefühle mit der Kunst, dir selbst Komplimente zu machen, reagierst, beginnt ein Prozess, der dich ganz direkt mit allen Schichten deiner Konditionierungen und Muster konfrontiert. Immer dann, wenn dein kindliches Herz dir ängstliche, traurige oder wütende Gefühle schickt, kann dies deine tiefste innere Weisheit dazu inspirieren, hierauf mit Komplimenten zu reagieren. So kannst du dein Herz wissen lassen, dass es jedes Gefühl fühlen darf und dabei trotzdem in Sicherheit ist. Durch die Kraft deiner Komplimente richtest du deine Aufmerksamkeit auf die heilsamen Qualitäten, die in jedem Gefühl enthalten sind. Indem du lernst, auf alle schwierigen Gefühle, egal wie aufwühlend, angstauslösend oder schmerzhaft die Erfahrung auch sein mag, so zu reagieren, dass du das Geschenk in ihnen suchst, entdeckst du eine sehr persönliche Art, mit dem Fluss des Lebens in Harmonie zu leben.

Solltest du also einen Moment der Angst durchleben, dann bist du dazu eingeladen, die Kunst, dir selbst Komplimente zu machen, in dir zu aktivieren. Sprich dann folgendes heilsames Mantra zu deinem Herzen:

Es ist in Ordnung, dass du dich fürchtest. Die Tatsache, dass du Angst hast, lässt mich wissen, dass du eine bestimmte Erfahrung vermeiden möchtest. Ich weiß auch, dass dein Gefühl der Angst immer die Chance gibt, mich zu fragen, ob diese Angst mir dazu nutzt, mir selbst meine Aufmerksamkeit zu schenken oder um mir mitzuteilen, dass ich mich besser in eine andere Richtung bewegen sollte. Was auch immer sich zeigen möchte, Angst ist eine Möglichkeit für mich, klarer zu empfinden, auf welche Weise das Universum mich leitet. Gleichzeitig bietet sie mir die Möglichkeit, dich, mein inneres Kind, mehr zu lieben als je zuvor. Was für ein Geschenk du mir damit machst! Vielen Dank dafür.

Sobald du dir selbst den Respekt erweist, deine innere Führung willkommen zu heißen, statt für deine Entwicklung selbst verantwortlich sein zu wollen, kannst du die klarsten und direktesten Antworten erzielen. Ob die Angst dir nun mitteilen will, was du in einem bestimmten Moment besser nicht tun solltest, oder nur versucht, deine Aufmerksamkeit zu erlangen, auf all das kannst du mit dem Geschenk deiner unbeirrten Unterstützung eingehen.

Fühle einmal, was passiert, wenn Angst mit Komplimenten beantwortet und bewusst wahrgenommen wird. Egal, wie intensiv sie sich auch anfühlen mag, auch die Angst ist ein Ausdruck des Göttlichen und sollte weder übersehen, ignoriert, ins Lächerliche gezogen oder schlimmer noch geleugnet werden.

Sobald Traurigkeit in dir aufsteigt, gibt dies der Liebe die Gelegenheit, die Kunst in dir zu aktivieren, dir selbst Komplimente zu machen und deinem Herzen Folgendes zu sagen:

> *Ich heiße deine Traurigkeit willkommen. Ich möchte dich bitten, mir alles mitzuteilen, was du diesbezüglich fühlst, auch wenn es sich um einen Verlust von etwas handelt, das du noch nicht loszulassen bereit warst. Egal, wie traurig du dich fühlst, diese Gefühle zeigen mir nur, wie viel dir die Dinge bedeuten. Wenn du einen Verlust oder Dinge, die sich verändern, betrauerst, zeigt mir das nur, wie sehr du schätzt, was dir gegeben wurde, und wie viel Wert du den Geschenken beimisst, die zu dir kommen. Ich finde diese Qualität bewundernswert und mutig.*

Genauso gut kannst du einfach langsamer atmen, wenn Wut in dir aufsteigt und dich durch die Größe deiner eigenen Kraft erschreckt. Du kannst dann die Liebe in dein Herz lassen, indem du sagst:

> *Hallo Wut. Ich möchte dass du weißt, dass du jedes Recht hast, wütend zu sein. Du bist frei und darfst dich so ausdrücken. Ich lade dich dazu ein, so lange*

wütend zu sein, wie du möchtest. Du hast die Freiheit, jeden anzuklagen, den du anklagen möchtest und dein Anliegen vorzutragen. Ich höre dir zu. Ich schätze dich dafür und möchte dich dazu beglückwünschen, dass du so schnell auf Handlungen anderer reagierst, die nicht auf deinem Niveau sind. Obwohl du andere anklagst, um mit deiner Enttäuschung umzugehen, lässt du mich damit nur wissen, wie hoch dein eigener Anspruch ist.

Die Werte, die du verkörperst und die so subtil sind, lassen dich enttäuschendes Verhalten oder die Ungerechtigkeit anderer Menschen zur Sprache bringen. Dies zeigt mir nur, dass du bereit bist, als mein Beschützer aufzutreten, obwohl ich eigentlich gar nicht beschützt werden muss.

Danke, dass du dich immer um mich kümmerst. Deshalb wirst du leicht wütend, wenn die Dinge nicht so laufen, wie ich es möchte, oder wenn andere sich nicht gewissen Vorstellungen entsprechend verhalten. Du hast das gute Recht, gehört zu werden, und wirst dafür nicht bestraft werden, egal was du gerade denkst oder sagst. Ich möchte alles hören, was du mir mitteilen möchtest, inklusive aller Beleidigungen und Bewertungen derjenigen, die beleidigen und bewerten. Egal, wie explosiv du dabei vielleicht auch bist, ich bin immer hier, um dir zuzuhören, dich zu bewundern und dich als das ewige Wesen, das ICH BIN, anzunehmen.

Vielleicht kannst du an diesen Beispielen erkennen, wie natürlich es sein kann, intensiven Gefühlen ganz offen zu begegnen, auch wenn sie dich bisher ordentlich aus dem Gleichgewicht gebracht haben. Indem du dich an der Verletzlichkeit deines inneren Kindes erfreust, entdeckst du das wahre Ziel aller Komplimente, die an dich selbst gerichtet sind. Es geht hier wieder darum, alles, was in deinem Leben geschieht, mit Liebe, Akzeptanz und Authentizität zu verwandeln.

So gelangst du im Herzraum der Hingabe an einen aufregenden Punkt der Erfüllung. Gleichzeitig erklimmst du damit die nächsthöhere Stufe deines spirituellen Wachstums und deiner energetischen Entwicklung.

Kapitel 9
Bewusste Kommunikation

Wenn du im Herzraum der Hingabe Erfüllung gefunden hast, entwickelst du dich schließlich weiter, indem du die Fähigkeiten der bewussten Kommunikation entdeckst. Dies ist der nächste Schritt zum Meistern von Beziehungen. Er erlaubt es dir, dich auf die persönlichen Geschenke zu konzentrieren, die du anderen Menschen geben kannst, statt darauf zu warten, dass sie dir die Aufmerksamkeit, Unterstützung und Fürsorge schenken, die sie sich unwissentlich selbst vorenthalten.

Der Grund, warum du mit vielen anderen Menschen zusammen in dieser Welt lebst, hat mit guter Kommunikation zu tun. Sie ist immer wieder ein aktueller Gradmesser spiritueller Entwicklung. Wie auch immer andere entscheiden, sich dir gegenüber zu verhalten – durch deine Reaktion darauf zeigst du, ob dein Herz überwiegend offen ist oder nicht. Wenn der weise elternähnliche Verstand und das unschuldige kindliche Herz sich wieder miteinander vereint haben, steht die Liebe in deinen alltäglichen Begegnungen im Vordergrund und spricht in deinem Namen. Auch wenn immer noch du es bist, der da spricht, fühlt es sich dann vielleicht so an, als ob deine Worte aus einem Lebenszustand kommen, der tiefer, reicher und beseelter ist als je zuvor.

Ein wahrer erleuchteter, moderner Meister weiß, wie er die Liebe seines wahren Selbst ausdrücken kann, indem er sie in eine verständliche Sprache übersetzt. Je mehr du dir der Fähigkeiten und Qualitäten eines meisterhaft bewussten Kommunikators bewusst wirst, desto besser wirst du deine Beziehungen gestalten, alle Begegnungen genießen und jede Erfahrung unabhängig von den Umständen wertschätzen können.

Kommunikation meistern zu können, ist deswegen eine so entscheidende Fähigkeit, weil genau in diesem Bereich die meisten Missverständnisse entstehen. Die Unfähigkeit, bewusst zu kommunizieren, führt schnell dazu, dass du dich von deinen Mitmenschen missverstanden fühlst. Dies kann es deinem Herzen erschweren, sich mit seinem vollen Potenzial zu öffnen.

Das Zuhören meistern

Bewusste Kommunikation beginnt damit, das Zuhören zu meistern. Indem du anderen zuhörst, können sie deine liebevolle Aufmerksamkeit empfangen. Dies ermöglicht es ihrem Unterbewusstsein, mit dem deinen im Einklang zu sein.

Obwohl es viele spirituelle Meister gibt, die sich in ihrer Entwicklung so sehr nach dem Erwachen sehnen oder danach, demnächst schweben, durch Wände gehen oder ihre Form verändern zu können, liegt einer der eindrücklichsten Beweise erwachten Bewusstseins viel mehr noch in der Fähigkeit, anderen zuzuhören. Ein erwachtes Wesen weiß, dass das Zuhören der direkteste Weg ist, um einen anderen Menschen an seinen Wert zu erinnern. Ob du dich in die Schönheit deines Partners versenkst oder mit einem Nachbarn ein Lächeln austauschst – das Geschenk deiner Aufmerksamkeit bleibt ein außergewöhnlicher Schatz. Und du schenkst ihn anderen schon dadurch, dass du ihr inneres Kind überhaupt wahrnimmst.

Ist dir schon mal bewusst geworden, welche Kraft allein in deinem liebevollen Blick steckt? Hast du bemerkt, wie einfach und mühelos sich alles fügt, sobald du erkannt hast, das alles, was existiert, durch die Gnade deiner Aufmerksamkeit gesegnet werden kann?

Sobald dir dies klar wird, wirst du zum Zeugen der Transformation anderer, und das schon dadurch, dass du ihnen erlaubst, gehört zu werden. Wenn du anderen zuhörst, konzentrierst du dich nicht länger auf deine Gedanken oder darauf, wie du Dinge bewertest. Du würdigst dann vielmehr die Einzigartigkeit, in der sich das Universum durch diese menschlichen Kunstwerke ausdrückt.

Dieses tiefere Verständnis befreit dich vom Bedürfnis, dir ständig Antworten bereitlegen oder durchspielen zu müssen, um auf die Worte anderer entsprechend reagieren zu können. Denn die größere Bereitschaft, wirklich zuzuhören, ist eine sehr liebevolle Weise, sich mit anderen zu verbinden. Dabei musst du die Antworten auf deine Fragen und die der anderen gar nicht wissen, weil die beste Antwort immer darin besteht, sich mehr für den Fragenden selbst zu interessieren.

Wie tiefgreifend würde sich dein Leben verändern, wenn du nicht länger Antworten auf deine Probleme suchten oder die Problem der anderen lösen wollen würdest? Wie wäre es, den anderen einfach nur zuzuhören und allem, was dir auf deinem Weg begegnet, deine liebevolle Aufmerksamkeit zu schenken?

Ein überreiztes Nervensystem hindert dich daran, einem anderen ohne eigene innere Strategie zuzuhören, da du dich so immer wie jemand fühlst, der ständig mit Missverständnissen konfrontiert, übersehen und nicht unterstützt wird. Deshalb kämpfen Menschen in Gesprächen auch so oft um Kontrolle oder verwenden Zeit darauf, miteinander zu debattieren. Solange du in deinem Ego verhaftet bist, fühlst du dich schnell so, als ob dir keiner richtig zuhört, egal wie viel Aufmerksamkeit du bereits bekommen hast. Wenn du ständig das Bedürfnis hast, dass dir jemand zuhört, fehlt dir zugleich die Fähigkeit, andere zu hören. Und du verstehst dann nicht, dass du selbst der einzige Mensch bist, der dir die Aufmerksamkeit geben kann, nach der dein Herz sich sehnt.

Solange ein Mensch sich die Aufmerksamkeit, nach der er sich sehnt, nicht geben kann, wird sein Umgang mit anderen von dem Gefühl mangelnder Unterstützung oder der Angst vor Missverständnissen geprägt. Dies kann dazu führen, dass er andere Menschen ausnutzt, um die Aufmerksamkeit zu bekommen, die er sich selbst nicht geben kann. Sobald zwei Menschen zusammentreffen und versuchen, voneinander solch eine tiefgreifende Bestätigung einzufordern, wie sie nur aus dem eigenen Inneren kommen kann, hört keiner dem anderen mehr zu. Und genau so werden Konflikte erzeugt. Ist der Konflikt erst einmal entstanden, wird die Dynamik des überreizten Nervensystems nur noch weiter angeheizt.

Sobald zwei Menschen gemeinsame Gespräche jedoch als Möglichkeit sehen, dem eigenen Herzen ungeteilte Aufmerksamkeit zu schenken, und damit auch dem anderen ein besserer Zuhörer sind, haben Konflikte keinen Nährboden mehr. Dann sind sich beide dessen bewusst, dass sie selbst die Einzigen sind, die sich bei dem zuhören sollten, was sie gerade sagen wollen. Wenn menschliche Begegnung zu einem Weg der Ausübung von Selbstakzeptanz wird, auf dem wir andere geduldiger, gütiger und respektvoller behandeln, kann das ständige Bedürfnis, gehört zu werden, sich in die Fähigkeit verwandeln, unsere Liebe über aktives Zuhören auszudrücken.

Vielleicht ist es auch wichtig, dich daran zu erinnern, dass dein Herz nicht unterscheiden kann, ob du anderen zuhörst und ob andere dir zuhören. Je offener und unbefangener du anderen also zuhören kannst, desto angenommener fühlt sich damit auch dein Herz. Wenn du das bewusste Zuhören anwendest, fühlt sich dein Herz sicher genug, sich auch dann nicht zu verschließen, wenn andere aus Selbstverteidigung aggressiv reagieren.

Zuhören als Akt der Selbstliebe

Sobald das Zuhören zu einem Akt der Selbstliebe wird, tritt eine verblüffende Wahrheit zutage. Im Egozustand glauben wir für gewöhnlich, dass die Worte oder Handlungen anderer der Grund dafür sind, dass wir uns bewertet, nicht akzeptiert oder abgelehnt fühlen. In Wirklichkeit können andere Menschen dich jedoch gar nicht beeinflussen.

Das Gefühl, andere könnten dich in deinem Erleben einschränken, entsteht erst dann, wenn du dich weigerst, dir einen Standpunkt anzuhören, der nicht deinem eigenen entspricht. Je mehr du dir erlaubst, anderen einfach nur zuzuhören, ob du ihren Meinungen zustimmst oder nicht, desto weniger wahrscheinlich fühlst du dich in der Gegenwart eines Menschen zurückgewiesen. Das Gefühl, abgelehnt zu werden, dient als Katalysator. Damit möchte dich das Leben daran erinnern, dass die anderen Menschen nicht unbedingt dazu geschaffen sind, dich besser zu behandeln, als du dich selbst. Und doch verhelfen sie dir zu einem besseren Umgang mit dir selbst, indem sie dir den Grad deines liebevollen Umgangs mit anderen spiegeln.

Dies bedeutet nun natürlich nicht, dass du so tun solltest, als ob du den Umgang mit denen genießen würdest, die dich schlecht behandeln. Aber es gibt dir die Möglichkeit, größeres Mitgefühl mit dir selbst zu entwickeln, indem du anderen erlaubst, ihre Ansichten zu äußern. Während du die Kunst des Zuhörens immer besser meisterst, wird jedes Herz durch das Licht deines Wesens geheilt. Sobald andere sich in deiner Gegenwart mitteilen dürfen, inspirierst du damit alle um dich herum, ihr Licht zu zeigen.

Die Beziehung zwischen Konzentrationsspanne und Zuhören

In meiner Tätigkeit als mitfühlender Lehrer wurde mir die große Bedeutung des Zuhörens bewusst. Ich beobachtete, dass Menschen aus vollkommen unterschiedlichen spirituellen Richtungen oft bei mir Rat suchten, um Gefühle wie Verlassenheit, Getrennt-Sein von der Quelle oder ihre Unschlüssigkeit über den nächsten Schritt im Leben zu bewältigen. Obwohl ich intuitive Informationen zu allen nur denkbaren Themen channelte, schien ich nicht immer zum Kern des Problems durchzudringen. Dies forderte mich dazu heraus, mich noch intensiver damit zu beschäftigen, warum Menschen sich so fühlten. Irgendwann erhielt ich dann überraschend klare Antworten.

Jedes Mal, wenn ein Mensch sich verloren, abgeschnitten oder unsicher in Bezug auf seine Ziele im Leben fühlt, stellen diese Gefühle einen Feedback-Mechanismus seines Nervensystems dar. Sie spiegeln wider, was du als Mensch noch lernen darfst, um ein noch besserer Zuhörer zu werden. Ähnlich wie beim oberflächlichen Atmen, bemerken wir auch beim oberflächlichen Zuhören zunächst nur die bedingte Liebe, die Menschen für sich und andere empfinden, und die Verstrickung in ihre engen persönlichen Motive und Strategien. Je mehr sich unsere Fähigkeit des Zuhörens entfaltet, umso eher lösen sich die zum natürlichen Feedbacksystem gehörenden Gefühle wie Verlassenheit, mangelnde Verbundenheit oder Ziellosigkeit auf.

Obwohl viele Menschen meinen intuitiven Rat suchten und hofften, dass ich etwas wissen würde, was sie selbst nicht wussten, war das nicht der eigentliche Grund, weshalb wir vom Leben zusammengeführt wurden. Diese Menschen waren da, damit ich lernen konnte, ihnen zuzuhören, und zwar intensiver als ihnen je zuvor zugehört worden war. Sobald ich anderen half zu lernen, sich selbst auf tiefster persönlicher Ebene besser zuzuhören, entdeckte ich die mysteriöse Verbindung zwischen der Intensität des Zuhörens und dem Nervensystem.

Ich hatte bereits beobachtet, wie oberflächlich das Zuhören bei einem überreizten Nervensystem blieb und wie es sich vertiefte, sobald das Nervensystem sich entspannte. Doch die genaue Verbindung zwischen beidem blieb mir unklar. Die Verbindung besteht in der Konzentrationsspanne. Eine kurze Konzentrationsspanne zeigt an, wie überreizt ein Nervensystem momentan gerade ist. Wenn dein Nervensystem überstimuliert ist, fühlst du dich zwangsläufig unsicher in deinem

Körper, von der Welt alleingelassen, verloren, abgeschnitten und unfähig, vernünftige und wichtige Entscheidungen zu treffen oder deinem Leben eine Richtung zu geben. Entspannt sich das Nervensystem wieder, verlängert sich auch deine Konzentrationsspanne und Gefühle von Selbstzweifel lösen sich auf. Parallel dazu wächst dein Interesse, anderen zuzuhören und dich selbst zu wirklich inspirierten Entscheidungen zu motivieren, die schon immer im Bereich deiner Möglichkeiten lagen.

Einer der wichtigsten Gründe, warum Lehrer ihre Weisheitslehren mündlich weitergeben, liegt darin, dass der Akt des Zuhörens bei den Schülern die Konzentrationsspanne verlängert. Im Prozess dieser Verlängerung kann der Körper sich entspannen und das Herz dazu einladen, sich sicher genug zu fühlen, um sich zu öffnen. Sobald deine Aufmerksamkeit sich verlängert, wirst du von der Essenz menschlicher Konflikte befreit. Welche Art von Persönlichkeit in deiner Wirklichkeit auch auftaucht, jeder Mensch wird allein dadurch geheilt und in seine ursprüngliche Form zurückgeführt, dass du ihm erlaubst, sich mitzuteilen.

Wenn dein Nervensystem überreizt ist, bist du nicht fähig, den vollen Umfang des Inhalts der Äußerungen anderer zu verstehen. Vielleicht hörst du die ersten drei oder vier Worte, die dann aber Assoziationen zu anderen Dingen in dir wecken. Weil ein überstimuliertes Nervensystem dazu führen kann, schnell zu antworten und mitzuteilen, was die Worte des anderen in dir auslösen, kann es verhindern, dass du dem anderen einräumst, gehört zu werden.

Vielleicht hast du aber auch die Tendenz, andere zu unterbrechen, um die Art und Weise zu korrigieren, wie sie dich sehen. Solange du im Egozustand herumirrst, kann es dir schwerfallen, mit Menschen ganz entspannt zusammen zu sein, wenn sie dich nicht so sehen, wie du gerne von ihnen gesehen werden möchtest. Solange die Absicht dich antreibt, von anderen in einer ganz bestimmten Weise wahrgenommen zu werden, wirst du den Raum, in dem Herzen heilen, nicht halten können.

Vielleicht hilft es dir, dich daran zu erinnern, dass die Meinung anderer Menschen über dich niemals etwas mit dir selbst zu tun hat. Obwohl andere Menschen ihre Ansichten und Meinungen darüber ausdrücken, wer du in ihrem Theaterstück bist, muss dies nicht mit deinem eigenen Wissen über dich übereinstimmen.

Unabhängig von all den Schlüssen, die andere ziehen, wenn sie dich betrachten, stellt jede ihrer Vorstellungen nur veraltete Anhäufungen auf Zellebene abgelagerter Ablagerungen dar, die gerade aus ihrem Energiefeld entlassen werden. Deshalb kann die Unschuld deines liebenden Herzens andere Menschen dazu bringen, härteste Kritik an dir zu äußern, wenn die Zeit für sie gekommen ist, sich von solchen Bewertungsmustern zu reinigen. Was auch immer dabei gesagt wird, es kann deine Schwingung oder dein Energiefeld nicht negativ verändern, solange du ihre Vorstellung von dir nicht übernimmst.

In den meisten Fällen ist es noch nicht einmal nötig, denjenigen zu antworten, die verlangen, dass du ihnen zuhörst, da Zuhören bereits die beste Antwort ist. Egal wie voreingenommen ein Mensch auch zu sein scheint – deine Fähigkeit, ihm zuzuhören, gibt seinem inneren Kind die Möglichkeit, sich wichtig, geschätzt und unterstützt zu fühlen. Auch wenn andere durch dein Zuhören nicht sofort verändert erscheinen, so wirst du selbst doch in jeder Begegnung Entwicklung und Wachstum erfahren.

Während die anderen die angehäuften Ablagerungen, die ihr Nervensystem freigegeben hat, über ihre Worte aus ihren Zellen entlassen, kannst du dies als eine Gelegenheit nehmen, ihnen intensiven Augenkontakt anzubieten und mit aufrichtigem, von Herzen kommendem Interesse zuzuhören. Aus diesem Zustand heraus kannst du wahrnehmen, dass bei entzündeten Menschen eine hohe Sprachgeschwindigkeit mit einem flachen Atem verbunden ist. Je mehr du deinen Atem verlangsamst, um als aktiver Zuhörer den Raum zu halten, umso mehr breitet sich dein Energiefeld aus und erhöht damit auch deine Schwingung.

Über deine erhöhte Schwingung schickst du eine Botschaft an das Unterbewusstsein deines Gegenübers und informierst es über den energetischen Unterschied zwischen euch. Als Reaktion darauf wird das Unterbewusstsein deines Gegenübers alle Hebel in Bewegung setzen, um seine Schwingung so anzuheben, dass sie der deinen entspricht. So kannst du anderen Menschen helfen, sich auf eine höhere Bewusstseinsebene zu begeben, statt dein eigenes Energieniveau auf das ihrige abzusenken.

Deine aufrichtigere Bereitschaft zuzuhören befreit dich also von der unbewussten Tendenz, dich der Schwingung deines Gegenübers anzupassen oder denjenigen zu unterbrechen, bevor er ausgesprochen hat. Wenn wir jemanden unterbrechen, der sich gerade mitteilt, führt dies häufig dazu, dass gerade einsetzende Heilungsprozesse wieder verlangsamt werden.

Auch wenn es dir ein Gefühl von Kraft gibt, bessere Argumente zu haben oder Fehlwahrnehmungen zu korrigieren, zeigst du durch das Unterbrechen des Redeflusses der anderen nur, wie sehr dein eigenes Nervensystem überreizt ist.

Daher basiert ein zutiefst herzbasierter Ansatz darauf, einen heiligen Raum zu öffnen, in dem beide Herzen durch bewusste Kommunikation heilen können. Andernfalls kann sich ein spontaner Moment der Heilung schnell zu einem lautstarken Streit entwickeln, in dem zwei Menschen darum kämpfen, das letzte Wort zu haben, während die inneren Kinder in ihren Herzen wieder einmal missachtet werden.

Ratschläge geben, den anderen unterbrechen und aggressives Verhalten

Als Lichtbringer eines herzbasierten Bewusstseins bist du immer in der Lage, einen heiligen Raum für die tiefsten Heilungsprozesse des Lebens anzubieten. Sobald du deinen Hang, deinen Gesprächspartner zu unterbrechen, als Gelegenheit erkennst, deinen Atem zu verlangsamen und auf einer tieferen Ebene zuzuhören, erhöhst du die Wahrscheinlichkeit, dass auch dein Gegenüber für deine Worte bereit ist, sobald er alles ausgesprochen hat.

Doch auch, wenn ein Gesprächspartner alle Argumente vorgebracht hat, wirst du in vielerlei Form die Erfahrung machen, dass andere nicht willens oder nicht in der Lage sind, dir so meisterhafte Zuhörer zu sein, so wie du es für sie warst. Hier kann es verlockend erscheinen, deinem Gesprächspartner deutlich zu machen, wie geduldig du ihm zugehört hast oder wie unfair es ist, dass er sich dir gegenüber nicht genauso verhalten kann. Heilsamer für alle wäre es jedoch, wenn du alle frustrierten oder enttäuschten Regungen in dir beobachten und sie als bedürftige Anteile erkennen könntest, die deine Liebe brauchen.

Dein aufmerksames Zuhören wird in deinem Gegenüber die Wahrscheinlichkeit erhöhen, dir mit demselben Interesse zu begegnen wie du ihm. Auch wenn es dafür keine Garantie gibt, so gibt es jedoch eine Gewissheit: Alles wird sich so entfalten, wie es für deinen eigenen tiefsten Heilungsprozess das Beste ist.

Bewusste Kommunikation ist eine gesunde Grundlage für deinen täglichen Umgang mit anderen. So erinnerst du dich daran, wie du anderen so zuhören kannst, dass es dir dabei nutzt, dir selbst ein besserer Zuhörer zu werden.

So einseitig bestimmte Gespräche dir auch vorkommen mögen, können sie sich trotzdem fair, angemessen und partnerschaftlich anfühlen. Dies geschieht dann, wenn du sie als eine aktive Praxis der Meditation begreifst. Auch wenn die Bereitschaft, deinem Gegenüber zuzuhören, innerlich eine Antwort in dir auslösen sollte, bedeutet dies nicht unbedingt, dass alles, was du laut aussprechen möchtest, auch wirklich das ist, was er hören oder aufnehmen sollte. Häufig ist es so, dass deine Antworten Botschaften deiner inneren Führung ausdrücken, die genaugenommen nur für deine eigenen Ohren bestimmt waren.

Wenn du diese Wahrheit in ihrer Tiefe begreifst, kannst du vielleicht Situationen in deinem Leben erkennen, in denen die selbstgerechte Entzündung des Egos dich dazu verleitet hat, anderen deine wichtigsten spirituellen Einsichten darzubieten und damit Menschen zu erziehen, denen dieses Wissen zu fehlen scheint. Durch das Projizieren deiner Hinweise auf andere riskierst du, dass Gespräche sich in hitzige Debatten verwandeln, wenn deine tiefsten Einsichten ignoriert oder sogar abgelehnt werden. Dagegen wird dich bewusste Kommunikation immer wieder daran erinnern, dass der Sender einer Botschaft immer derjenige ist, der seine eigenen Worte am dringendsten selbst hören muss.

Wenn du in der Lage bist, anderen Menschen wirklich zuzuhören, gibst du dir damit immer mehr Möglichkeiten, um zu üben, ein besserer Zuhörer zu werden. Du tust dies, indem du einen Raum des Bewusstseins hältst, den andere für dich niemals halten könnten.

Wenn dein Herz die Instanz ist, die über die Qualität deiner Antwort entscheidet, wirst du erkennen, dass du nur dann motiviert bist, anderen Hinweise zu geben, wenn du dich selbst daran erinnern willst, was der nächstwichtige Schritt in deinem Leben ist. Sogar dann, wenn die Hinweise, die du anderen Menschen so gerne geben würdest, bereits mit deinen eigenen Handlungen übereinstimmen, motiviert dich die Begeisterung, mit der du deine Weisheit mit anderen teilst dazu, diese noch konsequenter und mit neu erwachter Leidenschaft zu leben.

Indem du lernst, bewusst zu kommunizieren, erkennst du deine Bereitschaft, größeres Interesse an der Einzigartigkeit der anderen zu zeigen, als eines der größten Geschenke, das du anderen machen kannst. Indem du dich immer wieder für aktives Zuhören entscheidest, gibst du damit anderen und ihrem inneren Kind die Möglichkeit, durch die Worte, die sie jetzt aussprechen möchten, alles zu reinigen, was sie hier und jetzt loslassen wollen. Was immer du ihnen antworten möchtest, um ihre Annahmen, Urteile, Meinungen und Schlussfolgerungen zu korrigieren, es bietet dir immer die Möglichkeit, die Worte laut auszusprechen, die du hören solltest, um dir der Schritte bewusster zu werden, die du selbst dringend umsetzen musst.

Da du es in der Welt mit vielen anderen Menschen zu tun hast, zeigt sich dein Verhältnis zu deinem inneren Kind auch in der Maske deiner Beziehungen zu den anderen Persönlichkeiten. Das heißt nicht, dass die Art, wie andere sich verhalten, der Spiegel eines Verhaltens in dir ist. Vielmehr kannst du die emotionale Befindlichkeit anderer als eine Funktion erkennen, die dich an vergangene Zeiten deines Lebens erinnert, in denen du durch ein solches Verhalten weniger Liebe von anderen bekommen hast, statt mehr. Es ist so, als ob verschiedene Kategorien von Gefühlen immer wieder auf die Bandbreite deiner Lebenserfahrung zurückverweisen. Alle in deinem Zellgedächtnis zurückgebliebenen und noch nicht bereinigten Gefühle nehmen im Temperament anderer Menschen Form an.

Gleichermaßen stellt alles, was andere Menschen dir mitteilen wollen, eine Reinigung von Ablagerungen auf Zellebene dar, wodurch ihr Energiefeld gesäubert wird. Gleichzeitig stehen ihre Worte auch für Aspekte deiner Vergangenheit, die auf die Unterstützung, Aufmerksamkeit und Ermutigung warten, die du damals scheinbar nicht erhalten hast.

Genau deshalb stellt die Fähigkeit, anderen Menschen zuzuhören, für dich eine Gelegenheit dar zu üben, deinem inneren Kind auf tieferer Ebene zuzuhören. Auch wenn der Mensch, der sich dir gerade mitteilt, dich sogar um deinen Rat bitten sollte, stell dir zuerst einmal immer diese Frage: »Welche Worte hätte ich unbedingt hören wollen, als ich mich selbst so gefühlt habe?« Alle Worte, die in dir etwas Positives ausgelöst hätten, wenn die Menschen in deiner Vergangenheit sie ausgesprochen hätten, werden dann zu Geschenken, die nur du anbieten kannst, um eure beiden Herzen zu heilen.

In der bewussten Kommunikation ist die Art, wie sich jemand benimmt, handelt oder spricht kein Grund mehr, sein unbewusstes Verhalten zu imitieren und aggressiv zu reagieren. Solltest du dennoch aggressiv reagieren, kannst du dies als erneute Gelegenheit verbuchen, dir etwas Zeit für dich selbst zu nehmen und deinen Atem zu verlangsamen, deinem inneren Kind aktiv zuzuhören und auf die Botschaft deines Herzens zu lauschen. Dies kann auch beinhalten, demjenigen inneren Anteil, der sich gerne anderen Menschen gegenüber aggressiv verhält, Liebe anzubieten und ihm so viel Zuwendung und Aufmerksamkeit wie einem hilflosen Säugling zu geben. Auch wenn du in Gegenwart anderer sehr frustriert bist und stark der Meinung bist, ihre Aufmerksamkeit zu verdienen und zu brauchen, sehnst du dich damit im Grunde nur nach deiner eigenen liebevollen Hinwendung.

Wenn es also Worte gibt, die andere dir vorenthalten haben und die du unbedingt hättest hören wollen, dann können diese nun zu deiner neuen persönlichen Liebeserklärung werden, die du dir so oft wie möglich selbst machst.

Mit jeder inspirierten Entscheidung, die du triffst, erhöhst du die Wahrscheinlichkeit, mit allen Menschen, denen du begegnest, positive Erfahrungen zu machen. Dabei werden die Umstände ihres Egos dein Erleben nicht länger beschränken, denn nur deine Entscheidungen und Wahrnehmungen können die Qualität deiner Erfahrung bestimmen.

Die Bereitschaft zur Ehrlichkeit

Einer der Schlüssel zu bewusster Kommunikation besteht in der Bereitschaft zur Ehrlichkeit. Welchen Stellenwert Ehrlichkeit in deinem Leben einnimmt, sagt viel darüber aus, wie viel Vertrauen du auf tiefster Ebene in den größeren Plan des Universums hast. Viele Menschen wissen, dass ihnen vom Leben eine größere Rolle zugedacht ist. Und doch besteht der einzige Weg, den höheren Lebensplan des Universums zu zeigen, zu verankern, umzusetzen und ihm zu vertrauen, darin, sein Leben mit vollkommener Ehrlichkeit zu führen.

Wenn du ehrlich bist, wirst du alle Reaktionen wertschätzen können, die du als Antwort auf deine authentischen Mitteilungen zurückbekommst. Auch wenn die Schneekugel deiner Wirklichkeit extrem durchgeschüttelt wird, so passiert doch alles nur mit dem einen Ziel, deine Reise in eine aufregende neue Richtung zu lenken. Mit der Zeit wirst du erkennen, dass diese neue Ausrichtung nur dazu gedacht war, dich in eine Wirklichkeit zu führen, die du ohne Vertrauen in die Perfektion des Universums niemals gefunden hättest.

Mit jedem Moment der Ehrlichkeit ermöglichst du dem Leben und seiner innewohnenden Stimmigkeit, dich umgehend in das Paradies deiner höchsten Lebensaufgabe zu leiten. Damit sich deine Lebensaufgabe möglichst elegant und wundersam entfalten kann, musst du es der Weisheit deines Herzens erlauben, zu deinem inneren Kompass zu werden. Sobald du bereit bist, deine höchste Wahrheit anderen gegenüber mit größter Liebe und Mitgefühl zu äußern, zeigt dies, wie sehr du deiner göttlichen Führung vertraust, genau die Worte zu enthüllen, die du hören musst.

Solltest du durch deine Aufrichtigkeit Chancen einbüßen oder Beziehungen verlieren, stellten diese vielleicht nur die schlechtesten deiner Möglichkeiten aus einer Zeit dar, in der du noch an Ergebnissen festgehalten hast, die von deinem göttlichen Lebensplan abwichen. Auch wenn es scheint, als wären die Dinge gegen dich gerichtet, kann dies immer zugleich auch ein ganz neues Kapitel von Wachstum und Entwicklung aus der Asche deiner bisherigen Vorstellungen heraus bedeuten.

Integrität und Ehrlichkeit

Um in Gegenwart anderer ehrlich sein zu können, musst du zuerst einmal lernen, dir selbst gegenüber ehrlich zu sein. Es braucht Mut, eine Tiefe der Integrität zuzulassen, in der du dir darüber klar wirst, wie du selbst behandelt werden möchtest. Genauso kannst du dann auch andere behandeln, und zwar unabhängig von ihrem Verhalten dir gegenüber.

Um besser zu verstehen, was es bedeutet, ein integres Leben zu führen, kannst du dir einmal die folgende Frage stellen: »Wie sollten mir andere in meinen schlimmsten oder schmerzlichsten Momenten zuhören? Wenn ich ein wichtiges Anliegen hätte, welche Art des Zuhörens würde ich mir von anderen wünschen, damit ich mich wahrgenommen, genährt und wertgeschätzt fühlen könnte?«

Was immer dir als Antwort auf diese Fragen in den Sinn kommt, es wird zu deinem persönlichen Geschenk der Integrität, das durch dich für andere vorgesehen ist. Dies kann dir dabei helfen, die tiefe Bedeutung von Integrität zu erforschen und als die Bereitschaft zu verstehen, so zu handeln, zu sprechen, dich zu engagieren und zuzuhören, wie du es von anderen gerne erleben würdest. Indem du in der bewussten Kommunikation deine Integrität behältst, schaffst du immer wieder Wachstumsgelegenheiten für alle, selbst wenn ihr momentanes Verhalten nicht deinem Wertestandard entspricht. Wenn du selbst das Wort ergreifst, dann lass dich von deiner Integrität dazu einladen, in Gegenwart anderer dein unerschütterliches Vertrauen in den höchsten Plan des Universums zu manifestieren. Dieses Vertrauen zeigt sich darin, wie leidenschaftlich, authentisch und ehrlich du bereit bist zu sein.

Die heilsame Praxis der Schwingungsangleichung

Es gibt eine energetische Übung, die ich Schwingungsangleichung nenne und die zu bewussterer Kommunikation führen kann, egal ob bei Freunden, Kollegen, Geliebten oder zwischen Eltern und Kindern. Unabhängig von der Art deiner Beziehung zu einem Menschen beruht das Angleichen von Schwingungen auf der Vereinbarung, dass für denjenigen, der sich vom anderen nicht gehört oder ausgeschlossen fühlt, beide Herzen so zusammenarbeiten, dass sie zu einer gemeinsamen Schwingung finden.

Innerhalb dieser Praxis hat jeder Partner das Recht zu sagen: »Ich fühle mich von deinem Herzen ausgeschlossen« oder: »Ich finde es gerade schwierig, mich dir verbunden zu fühlen.«

Darauf antwortend gehen beide Partner nun in die Schwingungsangleichung, indem sie die Hand des Gegenübers halten und ihm in die Augen schauen. Hierbei geht es darum, mit dem Partner im selben Rhythmus langsam ein- und auszuatmen, so dass beide mit der gleichen entspannten und gleichmäßigen Geschwindigkeit atmen. Während die Partner ihren Atem für eine Minute oder länger aufeinander abstimmen, stellt sich eine gemeinsame Schwingungsfrequenz ein, die auch ihre Herzen in energetische Übereinstimmung bringt und ein Gefühl von Unterstützung in ihnen hervorruft, das Gespräche wieder an Tiefe gewinnen lässt.

Um dir dabei zu helfen, dich für die Praxis der Schwingungsangleichung zu öffnen, gibt es eine heilsame Übung. Dabei siehst du in einen Spiegel und nimmst dir ein paar Momente Zeit, dir selbst in die Augen zu schauen. Sollte es dir schwerfallen, dir selbst frontal in die Augen zu schauen, verlangsame einfach deinen Atem und schau, solange du kannst. Dabei geht es nicht darum, nicht zu blinzeln oder angestrengt hinzugucken. Es soll dich vielmehr für eine erfüllendere Verbindung mit deinem inneren Kind öffnen, während du dich selbst so direkt anschaust.

Je öfter du dich selbst anschaust, desto leichter kannst du die Verletzlichkeit anderer akzeptieren, ohne Angst zu haben, von ihnen verletzt oder zurückgewiesen zu werden. Jede Erweiterung des Potenzials deiner persönlichen Begegnungen beginnt damit, eine innigere Beziehung zu deinem eigenen Herzen aufzubauen. Durch langsameres Atmen, aktives Zuhören, das Wiederholen deiner persönlichen Liebeserklärung, die Komplimente an dein inneres Kind und indem du dir selbst gegenüber ehrlicher bist als je zuvor, wirst du der erste Mensch, den du garantiert heilen kannst. So lädst du dein Licht ein, immer stärker durch dich zu scheinen.

In diesem Raum der positiven Schwingungsausrichtung werden menschliche Beziehung zu Gelegenheiten, Gerechtigkeit wiederherzustellen und Opferrollen zu überwinden. Auch wenn du dich oft sehr missverstanden gefühlt hast, kannst du jede deiner Erfahrungen nun mit einem herzbasiertem Bewusstsein erfüllen, indem du einfach eine einfühlsamere Art wählst zu antworten.

Kapitel 10
Die Bedeutung des Langsamer-Werdens

Ob es dir nun darum geht, einen Beitrag zur Beschleunigung des Erwachens der Welt zu leisten oder darum, Leidenschaft, Lebensfreude, Inspiration oder Glück in dir zu finden – jedes spirituelle Bestreben wird dadurch gefördert, dass du in deinem Herzen größere Integrität ausbildest. Dazu musst du erst einmal den Rhythmus deines Lebens verlangsamen.

Es ist ganz normal, dass der Gedanke, dein Leben entspannter und sanfter anzugehen, zunächst vielleicht Vorbehalte in dir auslöst. Solange du von einer entzündeten Persönlichkeit angetrieben wirst, kann der Glaube ganz natürlich erscheinen, du würdest die besten Gelegenheiten verpassen, wenn du nicht alles gibst, um am Ball zu bleiben. In einer Welt, in der die Menschen darauf getrimmt sind, anstehende Aufgaben um jeden Preis zu erledigen, liegt der Sinn deiner Entwicklung darin, genauso gut in Übereinstimmung mit deiner höheren Führung zu leben, wie du in anderen Bereich bereits dynamisch, kraftvoll und produktiv bist.

Ob du nun plötzlich den unerschütterlichen Wunsch verspürst, bewusster zu leben, oder dich die Anforderungen deines Alltags sehr erschöpfen – immer wird sich dein Leben so entfalten, dass Wachstum und Ausdehnung zugunsten deiner höchsten Entwicklung garantiert sind. Sollte deine Art zu leben nicht in Übereinstimmung mit deinem natürlichen Lebenszustand sein, kann das Universum ungeahnte Veränderungen deiner Lebensumstände erschaffen, um damit das Durcheinander auf deinem Lebensweg zu unterbrechen. Dann wirst du von der Präzision der göttlichen Gnade so lange ausgebremst, bis du jede Erfahrung deines Lebens mit Güte, Demut und Wertschätzung annehmen kannst.

Während du einen Gang zurückschaltest, wirst du dich spirituell mehr mit dem Fluss des Universums in Einklang fühlen. Dann kannst du dir mehr Zeit für jeden weiteren Schritt in deinem Leben nehmen. Dies wird dich dabei unterstützen, achtsamere und aufrichtigere Entscheidungen zu treffen und so zu wachsen, dass dein inneres Kind sich absolut sicher fühlen kann.

Das eigene Leben langsamer angehen

Integrität in deinem Herzen zu kultivieren, bedeutet, dich für ein Verhalten zu entscheiden, durch das dein Leben entspannter und bewusster wird und mehr auf deinem Herzen basiert. Dies kann sich bei einigen Menschen ganz natürlich entwickeln. Andere jedoch brauchen erst Beweise dafür, dass es unmöglich ist, Wachstumsgelegenheiten zu umgehen, die sie ihrer Bestimmung gemäß erleben sollen. Da du den Erfahrungen nicht entgehen kannst, die von Anfang an für dich vorgesehen waren, solltest du jeden Atemzug dafür nutzen, Vertrauen ins Universum zu setzen und dich daran zu erinnern, wie gesegnet und geführt du von oben bist und wie viel Unterstützung du bereits erhältst.

Solange du einem hektischen Rhythmus folgst, kann es dir mitunter schwerfallen, dir ein positives Universum vorzustellen oder deinen eigenen Wert zu erkennen. Indem du aber langsamer wirst, können sich ganz andere Qualitäten in deinem Leben zeigen als immer nur das ständige Auf und Ab von persönlichem Sieg und Niederlage. Ein Gefühl der Entspannung ist ein klares Anzeichen dafür, mehr mit deinem Herzen in Einklang zu sein. Sobald Entspannung fühlbar wird, zeigt sich darin deine meisterhafte Fähigkeit, mit dem Fluss des Universums in Harmonie zu sein, während du zugleich aktiv deinen Tag durchlebst und gestaltest.

Auf jeder Ebene der spirituellen Entfaltung stellt die Frequenz der Entspannung die geeignete Geschwindigkeit dar. Jedes Mal, wenn du wieder einmal durch deinen Tag hastest, werden direkte Erfahrungen von Transzendenz durch oberflächliches Verständnis ersetzt. Gewisse Phasen des spirituellen Erwachens können die Geschwindigkeit deines Lebens drastisch verlangsamen, ja fast bis zum Stillstand führen. Das Universum bereitet dich auf diese Erfahrung manchmal eben einfach so vor, dass es dir fast unmöglich wird, dasselbe kopflose Tempo beizubehalten.

Wenn du Entspannung nicht fest in deinen Tag mit einbaust, ist dies ein deutlicher Hinweis dafür, dass du etwas verändern musst, um dein Tempo zu verlangsamen und deinen Terminplan auszumisten. Langsamer zu werden ist nicht nur notwendig, um Herz und Verstand wieder zu vereinen. Es fördert auch eine spirituelle Entwicklung in dir, deren Einsetzen du vielleicht noch nicht einmal bemerkt hast.

Es mag dich nicht überraschen zu hören, dass sich in deinem Erfahrungsfeld eine größere Entspannung auszubreiten beginnt, sobald du das liebst, was dir geschieht. Dies gibt deinem Herzen die Gelegenheit, sich aus einem Gefühl der Sicherheit heraus zu öffnen, und zwar, weil der Zustand von Entspannung ihm signalisiert, wie fokussiert und ausgeglichen du mittlerweile bist. Ob deine Ziele nun spiritueller, persönlicher oder beruflicher Natur sind – der Denkfehler, du würdest dich viel entspannter fühlen, sobald du gewisse Dinge in deinem Leben erreicht hättest, wird dir nicht mehr unterlaufen. Vor allem, wenn du erkennst, dass dich die Art, wie du diese Dinge zu erreichen versuchst, für den Rest des Tages aus dem Gleichgewicht bringt.

Sobald dir ein Zustand der Entspannung signalisiert, dass du dich wieder in Harmonie mit deinem Herzen befindest, entspannt sich auch dein Nervensystem. Dies befreit dich von der Last der Schuld, der Scham, der Angst, der Opferhaltung und der Verpflichtung. Immer, wenn du langsamer wirst und dich in ein natürlicheres Lebenstempo hinein entspannst, erschaffst du damit die perfekte Atmosphäre für die Entfaltung der unglaublichsten Offenbarungen des Lebens.

Wenn Entspannung für dich zum Tor des Erwachens wird, wirst du eine ehrlichere Beziehung zum Leben erfahren. Statt dein inneres Kind hinter dir her zu zerren, um den Abenteuern des Egos zu folgen, wirst du nun darin geleitet, dich mit jedem deiner Atemzüge zu entspannen, so dass Verstand und Herz im Einklang sind. Ich lade dich ein, das folgende heilsame Mantra zu wiederholen, als eine Möglichkeit, diese Wahrheit in dir zu verankern:

> *Hiermit erkenne ich an, dass es essenziell für die Entwicklung meines Wesens ist, mein Lebenstempo zu verlangsamen, ganz egal, durch welche Verpflichtungen meine Aufmerksamkeit auch beansprucht wird.*

Um meine höchste Entwicklung zu unterstützen, akzeptiere ich, dass das Leben jede notwendige Realität für mich erschafft und mir damit zahllose Möglichkeiten gibt, mich wieder mit meinem Herzen zu vereinen. Indem ich ruhiger werde, heiße ich die Entscheidungen willkommen, von denen nur mein Herz weiß, dass sie im Einklang mit der höchsten Perfektion des Universums sind. Indem ich mein Herz als zu Hause erkenne, das ich nie verlassen habe, erlaube ich meinem inneren Kind, sich sicher genug zu fühlen, um sich mit dem Licht meines Wesens zu vereinigen, zu der Liebe die ich bin.

Die Geschwindigkeitsbegrenzung deines Herzens würdigen

Es kann recht spannend sein, all den Zauber und die Wunder zu entdecken, die sich zeigen, wenn du in Harmonie mit deinem Herzen lebst. Vielleicht nimmst du dies als ein perfektes Ineinandergreifen von Synchronizitäten wahr, als stärkeren Fluss der intuitiven Führung in dir oder auch als Fähigkeit, mit Hilfe anderer Menschen Unterstützung und Ressourcen zu manifestieren, ohne vorher um Hilfe gebeten zu haben. Auf jeden Fall wird sich eine bemerkenswerte Version deines Lebens abzeichnen, sobald du dich durch Entspannung dazu inspirieren lässt, in achtsamerem Tempo voranzuschreiten. Dadurch wird jede deiner Aufgaben zu einer anhaltenden Praxis energetischer Selbstausrichtung.

In vielen Lebensbereichen wird Erfolg darüber definiert, wie gut du Aufgaben erledigen kannst. Die Geschenke einer spirituellen Entwicklung kannst du hingegen daran erkennen, dass die Art, wie du dich einer Aufgabe näherst, genauso wichtig ist, wie das damit verbundene Ziel selbst. Wenn du dich bei deinen täglichen Aktivitäten entspannen kannst, kann sich auch dein Herz leichter öffnen. Dies wiederum versetzt deinen Verstand in einem Zustand natürlicher Stille und ermöglicht es dir, dich auf ein umsichtiges und liebevolles Verhalten zu fokussieren, so wie du dich vorher bereits auf Wachstum und Erfolg ausgerichtet hast. Möglicherweise bemerkst du dabei, dass du recht angespannt, frustriert oder aufbrausend sein kannst. All dies dient dir nur als Erinnerung daran, wieder einen Gang zurückzuschalten und in einen harmonischeren Fluss zu kommen.

In keinem Kapitel deines Lebens gab es Dinge, die du falsch gemacht hast, oder Fehler, zu denen du dich bekennen müsstest. Es gibt nichts als Gelegenheiten, um Leid, Stress, Bewertung, Aggression oder Schmerz wahrzunehmen. Sie sind stets Zeichen dafür, dass es Zeit ist, deinen Durchsetzungswillen mit herzbasierter Achtsamkeit auszugleichen.

Da dein größtes spirituelles Abenteuer sich hinter der Maske der Höhen und Tiefen deines Alltagslebens verbirgt, gibt dir jede deiner Aufgaben die Möglichkeit, in Übereinstimmung mit dem Universum zu arbeiten und dabei achtsamere und mutigere Wege zu finden. Hierzu musst du dein Herz als den Geschwindigkeitsmesser deines Energiefelds begreifen, ob bei der Arbeit, in deinen persönlichen Beziehungen oder auch in allen Phasen deiner spirituellen Entwicklung.

Sobald du den Rhythmus eines herzbasierten Bewusstseins lebst, wirst du mit deinem inneren Kind ein für alle Mal Frieden schließen können. Wenn ein entspanntes Lebensgefühl für dich genauso wichtig wird wie die Ziele, die du verfolgst, kann sich dein Herz in all deinen Begegnungen sicher fühlen. Solltest du das Gefühl haben, Entspannung komme in deinen Erfahrungen noch nicht vor, dann ist dies ein Zeichen dafür, die Geschwindigkeit in deinem Leben zu drosseln, indem du all das liebst, was dir geschieht.

Mit jedem »Ich liebe dich« lädst du mehr Unterstützung aus dem Universum ein, so dass du jeden Augenblick deines Lebens feiern kannst, alles willkommen heißt und anderen nichts mehr beweisen musst.

Die Worte, die dich am meisten verletzt haben, nicht mehr aussprechen

Ein weiterer bedeutender Schritt, um Integrität in deinem Herzen aufzubauen, besteht in der Erforschung einer wichtigen Frage. Ähnlich wie bei deinen persönlichen Liebeserklärungen kann auch die Antwort auf diese Frage mehr Heilung in dein Leben bringen.

Bitte frage dein inneres Kind einmal mit größtmöglicher Ehrlichkeit und tiefstem Mitgefühl: »Welche Worte sind dir als diejenigen in Erinnerung geblieben, die dich am meisten verletzt haben?«

Eventuell handelt es sich dabei um Sätze oder Worte, die in einer frühen Phase deines Lebens heftigsten Schmerz oder eine sehr große Enttäuschung in dir ausgelöst oder auch schlimmen Schaden angerichtet haben. Bitte versuche, nicht zu erklären oder zu rechtfertigen, warum dir diese Worte gesagt wurden. Du hast nun die Gelegenheit, verborgene Traumata zu transformieren, indem du dich an die schmerzhaftesten Worte erinnerst, die dein Selbstgefühl auf so quälende und begrenzende Weise geprägt haben. Während diese Worte jetzt wie Luftblasen aus großer Tiefe an die Oberfläche steigen, wird eine neue Phase der Heilung eingeleitet, in der Schmerz und Enttäuschung eine Stimme erhalten, die viel zu lange stumm geblieben ist.

Vielleicht waren es Sätze wie: »Nicht jetzt Liebling, lass mich in Ruhe. Bitte geh weg, ich kann dich gerade nicht sehen. Du bist zu viel für mich. Du solltest eigentlich gar nicht hier sein. Es ist alles deine Schuld. Du warst ein Fehler. Ich weiß nicht, wie ich dich lieben soll. Du hast mich dazu gebracht, mich so zu verhalten. Du gehst mir auf die Nerven. Bitte halt sofort den Mund.«

Wie auch immer die quälendsten Sätze lauteten, dein erwachsener Verstand braucht nicht zu analysieren, was sich davon so schmerzlich angefühlt hat, dass dein Herz sich heute noch daran erinnert.

Wenn du die schmerzlichsten Worte erforschst, an die du dich erinnern kannst, ist es ganz natürlich, dabei Vorwürfe, Wut und Ressentiment der Person gegenüber zu empfinden, von der sie stammen.

Falls dies auch auf dich zutrifft, kann es helfen zu wissen, dass du jederzeit einen Raum der Heilung öffnen kannst. Du tust dies, indem du deinem inneren Kind erlaubst, die Worte auszusprechen, die es als Reaktion auf diese schmerzhaften Erfahrungen gerne erwidert hätte, aber nie die Chance dazu hatte. Damit sich in dir eine tiefgreifende Transformation ereignen kann, muss dein Schmerz eine Stimme erhalten, um sich den Tätern deiner Vergangenheit gegenüber ehrlich auszudrücken. Auch wenn diese Worte sich vielleicht nicht für die Öffentlichkeit eignen, ermöglicht das bloße Aussprechen einem zum Opfer gewordenen und unterdrückten inneren Kind ohne eigene Stimme, endlich gehört zu werden. Du kannst beispielsweise einen Brief schreiben, den du am Ende zerreißt oder wieder löschst, ein Kunstprojekt über verschüttete Gefühle machen oder die Worte laut heraussingen, die du der Person, die dich damals verletzt hat, noch nie sagen konntest. Wahre Heilung geschieht oft, indem du dir eine Plattform schaffst, auf der sich der Aspekt deines Selbst ausdrücken kann, der nie eine Wahl oder ein Mitspracherecht hatte.

Weil du diesen Worten ganz bewusst erlaubst, ausgesprochen zu werden, ohne die auslösende Person direkt ansprechen zu müssen, wird auch kein Urteil formuliert. Mit jedem aufrichtigem Ausdruck verletzter Gefühle, in dem keine andere Person direkt miteinbezogen wird, öffnet sich ein größerer Raum, der es auch deinem eigenen Herzen ermöglicht, sich zu öffnen.

Sobald du mit den Sätzen Kontakt aufgenommen hast, die dich auf schmerzhafteste Art beeinflusst haben, besteht der nächste Schritt, um in Einklang mit deinem Herzen zu kommen, in dem Versprechen, genau diese Worte weder dir selbst noch anderen Menschen je wieder zu sagen.

Jede deiner Erinnerungen feiert bereits den Augenblick, in dem du seit jeher kraftvoll genug warst, all deine Erfahrungen zu überleben. Und doch besteht die tiefste Form spiritueller Absolution darin, den Kreislauf der Grausamkeit zu durchbrechen, indem du selbst nie mehr jene unheilvollen Worte benutzt, die man damals zu dir gesagt hat.

Zu lieben, was geschieht bedeutet nicht nur, Worte auszusprechen, die du schon immer hören wolltest, sondern auch die Worte von früher aus deinem Vokabular zu streichen, an die du dich so schmerzhaft erinnerst. Sobald du den aufrichtigen Wunsch verspürst, dich selbst und andere vor den Sätzen zu schützen, die so viel Schmerz und Verzweiflung ausgelöst haben, beginnst du, das Leben durch die Augen eines Universums zu sehen, in dem die Verletzlichkeit aller Lebewesen als All-Einheit geliebt wird.

Aus dieser Perspektive ist das Meistern von Beziehungen kein unerreichbares Fernziel mehr, sondern die natürlichste Art überhaupt, Menschen zu begegnen.

Frieden mit dem inneren Kind finden

Solange du immer noch Heilung brauchst, kann es ein geradezu natürlicher Impuls sein, über die grausamen Worte nachzugrübeln, die andere zu dir gesagt haben. Vielleicht können diese schmerzhaften Worte deine Erfahrung aber auch nur so lange beeinflussen, wie deine Schwingung der Schwingung eines anderen Menschen mit mangelnder Sensibilität entspricht, oder wie du dich weigerst, die Menschen mehr zu lieben, die dir gegenüber aggressiv werden. Ob du das Leben aus einer spirituellen Perspektive willkommen heißen kannst oder dich durch die Handlungen deiner Mitmenschen provoziert fühlst, das Wichtigste ist immer, Frieden mit dem eigenen inneren Kind zu finden.

Wenn du in herzbasiertem Bewusstsein richtig verankert bist, empfindet dein Herz die Welt als Spiegel deiner Geduld, Liebenswürdigkeit und Umsicht, ganz egal wie unbewusst sich andere Menschen auch verhalten.

Einer der direktesten Wege, um mit deinem inneren Kind Frieden zu schließen, besteht darin, regelmäßig mit ihm zu kommunizieren. Ob du über den Tag hinweg deine persönlichen Liebeserklärungen wiederholst oder für dein inneres Kind Raum schaffst, um in aller Ruhe und ungefiltert die Worte sagen zu können, die es in der Vergangenheit nie aussprechen durfte, oder deinem Herzen »Ich liebe dich« sagst. Du wirst alle Konflikte in dir auflösen können, indem du selbst immer mehr zu der Akzeptanz und Unterstützung wirst, die andere dir nicht gegeben haben.

Ein anderer Weg, um mit deinem inneren Kind Frieden zu schließen, besteht darin, deinen Selbstwert und deine spirituelle Entwicklung nicht mehr von den Handlungen anderer abhängig zu machen. Auch wenn wir in unserer Essenz aus ein und demselben Stoff gemacht sind, ist unsere Individualität wirklich einzigartig.

Indem du die Aspekte deines Selbst unterstützt, die noch nie gehört, respektiert, akzeptiert oder bewundert wurden, lädst du die höchste Intelligenz in dir dazu ein, sich zu zeigen. Sobald dein inneres Kind dafür geehrt und respektiert wird, dass es die Form ist, durch die das Universum sich zu erkennen gibt, wirst du harmonisch, friedvoll, mit Leichtigkeit und Freude durch jede Unstimmigkeit und Veränderung deines Lebens geführt.

Kümmerst du dich jedoch nicht um dein inneres Kind mit der Aufmerksamkeit, die ein liebender Elternteil seinem Kind geben würde, oder mit der Form von Respekt, die ein Kind als Ausdruck der Weisheit des Universums würdigt, wirst du unbewusst mit deinem Herzen im Streit liegen. Dies wiederum steigert nur den Lärm in deinem Verstand. Der Frieden mit deinem inneren Kind ist für deine Entwicklung von höchster Bedeutung, da dein Verstand umso lauter wird, je verschlossener dein Herz ist. Um mit deinem inneren Kind für alle Zeiten Frieden zu schließen, bitte ich dich, das folgende heilsame Mantra zu wiederholen:

Mein geliebtes inneres Kind,
es tut mir so leid, dass du dich ignoriert, verlassen, verspottet oder abgewiesen gefühlt hast. Es tut mir leid, dass du von anderen verletzt wurdest. Es tut mir leid, dass ich dich in der Obhut derer gelassen habe, die deine Sicherheit bedroht haben, und dass ich nichts von deinen Erfahrungen wusste. Gleichzeitig habe ich versucht, von denen versorgt zu werden, von denen ich heute weiß, dass sie nie in der Lage und nicht dazu auserkoren waren, mir Erfüllung zu verschaffen.

Ich möchte dich dafür um Verzeihung bitten, dass ich dein Flehen um meine Aufmerksamkeit übersehen, ignoriert oder falsch interpretiert habe, nämlich als Symptome, die ich mein Leben lang bekämpfen, auseinandernehmen oder transzendieren und von denen ich mich reinigen wollte. Ich erkenne nun, dass du in der Rolle des persönlichen Assistenten, als mein imaginärer Schutzengel oder beharrlicher Coach für Lebensqualität in meinem Kopf nur immer versucht hast, meine Aufmerksamkeit zu erlangen, damit du, mein geliebtes Herz, mehr Zeit mit mir verbringen konntest.

Es tut mir leid, dass du dich so anstrengen musstest. Ich erkenne nun, dass der Schmerz meines Lebens nichts mit den Umständen zu tun hat, denen ich ausgesetzt bin, und auch nicht durch das bestimmt wird, was ich zu verlieren fürchte oder zu gewinnen hoffe. Er entsteht allein durch meine zu geringe Fokussie-

rung darauf, dich so zu lieben, wie du es verdienst, geliebt zu werden. Es tut mir leid, dass ich so oft durch mein Leben hetze, ohne mich an die Geschwindigkeit zu erinnern, bei der du dich sicher fühlen würdest.

Ich verspreche hiermit, dich von nun an so zu lieben, wertzuschätzen und zu ehren wie nie zuvor und dir regelmäßig die Worte zu sagen, die du schon immer gern gehört hättest. Auch wenn es sich um Worte handelt, die du schon gehört hast, werde ich sie dir mit neuer Leidenschaft und Begeisterung noch öfter sagen. Und all die Worte, die zu hören für dich so schmerzhaft war und die von Menschen ausgesprochen wurden, die in der Vergangenheit deine Wirklichkeit geprägt haben, werde ich dir und auch anderen gegenüber nie benutzen. Von nun an weiß ich, dass alles, was ich anderen sage, ein Liebesbrief an dich ist, mein süßes inneres Kind.

Auch wenn ich mich scheinbar an andere Menschen draußen in der Welt wende, möchte ich dass du weißt, dass ich dich nie in irgendeiner Weise verleugnen werde. Sobald ich mich zu dir bekenne, tritt überall Heilung ein. Sobald ich andere wertschätze, respektiere ich auch dich in ihnen.

Ich akzeptiere dich, mein geliebtes inneres Kind, als die Verletzlichkeit meines Herzens und das Zentrum meines Universums. Ich heiße meine höchste Aufgabe willkommen, indem ich dich ehre und hochleben lasse, du wichtigster Aspekt und Herzstück meiner Rei-

se. Von diesem Moment an trage ich dich bei mir, wo immer wir auch hingehen, in Ganzheit, zu Gunsten von Wohlbefinden und Freiheit aller Wesen.

Mein geliebtes inneres Kind, ich möchte, dass du ein aktiverer Teil meines Lebens wirst. Ich brauche deine Hilfe um meine Entwicklung zu vervollständigen. Du spielst eine wichtige Rolle. Wenn du dich öffnest und diesen Moment als Neuanfang in unserer Beziehung verstehst, werde ich dich so lieben, wie du von Anfang an geliebt werden solltest. Hiermit bestätige ich deine wichtige Rolle in meiner Entwicklung, so dass du dich nicht weiter anstrengen musst, um meine liebevolle Aufmerksamkeit, Akzeptanz und Anerkennung zu bekommen.

Von diesem Moment an gebe ich mich der Liebe hin und lasse dich die Führung übernehmen. Ich liebe dich.

Vielleicht werden diese Worte einen Neuanfang in dir auslösen können. Vielleicht bewirken sie auch Durchlässigkeit in deiner Verdichtung, so dass sie dich nicht mehr von deinem Herzen trennen kann. Es ist deine Bereitschaft, in Übereinstimmung mit deinem inneren Kind zu sein, die die Bühne bereitet, auf der die größten Wunder des Lebens enthüllt werden können.

KAPITEL 11
Alles hat eine Bedeutung

Wenn du zu tieferer Kommunikation mit deinem inneren Kind gelangt bist, verschmelzen Herz und Verstand zu einer Einheit, so dass du dich ein für alle Mal an die ewige Natur deines Wesens erinnerst. Sobald du dein Leben mit einem entspannten, herzbasierten Fokus angehst, kannst du beobachten, wie schnell sich die Dinge verändern können. Allein dadurch, dass du deinen unmittelbaren Lebensumständen mehr aktive Aufmerksamkeit schenkst, wirst du zu einem göttlichen Tor und lädst die Winde der Veränderung ein, alles auf ihrem Weg zu heilen.

Schönheit als göttliche Natur der Liebe

Der natürliche Impuls der Liebe besteht darin, die Existenz des Göttlichen in Allem anzuerkennen. Wenn Liebe ihren göttlichen Ursprung erkennt, entsteht etwas, was man Schönheit nennt. Obwohl dieses Wort normalerweise mit angenehmen physischen Eigenschaften verbunden wird, schätzt die Anerkennung von Schönheit in dieser neuen Weise einen Moment in der Zeit wert, in dem die Göttlichkeit der All-Einheit die Wahrheit der Vielfalt im anderen erkennt.

Je öfter du dein Leben durch die Augen des Göttlichen betrachtest, desto schöner fühlst du dich wahrscheinlich. Dies kann dir dabei helfen, die Wahrheit, die in der Schönheit liegt als spirituelle Wertschätzung kosmischer Unschuld in physischer Form zu betrachten.

Je offener, sanfter und unschuldiger ein Mensch erscheint, desto schöner wird er. Auch wenn die Höhen und Tiefen menschlicher Existenz das Leben vieler deiner Mitmenschen negativ geprägt haben, hilft dir sogar das Abstoßende ihres grausamen Verhaltens dabei, den Anteil in ihnen anzuerkennen, der dringend auf persönlicher Ebene unterstützt und bestätigt werden will. Statt die Erfahrung eines Menschen verändern oder ihm spirituelle Konzepte aufdrängen zu wollen, kannst du die Schönheit und Unschuld seiner göttlichen Natur an die Oberfläche kommen lassen, indem du dich ihm besonders aufmerksam zuwendest.

Kannst du die Unschuld in anderen und die Schönheit der Welt bereits erkennen, dann zeigt dies, wie harmonisch du in spiritueller Hinsicht bereits ausgerichtet bist. Sobald diese Ebene der energetischen Ausrichtung in dir aktiv ist, möchte ich dich bitten, noch einen Schritt weiterzugehen und deine instinktive Achtsamkeit in eine beseelte spirituelle Praxis zu verwandeln. So können auch diejenigen, die ihre Unschuld hinter Verteidigungsmechanismen, Schmerz, Kritik und Egoismus verbergen, sich an die Schönheit erinnern, die von Anfang an Teil von ihnen ist.

Selbst dann, wenn du nur einen Bruchteil dessen wahrnimmst, was um dich herum gerade geschieht, erkennst du die Unschuld und Schönheit seines Daseins schon dadurch an, dass du ihm erlaubst, von dir gesehen zu werden. Das ist das Geschenk der Bedeutung. Wann immer das Leben mit Bedeutung geehrt wird, wird jede Person, jeder Ort und jedes Ding für seine lebendige und gleichberechtigte Rolle innerhalb des göttlichen Plans gefeiert. Da alles aus Materie erschaffen ist, erinnert sich das in jeder manifestierten Form enthaltende Bewusstsein an seine eigene Bedeutung – solange wir es in unsere Wahrnehmung einladen. Sobald du anfängst, das kraftvolle Geschenk der Bedeutung, das du der Welt machen kannst, in deinem Leben anzuwenden, wird sich die Schönheit und Unschuld aller Phänomene in immer schnellerem Tempo zeigen.

Vielleicht sind die Persönlichkeiten in deinem Umfeld eher geneigt, dich respektvoll zu behandeln und deine Göttlichkeit zu ehren, sobald sie das Geschenk deiner liebevollen Bestätigung erhalten. Was wäre, wenn dein Warten darauf, dass ein Mensch sein Verhalten ändert, bevor du dir die Zeit nimmst, sein Leben wertzuschätzen, genau der Grund dafür ist, dass er sich dir gegenüber aggressiv verhält? Gemäß den Prinzipien der Revolution durch Liebe ist es genau die Tendenz, Aufmerksamkeit zurückzuhalten, die die Flammen des Konflikts zwischen Menschen auflodern lässt, während die Liebe zu allen Wesen in deiner Umgebung eine tieferliegende Qualität einlädt, sich zu zeigen. Dies entschuldigt weder grausames Verhalten noch rechtfertigt es in irgendeiner Weise vergiftete Beziehungen zwischen Menschen.

Wenn du dich jedoch bereits in einer geschützten Umgebung befindest, in der dein inneres Kind nicht bedroht wird, kann deine Bereitschaft, die Schönheit in allen Menschen zu bezeugen und an sie zu appellieren, eine unermessliche Wahrheit ans Licht bringen.

Solltest du jedoch regelmäßig von anderen bedroht, beherrscht, betrogen, manipuliert oder missbraucht werden, kannst du ihrem wie auch seinem inneren Kind Wertschätzung entgegenbringen, indem du dich aus unberechenbaren Verhältnissen zurückziehst. Sobald es keinen mehr gibt, der kontrolliert oder verletzt werden kann, ist eine kraftvollere Entwicklung und Heilung möglich, da die Grausamkeit anderer von deinem lichtvollen Wesen abgelenkt wird.

Im Körper gut verankert sein

Aus spiritueller Sicht stellt die Liebe eine instinktive Anerkennung göttlicher Qualitäten in der Natur dar, egal wie du selbst diese empfindest. Sobald diese tiefe Wahrheit von deinem Herzen anerkannt wird, wirst du auch alles Weitere aus dieser atemberaubend schönen Sichtweise wahrnehmen können. Dies beinhaltet auch das Verständnis davon, dass immer dann, wenn du den göttlichen Ursprung eines Menschen nicht mehr erkennen kannst, dieser Moment deines Lebens dich dazu einlädt, innezuhalten und dir deiner eigenen Göttlichkeit bewusst zu werden.

Eine Möglichkeit, dich an deine göttliche Natur zu erinnern, besteht darin, den Bereichen deines Körpers erhöhte Aufmerksamkeit zu schenken, die vielleicht öfter übersehen werden. Je öfter dein Körper wertgeschätzt und geehrt wird, desto leichter kann er sich verändern.

Was wäre, wenn du anfangen würdest, deinen Körper als schön zu bezeichnen, egal wie gut er funktioniert, von anderen beurteilt und von dir selbst wahrgenommen wird? Schon indem du ihn mit »Hallo Schönheit« begrüßt, erschaffst du einerseits eine tiefere Verbindung zwischen Herz und Verstand und feierst andererseits die Wahrheit deines Körpers als Göttlichkeit in der Form.

Da dein Körper dem Universum entspricht, kannst du jeden Körperteil durch ein »Hallo Schönheit« begrüßen und so unendliche Segnungen und Wellen von heilsamer Energie in jeden Winkel des Kosmos schicken.

Solltest du bei den Worten »Hallo Schönheit« einen Anflug von Verlegenheit in dir verspüren, ist dies ein unschuldiges Zeichen deiner spirituellen Weiterentwicklung. Aus kosmischer Sicht ist das Wahrnehmen von Verlegenheit ein Anzeichen dafür, dass die Maske des Egos Sprünge bekommt. Auch wenn es sich intensiv oder unangenehm anfühlt, bestätigen Schüchternheit oder Verlegenheit nur, wie mutig dein inneres Kind versucht, sich zu öffnen.

Kannst du spüren, wie viel entspannter du dich fühlst, sobald du deinen Händen, Organen, Beinen, Fingern oder anderen Bereichen deines Körpers neu erwachtes Interesse zeigst? Nimm einmal wahr, wie jeder Teil deines Körpers sich dafür einsetzt, dich durch Zeit und Raum zu bewegen, um der Freude deiner höchsten Bestimmung zu dienen. Da jeder Körperteil eine so wichtige Rolle auf deiner Lebensreise spielt – warum sich nicht einen Moment Zeit nehmen, um ihn mit »Hallo Schönheit« zu begrüßen? Vielleicht kannst du über das unmittelbare Gefühl von Schüchternheit oder Verlegenheit hinaus feststellen, wie außergewöhnlich ganz du dich fühlst, sobald alle Teile deines Selbst gleichermaßen begrüßt werden.

Gleichzeitig schickst du damit eine wichtige Botschaft an dein inneres Kind. Diese Botschaft befreit es davon, Probleme oder Ungleichgewichte erschaffen zu müssen, um endlich deine liebevolle Aufmerksamkeit empfangen zu können. Als Kind fühlte es sich vielleicht ganz normal an, immer dann die größte Aufmerksamkeit und Fürsorge von anderen zu bekommen, wenn wir krank waren oder unter Schmerzen litten. Dadurch kann ein unbewusster Glaubenssatz erschaffen werden, der wie eine Einladung auf den Körper wirkt, Schmerzen oder Krankheit als Möglichkeit zu manifestieren, um eine stärkere Verbindung mit geliebten Menschen einzugehen. Meistens entstehen Krankheiten und körperliche Schmerzen in kritischen Phasen eines spirituellen Wachstumsprozesses, in dem der physische Körper sich die Zeit nimmt aufzuholen, um wieder mehr in Harmonie mit dem sich schnell ausbreitenden Seelenbewusstsein zu kommen. Es ist immer wieder erstaunlich zu beobachten, wie viel gesünder, harmonischer und ausgeglichener Menschen werden, sobald sie bereit sind, bedingungslos und unvoreingenommen liebevolle Aufmerksamkeit zu geben.

Dabei solltest du beim Anblick eines erkrankten Menschen nicht denken: »Wahrscheinlich liebt er sich nicht genug.« Damit würdest du eine fatale Bewertung auf jemanden projizieren, dessen inneres Kind in kritischen Phasen von Wachstum und Erweiterung noch mehr Unterstützung und Ermutigung braucht als zuvor. Sobald die Praxis, das zu lieben, was dir geschieht, zu deiner Form der Selbstunterstützung wird, die dich durch alle Höhen und Tiefen hindurch begleitet, muss dein Körper nicht länger Ungleichgewichte oder verzweifeltes Verhalten einsetzen, um die Kraft deiner Anerkennung zu erhalten.

Wenn du dich selbst mit den Worten »Hallo Schönheit« anerkennst, informierst du damit zugleich dein Herz darüber, dass es nicht länger Probleme oder Dramen erschaffen oder irgendeinen Bereich deines Lebens sabotieren muss, um sich eine Aufmerksamkeit zu verdienen, die du ihm auch freiwillig schenken kannst. Vielleicht tust du dies, indem du deinen Körper am Morgen begrüßt oder die Bemühungen deines Körpers am Ende eines Tages anerkennst, dir selbst regelmäßig Komplimente machst oder mit anderen Menschen positive Erfahrungen schaffst oder teilst. Immer bleibt »Hallo Schönheit« ein effektiver Weg, um neue spirituelle Gesetzmäßigkeiten hervorzurufen, die die Welt dazu einladen, zur Heilung zu finden.

Dies ist die Bedeutung der Worte, dass du deine Revolution durch Liebe beginnen kannst. Es meint, den Mut, die Leidenschaft und den Wunsch zu entdecken, deine göttlichen Qualitäten, unglaublichen Talente und hervorragendsten Eigenschaften zum Wohle aller hervorzubringen. All dies geschieht in dem Maße, wie die Liebe zu dir selbst zu deiner achtsamsten spirituellen täglichen Praxis wird.

Schmerz und Krankheit als Beschleuniger für tiefgreifende Veränderung

Sobald du dich in deinem Körper sicher fühlst, mag es einfach erscheinen, dein Herz zu lieben. Es ist aber die Zeit, die du dir nimmst, um dich mit deinem inneren Kind zu verbinden, die ein Gefühl wahrer Sicherheit erfahrbar macht.

Es gibt zwei wesentliche Wege, wie du dich in deinem Körper sicher verankert fühlen kannst, egal was in deinem Leben gerade passiert. Der erste Weg besteht darin, immer ehrlich zu dir zu sein, indem du zugibst, wie du dich gerade fühlst. Solange du im Egozustand verloren bist, kann es schwierig erscheinen, mit deinen Gefühlen umzugehen, und entsprechend einfacher, mit erhobenem Zeigefinger auf die Umstände zu deuten, die deinem Vorhaben scheinbar im Weg stehen. Sobald du erwachst, wirst du jedoch erkennen, das jedes von dir als solches wahrgenommene Hindernis, jede

Niederlage oder jede ungewollte Richtungsänderung als intelligent arrangierter Beschleuniger für Veränderung erschaffen wurde, um deine höchste Entwicklung zu garantieren. Eine der meistverehrten und zugleich am häufigsten missverstandenen beschleunigenden Kräfte, ist das Gefühl von Schmerz.

Unabhängig davon, ob Schmerz als körperliches, mentales oder emotionales Unbehagen auftritt, dient er immer als wiederkehrendes Signal eines Bewusstseins, das sich ständig weiter ausdehnt. So unangenehm oder unerwünscht es sich auch anfühlt, die Intensität deines Gefühls ist eine Bestätigung dafür, dass gerade eine bedeutende Veränderung stattfindet. Da diese Momente der Erweiterung oftmals unerwartet, stressauslösend und chaotisch sein können, ist der Versuch ganz natürlich, den Schmerz bekämpfen zu wollen, den du fühlst, ihn vermeiden oder ignorieren zu wollen oder nach Lösungen zu suchen, ihn loszuwerden. Ich möchte dir nicht vorschlagen, so zu tun, als ob du den Schmerz genießen würdest. Aber vielleicht könntest du dich für seine unvermeidlich heilsamen Wirkungen öffnen.

Als Beschleuniger göttlichen Willens ist ein Teil der Aufgabe von Schmerz, dich zu mehr Ehrlichkeit dir selbst gegenüber zu bringen, und zwar in Bezug auf die Dinge, die du nicht kontrollieren kannst. Er ist ein treuer Diener der Wahrheit, der im Leben immer wiederkehrt, um dir zu helfen, offener, empfänglicher und verletzlicher zu werden, statt ängstlicher, verzweifelter und ohnmächtiger.

Wenn es nach dem Schmerz ginge, würdest du schwierige Momente anerkennen, indem du dir selbst gegenüber eingestehst: »Ich fühle großen Schmerz und weiß überhaupt nicht, was ich tun soll.« Vielleicht bekennst du sogar: »Ich fühle absoluten Schmerz und hasse jeden Augenblick, in dem ich ihn fühle.«

Überraschenderweise wird sich dein inneres Kind so lange nicht zurückgewiesen fühlen, wie du in Bezug auf deine Situation ehrlich bist. Es wird sich erst dann abgewiesen fühlen, wenn du versuchst, den Schmerz hinter dir zu lassen oder dir für sein Vorhandensein die Schuld zu geben. Tatsache ist, je offener du mit dir selbst umgehst, desto eher entwickelt dein inneres Kind eine Stimme, die es deinem Herzen ermöglicht, sich zu öffnen, und zwar unabhängig davon, ob du Schmerz empfindest oder nicht.

Es ist absolut nachvollziehbar, dass du dich ohne den Schmerz um vieles offener fühlen würdest. Allerdings gibt es eine tiefere Wahrheit zu entdecken, sobald du aufhörst, gegen die Kräfte der Natur anzukämpfen, die dich lediglich zu größerer Ehrlichkeit anregen wollen. Auch wenn du sagen würdest: »Ich hasse diesen Schmerz«, bezeugst du damit nur mit bewusster Absicht die Wahrheit deiner momentanen Erfahrung. Der Ausdruck deiner Gefühle sollte weder in besonders eloquenter Form noch als Projektion auf andere erfolgen – er sollte nur die ehrlichste Aussage beinhalten, die du jemals treffen kannst.

Sobald der Schmerz eine größere Ehrlichkeit in dir hervorgebracht hat, könnte dein nächster Schritt darin bestehen, den, der keine Schmerzen empfinden will, als nächsten bedürftigen Anteil zu erkennen, der von dir geliebt werden will. Wenn du zu diesem Schritt noch nicht bereit bist, kannst du einfach zugeben, wie du dich gerade fühlst. Dies verlangt dir vielleicht folgendes Eingeständnis ab: »Ich hasse diesen Schmerz so sehr. Alles, was ich will, ist dass er endlich aufhört.«

Was auch immer deiner Erfahrung nach wahr ist – die liebevollste Antwort besteht darin, in der Gnade der Ehrlichkeit zu verweilen und dir damit Raum für Heilung zu geben, so lange, bis sich etwas Tieferes in dir zu öffnen beginnt. Mit jedem ehrlichen Bekenntnis beginnst du, auch im Beisein von Schmerzen zu entspannen, und kannst den Anteil ehren, der keine Erfahrungen machen will, die er nicht vermeiden oder kontrollieren kann. Genauso, wie du es bereits für den Umgang mit schwierigen Gefühlen gelernt hast, wird jeder Moment der Herausforderung zu einer Gelegenheit, in das Zentrum deiner Empfindung hinein zu atmen. So erlaubst du allen Strukturen um den Schmerz herum, lockerer zu werden und zu entspannen.

Ob du von Schmerz überwältigt wirst, deine Situation dich frustriert oder du dich gerade am Ende einer aufregenden Heilungsreise befindest, die transformative Kraft des Schmerzes gibt dir immer die ausdrückliche Erlaubnis, zutiefst ehrlich mit dir selbst zu sein und damit dein Vorankommen zu beschleunigen. Wie immer gilt jedoch, dass du zuerst lernen musst, dir selbst gegenüber ganz ehrlich zu sein, bevor du die Integrität der Offenheit anderen Menschen gegenüber entwickeln kannst. Sobald du dich der Ehrlichkeit öffnest, wird dein inneres Kind sich immer sicher und geborgen fühlen, egal wie unangenehm die Situation auch sein mag.

Ob es darum geht, Entzündung durch Selbstgerechtigkeit, durch Bedürftigkeit, durch Opferrolle oder durch Anspruchshaltung zu heilen und aus deinem Energiefeld zu klären, das Ego besteht oft auf einer Haltung von: »Es ist ungerecht.« Sobald du einem unkontrollierbarem Schmerz ausgesetzt bist, ist das Gefühl von mangelnder Gerechtigkeit ganz normal. Gleichzeitig handelt es sich jedoch um eine zeitlose Möglichkeit zu wachsen, dich zu entwickeln und dein Bewusstsein über die Begrenzungen deines Lebens hinaus auszudehnen.

Sobald das passiert, wirst du nicht einfach nur dein bestes Verhalten an den Tag legen, sobald die Dinge so laufen, wie du es dir vorstellst, oder leiden, sobald unvorhergesehene Ereignisse in dein Leben treten. Stattdessen wirst du einen sehr persönlichen Fluss der Perfektion wahrnehmen können, der dich über jeden Zusammenbruch hinausträgt, damit du dein inneres Licht als Abglanz der All-Einheit entdecken kannst.

Verwirrung annehmen

Die zweite Möglichkeit, dich sicher in deinem Körper zu verankern, besteht nun darin, Verwirrung als einen ungewöhnlichen Verbündeten zu akzeptieren. Sobald wir Verwirrung erleben, tendieren wir dazu, sie als Signal dafür zu interpretieren, nach Klarheit, Heilung und Entschlusskraft finden zu müssen. Aus Sicht des Universums ist Verwirrung nicht das Gegenteil von Klarheit, sondern vielmehr ein Tor zur tiefsten bisher bekannten Wahrheit. Verwirrung entsteht dann, wenn alle deine vorgefassten Vorstellungen, Definitionen und Bezugspunkte ihren Platz verlieren.

Wenn dein Leben metaphorisch gesprochen ein Buch wäre, dann wäre Verwirrung die spontane Fähigkeit, beim Lesen der Geschichte deine letzte Stelle nicht mehr wiederzufinden, damit du dich mit neuem Interesse in der Handlung weiter vorwagen kannst, ohne an die vorausgegangenen Kapitel gebunden zu sein. Weil das Nicht-Wiederfinden deiner

Stelle in deiner persönlichen Lebensgeschichte dazu dient, tiefere Entdeckungen entstehen zu lassen, ist Verwirrung nichts, was auf jeden Fall beseitigt oder vermieden werden müsste. Stattdessen stellt sie genau den Raum dar, in dem dir deine tiefsten Einsichten enthüllt werden.

Innerhalb von Sekundenbruchteilen fühlst du dich vielleicht von den Handlungen eines Menschen überrascht und begreifst nicht, dass ihm ein Platz in deiner Wirklichkeit zugewiesen wurde, um Verwirrung in den Vordergrund deiner Erfahrungen zu rücken. Indem du diese Verwirrung als einen göttlichen Beschleuniger für Wachstum und Erweiterung akzeptierst, kann dich dies von altem Groll erlösen.

Auch wenn die Strategie recht einfach ist, Verwirrung als Werkzeug für Wachstum einzusetzen, wird die Erfahrung an sich oft weder als einfach noch als bequem empfunden. Mit Liebe als deine Ratgeberin kannst du Verwirrung von Herzen annehmen, und zwar nicht als etwas, das es zu verstehen gilt, sondern als Raum, in dem keinerlei Verständnis von irgendetwas existiert.

Für einige kann die Vorstellung, dass es nichts zu verstehen gibt, einschüchternd oder verunsichernd sein. Wenn du dich jedoch in das Gefühl hineinentspannst, dass du keine Schlüsse ziehen, nichts herausfinden oder Dinge nicht an die rechte Stelle rücken musst, erweitert sich dadurch dein Bewusstsein. Es nimmt dann wahr, dass und wie die Dinge für dich gewusst werden, aber nicht von dir. Das bedeutet nicht, dass du dich dem Verständnis verweigerst, sondern eher, dass du dazu übergehst, dem Verständnis zu erlauben, dich zu finden, statt ihm regelmäßig hinterherzurennen. Dies bedeutet auch, dass du immer alles wissen wirst, was du wissen solltest, und genau zu dem Moment, in dem du es wissen musst.

In den Anfängen einer spirituellen Entwicklung wird dein Fortschritt dadurch bestimmt, wie viel mehr du verstehst. In den späteren Stadien der Entwicklung kann Fortschritt daran gemessen werden, wie viel deines gesammelten Wissens in dir verankert werden konnte. Je mehr deine Weisheit in dir integriert wird, desto mehr scheint sie aus deiner Erinnerung zu verschwinden. Es ist gerade so, als würde dir das Universum Momente der Verwirrung eingeben, um dich an das zu erinnern, was du nicht mehr zu wissen brauchst, während du dich in neue Gefilde vorwagst und in deine nächste Entwicklungsmöglichkeit eintrittst. Oft wird die Einsicht in Dinge, die dir in einer früheren Phase deines Lebens ein so großer Trost war, in einer späteren Phase zu einem Bezugspunkt für dein Ego.

Während du dich in die weniger begrifflichen Ebenen von spirituellem Wachstum hinein wagst, wirst du immer wiederkehrende Momente der Verwirrung erleben, die dich von den Erinnerungen, Vorstellungen, Glaubenssätzen und Schlussfolgerungen befreien, die dich mit deinem überreizten Nervensystem verbinden. Das wird so lange so bleiben, bis dein Körper zu einem leeren Gefäß geworden ist, durch das die Schwingung der Liebe nach außen dringt. Da Liebe die einzige Sache ist, die auch die Verwirrung dir nicht nehmen kann, kann sie als die einzige wahre Einsicht innerhalb der Existenz anerkannt werden.

Da der einzige Sinn von Verwirrung darin besteht, Raum für die Liebe zu schaffen, hängt alles von deiner Bereitschaft ab, die wahre Funktion von Verwirrung zu akzeptieren, damit dein Herz sich öffnen kann. Um die Verwirrung als deinen ungewöhnlichen Verbündeten akzeptieren zu können, wiederhole bitte das folgende heilsame Mantra:

Ich bestätige, dass ich mich jedes Mal, wenn ich Verwirrung spüre, mich unbehaglich, nicht am rechten Platz oder durcheinander fühle, Verwirrung als einen ungewöhnlichen Verbündeten akzeptiere, der einzig dazu da ist, um mir die Last auf dem Weg meiner Entwicklung zu erleichtern.

Wann immer ich nicht weiß, wohin ich gehen oder was ich tun soll, immer wenn ich nicht weiß, wer ich bin oder was ich nicht bin, erinnere ich mich an die mir immer zur Verfügung stehende Möglichkeit, mich in Verwirrung hinein zu entspannen und sie als göttlichen Beschleuniger für Wachstum und Erweiterung zu ehren.

Unabhängig davon, wie konfus ich zu sein scheine, erkenne ich an, dass die wahre Absicht von Verwirrung darin besteht mir vergessen zu helfen, wer ich zu sein glaubte, und mir somit zu erlauben, eine Weisheit zu integrieren, die Raum in meinem Leben schafft, damit sich eine tiefere Wahrheit ausdrücken kann.

Ich bestätige hiermit, dass Verwirrung meine Freundin ist, die nur als Feindin gegenüber der Selbstgerechtigkeit, als Schatten gegenüber der Opferhaltung, als Albtraum gegenüber Anspruchshaltung und als größte Angst der Bedürftigkeit gegenüber auftritt.

Während ich meinem Herzen erlaube, Verwirrung liebevoll anzunehmen, bin ich fähig, in Bezug auf meinen verwirrten Zustand ehrlich zu sein und wahr-

zunehmen, dass keine noch so große Verwirrung mich daran hindern kann, mich zu entspannen – unabhängig davon, wie viel Verständnis ich meiner Meinung nach gerade benötige.

Ich erlaube der Verwirrung, mir dabei zu helfen, mein überreiztes Nervensystem zu entspannen, so dass ich die wahre Sicherheit erfahren kann, die immer in mir zuhause war. Indem ich meinen Atem verlangsame und meine Hand auf mein Herzen lege, nehme ich den Anteil in Liebe an, der vielleicht noch nicht wahrnimmt, wie kraftvoll das Geschenk der Verwirrung für mich sein kann.

Sobald du deinem Schmerz gegenüber ehrlich und außerdem bereit bist, unter allen Umständen Freundschaft mit der Verwirrung zu schließen, hast du dem Universum die Erlaubnis erteilt, dich in die sich immer weiter enthüllende Natur der Wahrheit einzuführen. Dabei handelt es sich um einen friedlichen, klärenden und harmonischen Raum des Seins, in dem Liebe die einzige Antwort auf alle nur vorstellbaren Fragen ist.

Während du dich, als lebendiger Ausdruck von herzbasiertem Bewusstsein, immer mehr in deinem Körper verwurzelst, bemerkst du vielleicht, dass das Universum mit dir in dem Maße behutsam umgeht, wie du dich entschlossen hast, sanfter und unterstützender im Umgang mit dir selbst zu sein. Beide, sowohl der Schmerz als auch die Verwirrung, agieren als göttliche Beschleuniger, die ich die ›ungeladenen Gäste‹ nenne. Das bedeutet, dass sie es so an sich haben, immer dann aufzutauchen, wenn du es am wenigsten erwartest oder gebrauchen kannst. Dabei kannst du etwas ganz Außergewöhnliches lernen, wenn du beobachtest, wie Schmerz und Verwirrung immer die Rolle der ungeladenen Gäste beibehalten.

Da sie immer zum ungünstigsten Zeitpunkt und an den unmöglichsten Orten auftauchen, kannst du in dir eine Bereitschaft entwickeln, dir Folgendes zu sagen:

> *Obwohl ich Verwirrung und Schmerz nicht in diesen Moment meines Lebens eingeladen habe, sind sie aus einem wichtigen Grund trotzdem da. Damit ich mir erlaube, größere Integrität in meinen Erfahrungen zuzulassen, heiße ich die ungeladenen Gäste willkommen, die als Garanten meiner höchsten Entwicklung erschienen sind.*

Während du die Erfahrung von Schmerz und Verwirrung annimmst, liegt es in ihrer Natur als ungeladene Gäste, sich dann unweigerlich aus deinem Energiefeld zurückzuziehen. Oft haben beschleunigende Kräfte, die du zum Bleiben einlädst, plötzlich gerade etwas anderes zu tun. Gleichermaßen haben die Kräfte, denen du den Zugang verweigerst, oft die Tendenz, hartnäckig zu verweilen, bis sie schließlich willkommen geheißen werden.

Sobald Schmerz und Verwirrung als Verbündete statt als Feinde angesehen werden, kannst du dich in deinem Körper unter allen Umständen sicher fühlen. Jeglicher Verwirrung deines Lebens und allen Schmerzen, die du gerade erlebst, zum Trotz und unabhängig von all den Enttäuschungen, die du gerade erlebst, kann dein inneres Kind sich auf jedem Abschnitt deines Weges umsorgt, geehrt und unterstützt fühlen.

Kapitel 12
Erwachen, und was auf dich zukommt

In dieser kritischen Zeit der menschlichen Geschichte erleben immer mehr Menschen spontane Erleuchtungserlebnisse. Auch wenn es so scheint, als lebtest du in einer Welt, in der immer mehr Individuen nur mit Mühe den ständig neuen Anforderungen der Gesellschaft nachkommen können oder unaufhörlich nach neuen Wegen suchen müssen, noch schneller zu werden, ist all dies wichtiger Teil eines größeren göttlichen Plans.

Ein überreiztes Nervensystem verhält sich in vielerlei Hinsicht wie ein Automotor. Je schneller und leistungsfähiger man ihn gestalten will, desto mehr muss man die Drehzahl pro Minute erhöhen, bis irgendwann unweigerlich der Verbrennungsvorgang einsetzt. Natürlich kannst du dein Leben mit rasender Geschwindigkeit leben, bis dein Nervensystem durchbrennt, damit sich dein Bewusstsein auf diese Weise erweitern kann. Allerdings bietet dir die Praxis, das zu lieben, was dir geschieht, einen sanfteren und viel direkteren Weg, um die Schwelle zur ewigen Freiheit zu überschreiten.

Eine Möglichkeit, Erleuchtungsprozesse zu verstehen, besteht darin, die Funktion des eigenen Nervensystems zu erforschen. Sobald dein Nervensystem in den Arbeitsmodus ›Überstimulation‹ gerät, ist die Wahrscheinlichkeit groß, zu einem bestimmten Zeitpunkt einen ›Störimpuls‹ zu entwickeln und den ganzen Prozess zu einem vorläufigen Halt zu bringen. Sobald dieser abrupte Halt einsetzt, erweitert sich dein Bewusstsein hin zu seinem natürlichen Seins-Zustand und enthüllt dir eine Sicht, die ganz im Gegensatz zu dem steht, worauf du bisher konditioniert worden bist, wie du dein Leben sehen solltest. Der aus diesen beiden Extremen entstehende Schock kann Heiterkeit, Euphorie, das Gefühl von Bedrohung, Todesahnungen oder Angstgefühle in dir auslösen, während du schlagartig in eine nie zuvor erlebte Wahrnehmung der Realität versetzt wirst.

Wenn der Erleuchtungsprozess einsetzt, dein Verstand plötzlich ganz ruhig wird und du alle Vorgänge in deinem Körper wahrnehmen kannst und vielleicht sogar die Fähigkeit erfährst, dich auf die Erfahrung anderer einzustimmen, findet eine große Anpassungsleistung statt. Diese Erfahrung kann freudige Erregung oder Angst in dir auslösen, und vielleicht wirst du nicht mehr klar wahrnehmen können, wo du anfängst und andere enden. Eventuell weißt du dann gar nicht mehr, wie du mit dir selbst umgehen oder wie du leben oder handeln sollst, sobald du keine Rolle mehr verkörperst. Vielleicht stellst du dir dann Fragen wie: »Wie soll ich mich dann ausdrücken? Wie kann ich nun Entscheidungen treffen? Wie kann ich meinen Tag durchleben, wenn ich weiterhin die Rolle von jemandem spiele, der ich gar nicht mehr zu sein scheine?«

Sobald ein spirituelles Phänomen dieser Tiefe und Bedeutung auftritt, ist es besonders wichtig, ein freundschaftliches Verhältnis zur Verwirrung zu haben und deinem Schmerz gegenüber ehrlich zu sein, damit du die Erweiterung deines Bewusstseins nicht mit einem Problem verwechselst, das gelöst oder vermieden werden muss. Dein gutes Verhältnis zur Verwirrung wird dir dabei helfen, diese Erfahrungen als eine Einladung zu erkennen, eine Wirklichkeit außerhalb des logischen Denkvermögens zu erforschen. Egal wie erhellend oder verwirrend sich diese auch darstellt und unabhängig von dem, was gerade passiert oder nicht passiert, darfst du einfach offen und aufnahmebereit sein für diese unendliche Quelle der Freude.

Vielleicht sind diese Worte ein Vorbote dessen, was bald auf deinem Weg geschehen wird, oder sie helfen dir, mit dem zurechtzukommen, was sich in deinem Leben bereits entfaltet hat. Auf jedem Fall ist deine Bereitschaft, all das zu lieben, was dir geschieht, ein wichtiger Begleiter beim Durchschreiten der einzelnen Phasen deiner Selbstverwirklichung.

Auch wenn jedes Gefühl dafür, wer du dachtest zu sein, sich auflöst und verschwindet, ist es die Perfektion der Liebe, die dich von einer Stufe zur nächsten trägt. Mit Liebe als Ratgeberin an deiner Seite wirst du unweigerlich zu einem Menschen, der ganzheitlich, mitfühlend, weise und zugleich auch entlastet, geheilt, wiedergeboren und frei handelt. Auch wenn Erleuchtung sich ankündigt, und es sich so anfühlen mag, als wäre niemand übrig, der du sein könntest, bedeutet das nicht, dass es niemanden mehr gibt, den du lieben kannst. Wenn alle Rollen, die du bisher gespielt hast, plötzlich verschwinden, bleibt immer noch die Liebe, um sich selbst zu umarmen, als das Herz des ewig EINEN, der sich durch die Vielfalt der Körper zeigt.

Vielleicht hat sich dir die Tür des Erwachens schon geöffnet und du willst deinen Prozess zu einem guten Abschluss bringen oder du wirst gerade auf das unglaublichste und magischste Abenteuer vorbereitet, das du vielleicht nicht einmal verstehst. Immer werden dabei jede Angst, alle Sorgen und Probleme nur eine beharrliche Einladung an dich sein, zur Liebe zurückzukehren. Welche Erfahrungen, Wahrnehmungen und Glaubenssätze du auch in dir trägst oder welche Identität du auch immer verloren hast, jeder vielversprechende Moment der Erweiterung erlaubt es dem Leben, aus der Perspektive des Universums gesehen zu werden, um daran zu erinnern, dass alles gleichermaßen bedeutungsvoll ist.

Der natürliche Zyklus von Ausdehnung und Zusammenziehen

Nachdem du nun verstanden hast, dass spontane oder stufenweise verlaufende Erleuchtungsprozesse als Störimpulse in einem überreizten Nervensystem auftreten, kann es hilfreich sein, die Vielschichtigkeit dieses wundersamen Abenteuers in seiner Tiefe zu erforschen. Wenn dein Bewusstsein sich erweitert, ist es möglich, dass dein Nervensystem nicht sofort in der Lage ist, die Schwingung dieser ganz neuen Frequenz auszuhalten. Wenn das passiert, wirst du merken, dass es erneut Muster von Überstimulation erzeugt. Dabei kann es sich so anfühlen, als ob dein Bewusstsein, das sich gerade weit geöffnet hatte, sich wieder zu verschließen beginnt und du in die Verhaltensweisen der entzündeten Persönlichkeit zurückfällst, aus denen dich dein Erleuchtungsprozess scheinbar befreit hatte.

Wenn diese Erweiterung und die sich anschließende Klarheit also wieder in sich zusammenbrechen, kann sich das für dich anfühlen, als würdest du in deiner spirituellen Entwicklung Rückschritte machen. In diesen Momenten ist es wichtig zu wissen, dass niemand Schuld daran trägt. Es gibt keinen Grund, dich selbst oder andere für den natürlichen Verlauf anzuklagen, nach dem sich die Dinge entwickeln sollen.

Im Laufe deines Erwachens wirst du häufig unerwartete Einblicke in einen neuen und erweiterten Lebenszustand bekommen, da das Universum dir so einen Vorgeschmack davon gibt, wie dein Leben von nun an regelmäßig sein wird. Trotzdem wird dein Nervensystem wieder herunterfahren, wann immer es die erweiterte Energie nicht länger halten kann. Indem du in deinen konditionierten Lebenszustand zurückfällst, hast du die Möglichkeit, dein Ego bewusster zu erfahren. Dies wird dir dabei helfen, ungelöste Muster aus einer klareren Perspektive erneut zu betrachten.

Vielleicht wirst du deutlicher als je zuvor erkennen können, dass alles, was existiert, eine perfekt arrangierte Funktion als beschleunigende Kraft hat, um dir etwas über dich selbst zu zeigen, was du bisher vielleicht noch nicht wusstest. Da nichts ohne Grund geschieht, kann auch keine Erfahrung als reines Hindernis auf deinem Weg existieren. Stattdessen könnte es sich vielmehr um die nächste Stufe der Einsicht handeln, die nur scheinbar ein Hindernis darstellt und dir als direktestes Mittel für deine Entwicklung dient.

Durch das Spiel der Kontraste wirst du zu einer erweiterten Bewusstseinsebene aufsteigen und dann erkennen können, wie anders die Dinge erscheinen, sobald dein Nervensystem in der Lage ist, diese Schwingung zu halten. Nachdem deine Vorschau abgeschlossen ist, wirst du wieder in die entzündete Persönlichkeit deines Egos zurückverdichtet und bleibst gleichzeitig in einer ganz neuen Weltsicht verwurzelt.

Wenn du nun zwischen diesen beiden Zuständen von Ausdehnung und Zusammenziehen hin- und herwechselst, wirst du das Gleiche und Unveränderliche in den beiden Extremen erkennen können.

Dies ist die stumme Bestandsaufnahme deiner sich immer weiter entwickelnden spirituellen Reise. Vielleicht hast du dich bereits von allen Orientierungspunkten befreit oder wünschst dir schon lange die Möglichkeit, eine permanente Auszeit von deinem entzündeten Ego zu nehmen. Immer handelt es sich um eine Gelegenheit zu erkennen, dass sowohl derjenige in einem erweiterten Zustand als auch derjenige in einem verdichteten Zustand hier ist, um geliebt zu werden.

Durch die Schwankungen von Ausdehnung und Zusammenziehen mag es sich so anfühlen, als ob du wie ein Ping-Pong Ball zwischen den Extremem hin- und hergeschlagen wirst. Dies geschieht, damit deine Liebe bedingungslos wird. Auf der einen Seite der Extreme erscheint alles freudvoll, in perfekten Flow und voll erfüllender Erlebnisse. Auf der anderen Seite fühlt sich alles unsicher, bodenlos und aus dem Gleichgewicht geraten an, so als ob die ganze Welt nur reines Chaos sei. Es ist ganz normal, so lange zwischen diesen Zuständen hin- und herzuschwingen, bis du genügend Antriebskraft aufgebaut hast, um in deine Mitte zu finden. An diesem Punkt brechen beide Extreme in sich zusammen. Es gibt dann weder Hochs noch Tiefs zu erfahren – sondern nur noch eine Wirklichkeit, die sich als strahlender Ausdruck gelebter Wahrheit zeigt.

Kundalini und die energetische Komponente des Erwachens

Während du zwischen den Extremen hin- und herschwingst, können unerklärliche Symptome und Erfahrungen auftreten. Es kann sich so anfühlen, als ob elektrische Ströme durch deinen Körper fließen und verschiedene Teile deines Körpers wie vom Blitz getroffen werden. Vielleicht kannst du Druck am unteren Ende deiner Wirbelsäule wahrnehmen, durch den die energetischen Prozesse deiner spirituellen Entwicklung aktiviert werden. Wenn die Energie durch die Wirbelsäule aufsteigt wie eine Schlange, die sich aus deinem Steißbein entrollt, wird dies oft als Erwachen der Kundalini Energie bezeichnet.

Während die Energie aufsteigt, um deine Chakren und das Energiefeld deines Körpers zu aktivieren, leitet die Kundalini-Energie in den Zellen abgespeicherte Erinnerungen aus dem Körper aus, die nicht der Schwingung des in dir erwachenden Bewusstseins entsprechen. Dies ist gerade so, als ob dein Nervensystem und die Kundalini-Energie partnerschaftlich zusammenarbeiteten, um dir bei deiner weiteren Entwicklung zu helfen.

Am Anfang reinigt das Nervensystem den Körper von den Resten alter Entzündungen, um ihn auf die energetische Komponente des Erwachens vorzubereiten. Sobald die Kundalini-Energie aufsteigt, setzt sie da an, wo das Nervensystem aufgehört hat, um zusätzliche Schichten von Konditionierung aus dem Körper zu entlassen. Ob dein Körper über dein Nervensystem oder die Kundalini-Energie gereinigt wird – im Prozess deines Erwachens mag es scheinen, als wärst du von den Menschen in deinem Umfeld besonders leicht provozierbar. Doch wie du bereits für den Umgang mit schwierigen Gefühlen gelernt hast, ist alles, was du an Emotionen wahrnimmst, bereits ein Zeichen von Heilung.

Wenn du ausgelöste Gefühle mit größerer Offenheit und Achtsamkeit annimmst, können sie wieder losgelassen werden und es dir ermöglichen, zur Quelle zurückzukehren. Indem du jeden emotionalen Ausbruch von Herzen annimmst oder zumindest den Anteil liebst, der gerade diese Erfahrung macht, reinigst du den Raum innerhalb deines Energiefeldes und erlaubst der Kundalini-Energie, dir ein neues herzbasiertes Bewusstsein zu ermöglichen.

Auch wenn du die ungestümen Aspekte deines Erleuchtungsprozesses vielleicht lieber schneller als langsamer hinter dich bringen willst, kannst du dich umso schneller entwickeln, je langsamer du die einzelnen Phasen durchlebst. Wie immer besteht die direkteste Art, einen spirituellen Prozess zu beschleunigen darin, dich in ihn hinein zu entspannen. Sobald Entspannung ein weiterer Verbündeter auf deinem Weg wird, kann dein Herz sich so weit öffnen, dass es die Wellen der Kundalini-Energie zu halten imstande ist. Solltest du dich nicht entspannen können, wende deine Aufmerksamkeit wieder deinem inneren Kind zu, um den nächsten Teil in dir zu entdecken, der deine Liebe braucht.

›Verkehrsstau‹ durch auf Zellebene gespeicherte Erinnerungen

Immer dann, wenn die Kundalini-Energie aufwärts strömt, kann es zu einer Art Verkehrsstau kommen, sobald die in den Zellen abgelegten Erinnerungen nicht genügend Antrieb haben, den Körper so schnell wieder zu verlassen, wie sie aus den Zellen gelöst wurden. Dies kann sich als physische Krankheit, Erschöpfung, Apathie, Ärger oder Depression äußern. Gemäß den neuen spirituellen Gesetzmäßigkeiten wird Krankheit oft als wichtiges Zeichen einer bereits stattfindenden Veränderung betrachtet. Man könnte es mit einer Frau vergleichen, die bereits intensivste Wehen verspürt, ohne bisher von ihrer Schwangerschaft gewusst zu haben.

Da Krankheit ein Zeichen massiver energetischer Erweiterung deines Feldes sein kann, gibt es keinen Grund, dich dafür anzuklagen, als wären körperliche Einbrüche ein Beweis dafür, dass du deiner spirituellen Aufgabe nicht richtig nachkommst.

Durch die schnelle energetische Erweiterung deiner spirituellen Entwicklung versuchen die alten Erinnerungen, die in den Zellen eingelagert sind, den Körper zu verlassen, während die sich bildende neue Energie quasi im ›Stau‹ steckt. Dieser energetische Verkehrsstau kann dazu führen, dass deine Organe sich entzünden oder aus dem Gleichgewicht geraten und die Symptome einer physischen Krankheit aufweisen, um dir zu zeigen, wo deine besondere Aufmerksamkeit gebraucht wird.

Auch wenn die energetischen Aspekte des Erleuchtungsprozesses nicht die einzige Erklärung für Krankheiten sind, handelt es sich hierbei doch um eine Gelegenheit, Ungleichgewichte als Chance wahrzunehmen, dich in Bezug auf deine Nährstoffzufuhr stimmig zu verhalten und aufmerksam gegenüber den Bedürfnissen deines Körpers zu sein. Ob du dazu die Hilfe eines Arztes oder Heilpraktikers oder eines Heilkundigen in Anspruch nimmst, immer sollte es darum gehen, den Bereichen deines Körpers liebevolle Aufmerksamkeit zu schenken, in denen sich die Symptome zeigen. Dies ermöglicht es dem Ökosystem deines Energiefeldes, sich über ein harmonischeres Zusammenspiel für deine Entwicklung einzusetzen.

Ich teile diese Erkenntnisse mit dir, damit du im Prozess deines Erwachens nicht alarmiert oder unsanft mit dir selbst umgehst, sobald die Dinge sich nicht angenehm oder praktikabel anfühlen. Indem du liebevoll annimmst, was immer dir geschieht, bringst du dich selbst in die beste Position, um jede Erfahrung mit größtmöglichem Vertrauen und größter Demut und Einfachheit anzunehmen.

Die Falle des spirituellen Egos

Beim Erwachen ist es ganz normal, kraftvolle Einsichten zu haben, die dir magische Erkenntnisse über die Wirklichkeit enthüllen. Obwohl diese Erfahrungen beweisen, dass du dich in die richtige Richtung bewegst, können sie jedoch manchmal als Endstadium auf deinem Weg missverstanden werden.

Während transzendentale Erfahrungen deinen Aufstieg auf eine neue Bewusstseinsebene bestätigen, ist es sehr wichtig, dich daran zu erinnern, dass jede Phase des Erleuchtungsprozesses bereits die nächste Phase deiner Entwicklung andeutet. Sobald du die unendlichen Weiten der Erleuchtung vergisst, kann in dir der Glaube entstehen, deine Reise sei abgeschlossen. Obwohl bestimmte verzweifelte Verhaltensmuster in dir vielleicht nicht länger dominieren und du merkst, dass viele Symptome bis zur Unkenntlichkeit verblassen, öffnet dies jedoch nur die Bühne für die nächste Fülle von Entdeckungen auf einer unendlichen Entwicklungsreise sich ständig neu enthüllender Gnade.

Die Nachwehen solch tiefgreifender spiritueller Erfahrungen können eine neue Identität für dein Ego hervorbringen. An diesem Punkt kann die Selbstgerechtigkeit des Egos zu spiritueller Selbstgerechtigkeit werden. Dieser Zustand lebt davon, die Fehlwahrnehmungen anderer Menschen zu korrigieren und sich dabei auf die Erinnerung an die eigenen Erfahrungen zu stützen. An diesem Punkt kann auch die Opferhaltung des Egos zu einer spirituellen Opferhaltung werden, aus der heraus das Universum gebeten wird, endlose Wünsche zu erfüllen oder dafür angeklagt wird, dass liebgewonnene Erfahrungen während der Phasen von Ausdehnung und Zusammenziehen wieder verloren gehen können.

Ist das Ego in einer spirituellen Opferhaltung gefangen, kann es sogar in abergläubischer Haltung zum Universum aufblicken und fragen: »Was muss ich noch besser machen, um mir meine Reise zurück in die Erweiterung zu verdienen?«

Auch die Anspruchshaltung des Egos kann zu einer spirituellen Anspruchshaltung werden. Wer auch immer du zu sein glaubtest – aber auch nach Verlust der Persönlichkeit, die du zu sein glaubtest –, es besteht die Gefahr, spirituell anmaßend zu werden, so als ob deine Erfahrungen dich anderen gegenüber überlegen machten. Statt dich anderen im direkten Vergleich unterlegen zu fühlen, ziehst du daraus vielleicht den Schluss, anderen spirituell überlegen zu sein. Wenn das passiert, kannst du sehr leicht die Demut verlieren, aus der heraus du in jedem anderen Menschen den werdenden Meister erkennen kannst.

Obwohl wir alle einzigartig sind und es verdienen, für die besonderen Talente geschätzt zu werden, die jeder von uns in die Welt bringt, sind wir im Kern Eins und Ausdruck der höchsten Wirklichkeit von Geist in Form. Dies bedeutet nicht, dass du keine Freude über das neue Bewusstsein empfinden darfst, das gerade in dir erwacht. Andererseits solltest du dich daran erinnern, dass die Einzigartigkeit deiner Transformation nur Vorbote derselben wesentlichen Initiation in allen anderen Menschen ist.

Auch die Bedürftigkeit des Egos kann zu einer spirituellen Bedürftigkeit werden. Hiermit kann dein Ego ein intensives Streben danach maskieren, die eigene Schwingung immer mehr zu erhöhen, deine Aufmerksamkeit immer mehr zu erweitern oder dich für alles, was du um dich herum wahrnimmst, verantwortlich zu fühlen. In diesem Zustand fragst du dich vielleicht immer wieder: »Sehe ich alles richtig? Ist dies die klarste Sichtweise der Dinge? Muss ich kontrollieren, ob ich all dies nicht einfach falsch wahrnehme?«

Sicherlich können das Anheben von Schwingung, das Erforschen einer klareren Sicht der Wirklichkeit und die Erweiterung deines Bewusstseins wunderbare Möglichkeiten sein, dich zu entwickeln. Allerdings können sie dir so lange nicht dabei helfen, deine wertvollste Erkenntnis ans Licht zu holen, wie das Ego deine Entwicklung noch kontrollieren will. Dabei geht es nie um die Frage, ob du die Dinge richtig oder falsch machst, sondern nur darum zu erkennen, ob dein Verhalten eher aus einem Raum der Entspannung oder der Getriebenheit entsteht.

Während ein spirituelles Ego eine ganze Palette von Erkenntnissen und Erfahrungen nutzen kann, um eine neue Rolle für sich selbst zu erschaffen, kann diese neue Persönlichkeit in Gegenwart der Liebe nicht existieren. Vielleicht kleidet sich das Ego sogar in die Rolle einer charmanten Persönlichkeit, die die Verteidigerin des Lichts gegenüber den

Kräften der Finsternis spielt und sich nicht bewusst ist, dass so ein Kampf immer nur zwischen zwei Extremen spirituell basierter Werturteile stattfinden kann.

Ein spirituelles Ego konkurriert mit der Liebe, statt mit ihr zu kooperieren. Mit der Liebe kooperieren bedeutet, dich in das Licht deiner Essenz hinein aufzulösen. Spirituelle Egos übergehen diesen Schritt, können ihn aber auch nicht erzwingen und würden von größeren Wohltaten profitieren, wenn sie wenigstens versuchten, ihn zu gehen.

In vielen Fällen glaubt ein spirituelles Ego an die Person die es geworden ist, oder an die Wahrheiten, die es erkannt hat, und nimmt dies als Ersatz für herzbasierte Aufmerksamkeit. Manchmal besteht das spirituelle Ego sogar darauf, dass es die Liebe nicht nötig hat oder sie weniger wichtig sei. Sie zählt dann nur in Bezug auf persönliche Erfahrungen. Auch wenn du bereits erkannt haben solltest, dass Liebe der Stoff ist, aus dem du beschaffen bist, und dass Gebender und Nehmender tatsächlich eins sind, wird der Entfaltungsprozess der Liebe als einer endlosen Enthüllung von Wahrheit immer weitergehen.

Dies kann dir helfen zu erkennen, dass spirituelle Entdeckungen den Wert der Liebe in keiner Weise schmälern. Ganz im Gegenteil. Sie reinigen dich von jeder Ablenkung und möglichen Missverständnissen, so dass der Liebe zu dir selbst nichts mehr im Wege steht – unabhängig von deinem Beharren darauf, wer du bist oder nicht mehr bist. Je mehr du die Wahrheit der Existenz erforschst, desto mehr wirst du dich auf die Liebe hin ausrichten.

Je transzendentaler eine Erfahrung für dich ist, desto fähiger wirst du, deinen Körper zu unterstützen, deine Persönlichkeit wertzuschätzen und die Welt als wunderbare Ausschmückung des Göttlichen zu erkennen.

Ob in Form von spiritueller Selbstgerechtigkeit, Opferrolle, Anspruchshaltung oder Bedürftigkeit, es ist immer das kindliche Herz in dir, das sich durch verschiedene neu erfundene spirituelle Persönlichkeiten darstellt, die alle um eine Aufmerksamkeit kämpfen, die nur du ihnen geben kannst. Sogar, wenn du dich erweitert, verdichtet oder zwischen den Extremen fühlst, und egal, wie oft du bereits ganz nahe an deiner eigenen Befreiung warst, jeder Lebensmoment inspiriert dich dazu, als Vermittler eines herzbasierten Bewusstseins die höchstmögliche Schwingung zu verkörpern.

Ultimative Hingabe

Im Zuge deines Erwachens ist es nicht ungewöhnlich, wenn dir die Erfahrungen, die du machst, weniger märchenhaft romantisch erscheinen als erwartet. Statt in endlosen Glücksmomenten zu versinken oder fähig zu sein, in jedem Austausch mit anderen sehr bewusst reden oder handeln zu können, erfährst du eine greifbare Leere, die dich vielleicht ganz hilflos macht, solange du nicht verstehst, was da gerade passiert.

Sobald du erwachst, wird dein bisheriges Festhalten am Ego aus deinem Energiefeld entlassen. Während sich die Bindung an das Ego auflöst, ist es dir plötzlich nicht mehr möglich, von Menschen, Orten und Dingen genährt zu werden, über die du vorher dein Leben definiert hast. Aus dem Egozustand heraus ist es einfach, die Idee des Sich-Kümmerns als Reaktion auf Menschen, Orte und Dinge zu definieren, aus denen sich deine Identität bisher genährt hat. Im Umkehrschluss bedeutet dies, sobald du aus dem Bedürfnis, genährt und versorgt zu werden, erwacht bist, kann es sich so anfühlen, als wüsstest du nicht mehr, wie du dich um die Dinge kümmern solltest, die bisher das Zentrum deines Universums darstellten.

Ohne ein klares Gefühl dafür, wie du dich kümmern kannst, und ohne das Bedürfnis, genährt und versorgt zu werden, kann deine Realität sich ganz plötzlich in eine farb- und leblose Wüste persönlicher Langeweile verwandeln. Stell dir einmal vor, dass nichts, was dich bisher ausgemacht hat, in dir noch eine Reaktion von Sinnhaftigkeit oder Erfüllung auslöst, während die von dir seit langem ersehnte neue Art zu leben, dir noch nicht enthüllt worden ist. Man könnte dies als eine existentielle Phase des Fegefeuers bezeichnen. Sie schmerzt vielleicht nicht so höllisch, wie die von dir erlittenen Wunden der Vergangenheit. Trotzdem ist sie aber Lichtjahre entfernt von den himmlischen Gefühlen, die überall leichter erlebbar scheinen, als da, wo du gerade bist.

Manche Menschen beharren darauf, diese wesentliche Phase des Erwachens zu vermeiden. Sie suchen nach neuen Dingen, von denen sie sich nähren lassen können. Sobald das Ego nach neuen Dingen sucht, um seine Existenz zu nähren, legt es den Fokus oft auf bedeutungsvollere Freundschaften. Auch wenn jeder Mensch es verdient, die aufrichtige Freude wahrer Kameradschaft zu erleben und mit seiner Seelenfamilie vereint zu sein, werden diese Art von Beziehungen häufig dazu genutzt, die eigene Aufmerksamkeit von der leeren Verzweiflung des spirituellen Schwebezustands abzulenken.

All denen, die sich bereits teilweise im Erleuchtungszustand befinden und gerne zur anderen Seite gelangen würden, aber momentan nicht wissen, wie sie ein Leben wertschätzen sollen, in dem nichts wirklich wichtig erscheint, möchte ich die folgende wichtige Übung anbieten.

Ich lade dich dazu ein, dich bequem hinzusetzen, deine Augen zu schließen und das folgende, heilsame Mantra zu wiederholen:

> *Es gibt keinen Weg, Schmerz zu überwinden. Es gibt keinen Weg, Bewertungen zu überwinden.*

Ohne diese Sätze zu sehr analysieren zu wollen, kann die in den Worten enthaltene Energie die Vortäuschungen des spirituellen Egos auflösen und statt dessen eine innige Hingabe entstehen lassen, aus der alle verbleibenden Optionen der Macht des Schicksals übergeben werden.

Auch wenn ein heilsames Mantra von dieser Tiefe und Kraft erschaffen wurde, um dir den direktesten Zugang zu der in dir bereits lebendigen Wahrheit zu geben, ist dies kein Prozess, der beschleunigt oder abgekürzt werden könnte. Wie du bereits erkannt hast, kann auch das Wissen um deine Identität als nur teilweise ausgearbeitete spirituelle Idee dich nicht vor der Trauer bewahren, immer leerer zu werden.

Während du einen mutigen Schritt in Richtung der größtmöglichen Hingabe innerhalb des menschlichen Lebens machst, löst du jede Strategie zur Manipulation oder Vermeidung auf, indem du akzeptierst, dass es keinen Weg gibt, Schmerz oder Bewertungen zu überwinden. Sobald es weder Manipulation oder Vermeidung als aktive Kräfte in deinem Energiefeld gibt, können deine Lebensentscheidungen nun endlich durch den Willen des Universums arrangiert und ausgerichtet werden.

Auch wenn ich dir versprechen kann, dass es Licht am Ende des Tunnels gibt, ist es nur deine Bereitschaft, jeglichen noch bestehenden Rest von Erwartung aufzugeben, die es der Intelligenz in dir ermöglicht, dein Bewusstsein in eine aufregende neue Richtung zu lenken.

Manchmal kann die Vorstellung davon, wie ein spiritueller Weg verlaufen sollte, oder das Beharren darauf, ›alles Nötige bereits getan zu haben‹, die Wertschätzung für deine tiefste Erkenntnis blockieren. Diese Erkenntnis besteht darin zu akzeptieren, dass es keinen Weg aus Schmerz oder Bewertungen gibt. Wenn du dich in dieses heilsame Mantra hinein entspannst, wirst du zu deiner Überraschung bemerken, wie schnell dein Kampf gegen das Leben nachlässt.

Dies bedeutet nicht, dass du immer Schmerz fühlen oder in Bewertungen gefangen bleiben wirst. Vielmehr werden Schmerzen oder Bewertungen nicht länger deine Feinde sein, vor allem da jeder wahrnehmbare Feind oft ein verkleideter spiritueller Verbündeter ist.

Kapitel 13
Aufstieg – das Erwachen unseres Planeten

Wenn der Begriff ›Erwachen‹ sich auf die Vorstellung einer individuellen Entwicklungsreise sich erweiternden Bewusstseins bezieht, wird das Wort ›Aufstieg‹ für das Erwachen eines ganzen Planeten benutzt.

Während du Zeuge der Evolution unseres Planeten durch eine Entwicklung spirituellem Wachstums wirst, erlebst du wahrscheinlich Phasen größter Erweiterung und größten Zusammenziehens, die zwischen unvorstellbaren Höhen und unendlichen Tiefen pendeln, bis alle Polaritäten zu einer neuen Mitte gefunden haben. Vielleicht machst du die Erfahrung von schrillen Geräuschen in deinen Ohren, elektrischen Blitzen, die überall durch deinen Körper fahren, spiralförmiger Energie, die sich aus der Tiefe deines Steißbeins erhebt, Wellen der Angst, Momenten größter Glückseligkeit, Gefühlen drohenden Unheils, Todessehnsucht oder dem Gefühl, wiedergeboren zu sein.

Durch all diese Empfindungen bist du dazu berufen, die Enthüllungen der ewigen Wahrheit des Lebens zu erfahren. In deiner ganz unverwechselbaren Art ist es dir bestimmt, dich daran zu erinnern, dass der Himmel auf Erden in Form unendlicher Liebe bereits existiert.

Sobald du dich dieser zeitlosen Wirklichkeit öffnest, wirst du fähig sein, das Leben von einer außergewöhnlichen, neuen

Perspektive her zu sehen. Aus dieser Sicht werden Ergebnisse und Umstände, die einst große Bedeutung hatten, durch den Wunsch ersetzt, Beziehungen zu meistern, die Kunst der Kommunikation zu erlernen und das liebevoll anzunehmen, was geschieht.

Mit deinem Wachstum entwickelt sich der Planet

Während dein Leben von der Vergangenheit geheilt und von neuem Glauben, neuer Freude und neuer Begeisterung erfüllt wird, erkennst du dein Herz als Zentrum des Universums. Mit jedem von dir geäußerten »Ich liebe dich« als Reaktion auf deine Gedanken, Worte, Wahrnehmungen und Gefühle wird die Unschuld in allen durch die Gnade deiner strahlenden, unzerstörbaren Gegenwart gestärkt. Während alle Lebewesen wiedergeboren werden und zu ihrer natürlichen Form zurückfinden, spiegelt eine deutlich spiritueller ausgerichtete Welt ein neues herzbasiertes Bewusstsein wider, das du von Anfang an in diese Welt bringen solltest.

Vielleicht hast du erst zaghafte Annäherungsversuche an diese große, spirituelle Odyssee gemacht oder nutzt diese Worte, um deine Heilungsreise auf einen lang erwarteten Moment der Integration hin zuzubewegen. Auf jeden Fall wirst du dir zunehmend bewusster, dass das Leben einen größeren Sinn hat, der bereits in früheren Zeiten zelebriert und vorbereitet wurde. Während du zum Aufstieg der Erde beiträgst, erkennst du vielleicht, dass deine persönliche Weiterentwicklung der direkteste Weg ist, um das Bewusstsein der Welt anzuheben.

Aus dieser Perspektive bist du nicht länger ein Mensch, der darauf wartet, dass das Leben ihn befreit. Du bist der ewige Befreier des Lebens, der die Wahrheit in jedem Herzen freisetzt, indem du dir die Zeit nimmst, dein eigenes Herz öfter zu lieben.

Die Katapult-Wirkung des Aufstiegs

In dieser Zeit des Erwachens kannst du nach Bedarf die höchste Wirklichkeit deiner Existenz erforschen oder bis an die Grenzen des Universums reisen, indem du den nötigen Antrieb aufbaust, dich bis in andere Galaxien zu erheben, während du gleichzeitig geerdet in deinem Körper bleibst. Geerdet zu bleiben ist die Fähigkeit, sich sicher zu fühlen. Das Gefühl innerer Sicherheit entsteht dann, wenn dein Herz sich geöffnet hat. Dein offenes Herz ist das Ergebnis von all der Freundlichkeit, Fürsorge, Unterstützung und Aufmerksamkeit, mit der du allein ausgestattest wurdest, um sie dir selbst zukommen zu lassen.

Wie oft du dich auch in den Höhen und Tiefen deiner persönlichen Lebensumstände verloren gefühlt und die Rolle des durch Selbstgerechtigkeit, Opferhaltung, Anspruchshaltung oder Bedürftigkeit gefangenen entzündeten menschlichen Egos gespielt hast ... du bist die höchste Lebensaufgabe des Göttlichen, durch die Form manifestiert, als sich entwickelnder spiritueller Meister der modernen Zeit. Vielleicht bist du gerade dabei, Ordnung in dein tägliches Leben zu bringen, oder du versuchst, einen Weg zu finden, um Freude und Erfüllung in allen Situationen zu erleben. Jeder Moment deines Lebens stellt ein zeitloses Zusammentreffen dar, in dem das Licht deiner göttlichen Natur sich mit dem inneren Kind in einer Feier ewiger Liebe verbindet. Während du Freundlichkeit und Güte in deine menschlichen Begegnungen einbringst, bist du fähig, die Verletzlichkeit in dir als den kollektiven Aufschrei eines ganzen Planeten zu erkennen.

Indem du dich von der Liebe führen lässt, wird eine ganze Spezies sich nicht länger nach Zuwendung verzehren. Stattdessen kann sie sich einer spirituellen Renaissance kosmischen Ausmaßes widmen.

Als eine Möglichkeit, um diese neue Schwingung in der aufregendsten Zeit der menschlichen Geschichte zu verankern, wiederhole bitte das folgende heilsame Mantra:

Hiermit bestätige ich durch meine Gefühle, Gedanken, Überzeugungen und Handlungen, dass ich, obwohl meine Erfahrung vielleicht in einer individuellen Sichtweise verankert ist, in Wirklichkeit gerade eine individuelle Erfahrung dessen mache, was sich durch die Gesamtheit aller Menschen entfalten will.

Ich bestätige, was wie eine individuelle Entwicklung aussieht, ist in Wahrheit ein ganzer Planet, der kollektiv geheilt, erleuchtet, und geliebt wird, so wie auch ich.

Trotzdem ich mich selbst als Individuum wahrnehme, das eine einzigartige persönliche Erfahrung durchlebt, bin ich die All-Einheit in der Erfahrung. Auch wenn ich in menschlicher Form erscheine, erlebe ich die spirituelle Wiedergeburt eines ganzen Planeten, der in meiner Erfahrung durch die Entwicklung eines Menschen symbolisiert wird.

Auch wenn jeder Mensch den Aufstieg eines ganzen Planeten darstellt, erkenne ich, dass es andere Dimensionen gibt, in denen die Evolution des Einen in etwas oder sogar deutlich anderer Art und Weise verläuft. Das bedeutet, dass ich nicht nur auf eine ganz bestimmte Weise erwache – ich erwache auf jede nur mögliche Weise. Wenn ich den Wunsch hege, andere parallele Dimensionen zu erforschen, in denen der Aufstieg eines Planeten in unendlich vielen Arten verkörpert wird, muss ich nicht erst ins All reisen, um sie zu erkunden. Sie sind bereits hier, auf einzigartige Weise ausgestaltet in Form anderer Menschen.

Ich erkenne jeden den ich sehe, als den Einen an, der ICH BIN. Auch wenn es sich so anfühlt, als wäre ich nur einer von vielen, akzeptiere ich, dass es sich hierbei nur um eine mögliche Perspektive aus einer Vielzahl unendlicher Sichtweisen handelt. Egal, wie etwas zu sein scheint, ich erfreue mich daran, dass ich diese Sicht zugunsten aller bereits dadurch verändern kann, dass ich ihr erlaube, meine liebevolle Aufmerksamkeit zu empfangen.

Außerdem akzeptiere ich, dass andere Menschen ebenfalls hier sind, um weitere Aspekte zugunsten meiner Entwicklung zu verändern. Zusammen und als Einheit feiern wir den Sieg, der uns schon von Anbeginn aller Zeiten, zugunsten der Befreiung aller, zugesprochen wurde.

Kraft dieser Übertragung bist du nun mit dem nötigen Mut, der Leidenschaft und Klarheit ausgestattet, um in der Welt einen energischen Schritt vorwärts machen zu können. Lade dein Herz ein, dein innerer Kompass zu werden, der dich über die Grenzen von Zeit und Raum hinaus führen kann. Während du eine Welt mit unendlichem Potenzial erforschst, wirst du dich unweigerlich daran erinnern, dass Liebe die wesentliche Antwort auf alle Fragen oder Probleme ist.

Im Laufe deiner Entwicklung wirst du deine Individualität nicht im Namen der Einheit zurückstellen. Stattdessen wirst du die Wahrheit der Einheit lebendig werden lassen, indem du Herz und Verstand in heiliger Hochzeit vereinst. Sobald Verstand und Herz vereinigt sind, wirst du deine spirituelle Entwicklung auf einzigartige Weise feiern können, und zwar durch sofortige Reaktivierung in Form von Wachstum und Erweiterung in jedem Individuum.

Liebe – was immer auch geschieht!

In der aufregendsten Zeit in der Geschichte der Erde kannst du die Bewusstseinserweiterung unterstützen, indem du dein inneres Kind feierst und dich liebevoll um diejenigen kümmerst, die du mehr liebst als je zuvor. Dies ist eine Zeit, um mit den Menschen, die du triffst, so zu sprechen, als wäre es das erste Mal, dass ihr euch begegnet. Es ist eine Chance zu begreifen, dass du als Mensch auf dieser Erde mit der Freude, die du zu fühlen fähig bist, dem Frieden, der von dir ausgeht, der Liebe, die du hier bist zu kultivieren und der Begeisterung, die du ausstrahlst, allen Wesen einen größeren Zugang zu der Großartigkeit ihres eigenen reinen Potenzials verschaffst.

Jetzt ist die Zeit, aus deinem Versteck hervorzukommen und deine Stimme erklingen zu lassen, indem du dich zu deiner wahren Natur bekennst, die die Herrlichkeit der göttlichen Unschuld in menschlicher Form ist. Ob du es ganz leise in die Verletzlichkeit deines Herzens hineinflüsterst oder es laut von allen Dächern schreist: Du bist der lebende Beweis dafür, dass alles gut ist!

Du bist die Quelle der ewigen Zeugnisgemeinschaft des Lebens und derjenige, der es arrangiert und sicherstellt, dass die Liebe immer das letzte Wort hat. Während dir deine Entwicklung enthüllt wird, gibt es fünf kraftvolle Worte, die dich begleiten, wo immer du auch hingehst: Liebe – was immer auch geschieht!

Wenn du jeglichen Hang, zu kämpfen, dich zu verteidigen oder mit dem Leben zu hadern, hinter dir lässt, wird jede Schicht von Selbstgerechtigkeit, Opferhaltung, Anspruchshaltung und Bedürftigkeit aus deinem Energiefeld entlassen. Mit jedem verheißungsvollen Lebensmoment beglückt dich dein offenes Herz mit unvergleichlichen Beziehungen, gelungener Kommunikation und der Fokussierung auf eine Perfektion, die von begrenzenden Glaubenssätzen gar nicht erst erfasst werden kann.

Obwohl es so scheinen mag, als befänden wir uns hier am Ende unserer gemeinsamen Reise, kann dies nur der Anfang eines ganz neuen Abenteuers sein. Mögen alle Wesen jetzt und für immer gesegnet, aufgerichtet, befreit und wiedergeboren sein, durch die Liebe, die du bist. Und so sei es.

Danksagung

Dieses Buch ist der Unschuld gewidmet, die jeder Mensch in seinem Herzen trägt. Möge es als zeitlose Erinnerung daran dienen, dass du niemals alleine bist, dass du aus einem wichtigen Grund hier bist und dass du deine energetische Sensibilität schon bald als das größte dir gegebene Werkzeug erkennst, mit dem du die Evolution eines ganzen Planeten unterstützt.

Da das Wichtigste im Leben eine bewusste Zusammenarbeit ist, möchte ich all denen danken, die mir wesentlich dabei geholfen haben dieses Buch, zugunsten all derer die es empfangen sollen, ins Leben zu bringen.

Zuallererst möchte ich Julie Dittmar dafür danken, dem inneren Ruf gefolgt zu sein, der uns beide dazu gebracht hat, eine Lebensaufgabe zu erfüllen, die alles übersteigt, was jeder von uns sich jemals vorstellen konnte. Julie, »Danke« ist nicht annähernd genug, um die Hingabe zu würdigen, mit der du dich diesen Botschaften gewidmet hast, und ich danke dir für deine unerschütterliche und von Herzen kommende Unterstützung. Für deine Begleitung und deinen fürsorglichen Beistand in allen Erleuchtungserlebnissen, höheren Entwicklungen und Integrationsmomenten, werde ich dir ewig dankbar sein. Durch jedes unserer Abenteuer hindurch bin ich von höchster Bewunderung und Dankbarkeit für all das erfüllt, was du in meinem Leben darstellst.

Weiterhin danke ich meiner Familie für die lebenslange Liebe und Unterstützung, vor allem in den frühen Jahren von Wachstum und Vorbereitung. Ihr seid immer meine größten Unterstützer gewesen, und ich bin sehr dankbar für die vielen Momente, in denen ihr mich ermutigt habt, meine Stimme zu finden und mich anderen mitzuteilen.

Mein ganz spezieller Dank geht an Tami Simons und das Team von Sounds True, für ihre hervorragende Unterstützung bei der Veröffentlichung dieses Buches. Ich habe mich in jeder Phase des Prozesses wohlgefühlt und freue mich über die vielen Blumen der Freundschaft, die auf diesem Weg erblüht sind.

Ich danke meinem Team von inneren Helfern, die seit meiner frühesten Erinnerung bei mir sind und mich durch jede Erkenntnis und Enthüllung hindurch begleitet und an der Hand gehalten haben. Ihr habt es mir ermöglicht, jede Entscheidung selbst zu treffen, während ihr mir gleichzeitig den Weg mit einer Güte, Leichtigkeit, Präzision und Anmut gezeigt habt, die mir mittlerweile zum Maßstab geworden ist, wenn ich mit anderen Menschen arbeite.

Zum Schluss möchte ich allen Mitgliedern der Revolution durch Liebe danken, die mittlerweile in allen Winkeln der Erde erschienen sind. Ich danke euch für die Erlaubnis, Teil eurer Entwicklung sein zu dürfen, und für eure anhaltende Inspiration, die meine Lehrbotschaften und energetischen Übertragungen ermöglicht.

Ich sehe euch, ich liebe euch, in bin ein Teil von euch!

Gott segne euch,
Matt

Über den Autor

Matt Kahn ist ein spiritueller Lehrer und überaus einfühlsamer, empathischer Heiler. Seine spontanen Erleuchtungserfahrungen entstanden durch eine außerkörperliche Erfahrung im Alter von acht Jahren und seine direkten Erfahrungen mit aufgestiegenen Meistern und Erzengeln im Laufe seines Lebens.

Als Empath, der seine intuitiven Fähigkeiten des Sehens, Hörens, Fühlens und des direkten Wissens einsetzt, fühlt Matt die Emotionen anderer Menschen und kann präzise feststellen, was das Herz eines Menschen davon abhält, sich zu öffnen. Er vermittelt revolutionäre Lehrbotschaften in Wort und Schrift und unterstützt so energetisch sensible Menschen dabei, ihren Körper zu heilen, ihre Seele zu erwecken und die Realität durch die Kraft der Liebe zu verändern.

Matt ist ein Vermittler zwischen mystischen Räumen und dem Weg des Erwachens. Er inspiriert seine Zuhörerschaft auf der ganzen Welt zu tiefgreifendem spirituellen Wachstum und lebensverändernder energetischer Erweiterung. Viele spirituell Suchende sind zu ihrer wahren Natur erwacht und haben durch seine tiefsinnigen und liebevollen Botschaften sowie die Übertragung der Weisheit des heiligen Herzens außerordentliche und unerklärliche physische und emotionale Heilungserlebnisse erfahren.

Für weitere Botschaften von Matt wende dich bitte an: www.truedivinenature.com oder www.echnaton-verlag.de.

Renate Brettschneider | Heilige Geometrie
Hardcover | €(D) 14,95

In diesem Buch erfahren Sie von einer neue Sichtweise auf das alte Wissen der Heiligen Geometrie. Die Autorin zeigt Ihnen, wie Sie Ihre eigene Mitte anhand dieses heiligen Wissens finden und somit den richtigen Platz in der Schönheit dieser großen geometrischen Gesamtordnung einnehmen.

Gregg Braden | Verlorene Geheimnisse des Betens
Hardcover | €(D) 14,95

In den 1990er Jahren fand und dokumentierte der Autor eine Art des Betens, die in der westlichen Welt verloren ging, aber in abgelegenen Klöstern in Zentraltibet noch immer Anwendung findet. Er beschreibt in diesem Buch diese uralte Art des Betens, die sich weder Worten noch sonstigen äußeren Ausdrucks bedient.

Peter Herrmann | HYPERSPACE YOURSELF!
Hardcover | €(D) 14,95

In diesem Buch erfahren Sie von einer einfachen Methode, den Körper innerhalb kürzester Zeit mit Biophotonen zu fluten und ein geordnetes, hochenergetisches Lichtfeld aufzubauen. Des weiteren schreibt Peter Spannendes über Bewusstseinsfelder und verschiedene Zeitlinien, den Mandela-Effekt und künstliche Intelligenz.